중국불교철학 심성론(상)

02

ESSENCE OF CHINESE
BUDDHIST PHILOSOPHY

중국불교 철학 심성론(상)

02

저자 : 팡리티엔(方立天)
역자 : 이봉순, 황정규, 김응철

KSI 한국학술정보㈜

『중국불교철학요의』 한국어판 출판에 즈음하여

법문사의 숭고한 성물 불지사리(佛指舍利)를 한국으로 보내 받들어진 지 40일, 산시성에서 베이징으로 되돌아온 지 얼마 되지 않은 좋은 날, 2006년 1월 4일 황성규 박사가 북경을 방문하여 나에게 『중국철학요의』의 번역을 이미 완료하여 곧 출간할 예정이리고 말하였습니다. 먼저 서울불교대학원대학교 이봉순 교수를 위시한 관계자 여러분의 수고로운 번역작업에 깊은 감사를 드리며, 나의 이 책이 한국의 독자 여러분과 만나게 된다는 것에 대하여 매우 기쁘게 생각합니다.

일찍이 40여 년 전부터 불교를 연구해 온 이래로 나에게는 중국불교철학 관련 서적을 집필하고 싶은 마음속의 바람이 있었습니다. 집필의 목적은 두 가지이었습니다. 하나는 체계적으로 중국불교철학의 풍부한 내용을 정리하고 총괄하여, 중국불교철학의 사상적 특징을 드러내 놓는 것이었습니다. 둘째는 중국불교의 철학적 지혜가 함유하고 있는 현대적 가치를 탐색하고 제시함으로써 사회의 건강한 발전을 촉진하는 데 도움이 되고자 하는 것이었습니다.

오늘날 중국에는 중국 전통문화의 삼대 지주라고 할 수 있는 유·불·도교 중에서 불교문화가 가장 적극적으로 활동하고 있습니다.

이러한 현상의 출현은 결코 우연한 것이 아닙니다. 불교문화가 간직하고 있는 것이 현대 인류사회가 발전하는 데 필요로 하는 내용에 부응한 것, 즉 인류사회의 세 가지 기본 모순이라고 할 수 있는 인간과 자아, 인간과 사회, 인간과 자연의 모순과 직접 상관이 있고, 그것을 해결하는 데 도움이 되기 때문입니다. 또한 불교문화를 구성하고 있는 핵심인 연기(緣起), 인과(因果), 평등(平等), 자비(慈悲), 중도(中道), 원융(圓融) 등의 철학적 범주는 현대사회 속에서 발전을 계도하고 협조하는 바람직한 기능과 작용을 발휘하고 있을 뿐만 아니라 보편적인 세계의 가치와 영원한 가치를 지니고 있어서 우리가 높이 중시하고 실천할 만한 가치가 있는 것이라고 생각됩니다.

중국과 한국은 지리적으로 서로 이어져 있는 순망치한의 관계이며 양국의 국민은 오래고 깊은 전통적인 우의를 지니고 있습니다. 양국의 문화교류를 촉진하고 양국 국민의 우의를 돈독히 하는 데 불교는 중요한 교량과 유대의 하나로서 독특한 작용을 발휘하였습니다. 고대 중국불교는 한국불교에 유구하고 깊은 영향을 끼쳤으며 한국불교의 고승들은 중국불교 종파에 참여하기도 하였습니다. 가령 자은종(慈恩宗)의 창립, 천태종, 화엄종 등 여러 중국불교 종파의 진흥에 동참하여 강력한 촉진작용을 일으킨 바 있습니다. 이러한 상호작용은 두 나라 불교의 신앙, 철학사상, 윤리도덕, 문학예술, 민간 풍습, 역사발전에 이르기까지 영향을 주었으며 하나같이 모두 심대한 것이었습니다. 이로써 불교는 중국과 한국 나아가 중국, 한국, 일본을 연결하는 '황금유대'라는 찬미를 듣게 된 것입니다. 불교는 중·한 양국 공동의 소중한 문화유산이면서 중요한 정신적 재산이며 또한 두 나라 국민이 공동적으로 귀중하게 여길 만한 가치가 있는 것입니다. 우리는 최대한 불교문화의 우수한 전통을 고양시킴으로써 두 나라 국민의 행복을 이루어 나가야 할 것입니다.

　나의 졸저『중국불교철학요의』는 중국 출판 후, '국가도서상(2002년)', '중화문화우수저작'의 일등상(2004년)과 '북경시 철학 사회과학 분야의 우수성과' 특등상(2004)을 수상하였으며, "중화문고(中華文庫)"에 수록되어 출판되었습니다. 십여 년 전, 나의 졸서『불교철학』과『중국고대철학문제발전사(中國古代哲學問題發展史, 상·하)』등이 한국어로 출판되었으며, 이제『중국불교철학요의』의 한국어판이 곧 출판되게 되었습니다. 나는 중국과 한국 양국의 불교, 철학과 문화의 교류에 미력하나마 공헌을 하게 되어 마음속으로 대단히 기쁘게 생각합니다. 이후 나는 중국과 한국 두 나라의 문화

교류와 국민들 간의 우의가 더욱 돈독해지기를 바라며 끊임없이
새로운 노력을 하고자 합니다.

2006년 1월 6일 북경에서

저자 팡리티엔(方立天) 씀

역자 서문

2004년 늦은 여름, 역자는 서울불교대학원대학교와 중국 인민대학 간의 학술교류협정을 체결하기 위해 북경을 방문하였다. 이때 '불교와 종교학이론연구소(佛敎與宗敎學理論硏究所)' 소장 겸 학술교류협정 중국 측 대표였던 팡 리티엔 교수와 인연을 맺게 되었다. 이후 팡 교수는 한국을 답방하여 서울불교대학원대학교가 수여하는 제1호 명예박사학위를 받았고, '중국불교의 과거와 미래'라는 주제로 특강을 하기도 하였다. 그리고 양교 간 학술교류 사업의 일환으로 팡 교수의 저서인 『중국불교철학요의』가 우리말로 번역되기 시작하여 「인생론」 편이 서울불교대학원대학교출판부에 의해 출판되었다. 「인생론」 편은 대학교재로 선정되기도 하는 등 세간의 이목을 집중시켰고, 이번에 「심성론」 편이 출판됨으로써 중국불교철학요의 상권의 번역을 완결하게 되었다.

불교 심성론에서 중점적으로 설명하는 부분은 인간 마음[人心]의 본질과 심성의 작용·의의 및 심(心)과 성(性)의 관계에 관한 학설이다. 인간이 무엇이며 인간의 생존상태는 어떠해야 하는가를 탐구하고 토론하는 이론이라고 볼 수 있다. 이러한 관점을 부각시키기 위해 팡 교수의 『중국불교철학요의』의 심성론 부분은 인도불교의 심성론 사상, 중국불교의 심성론 철학의 범주, 남북조 이래 역대 불교 주요 학파의 심성론, 그리고 심성론 사상에 있어서 불교와 유교·도교의 상호 작용 등 네 부분으로 진술되어 있다. 우리는 이를 다시 두 부분으로 나누어 제9장 '인도불교의 심성론 약술'에서 제16장 '혜능『단경』의 성정자오설'까지를 상권으로, 제17장 '하택종의 영지심체설(靈知心體說)' 이후 책의 끝 부분까지를 하권으로 나누어 출판한다.

상권에서 팡 교수는 중국불교 심성론의 원류가 되는 인도불교의 심성론 사상에 주목한다. 그리고 중국불교의 심성론 사상을 총체적으로 파악하기 위해 심성론 체계의 범주를 찾아내어 그것이 지닌 함의와 실질을 논술하고, 범주 간의 상호관계를 명시하였으며, 다양한 심성론을 일목요연하게 정리하기 위해 역사적 순서에 입각하여 각 종파의 심성론을 설명해 나가는 방식을 채택하고 있다. 특히 팡 교수는 혜능의 심성론에 관하여 『단경(壇經)』의 심(心)과 성(性)이라는 두 가지 기본적 개념과 그와 관련된 명제들에 대한 연구와 분석을 중점적으로 논술하고 있다.

하권은 하택종의 심성론에서 시작하여 석두종과 홍주종 그리고 임제종에서 제기된 심성사상의 핵심 문제들을 집중 조명하고 있으며, 이어서 불교와 유·도가의 심성론을 중심으로 상호작용 관계를 두 장에 걸쳐서 설명하고 있다. 이 부분에서 팡 교수는 유·불가 모두 필연적으로 이상적인 인격을 성취하는 사상의 기초가 심성론이며, 유·불 심성론 내용의 차이는 쌍방이 상호 작용할 수 있는 가능성을 제공한 것이라고 생각한다. 이어 팡 교수는 도가의 사상이 불교에 미친 영향에 주목하고, 도가가 불교 특히 선종(禪宗)의 본체론과 방법론과 인식론의 이론에 하나의 본보기를 제공했음을 강조한다.

불교는 중국인의 의식과 행동에 지대한 영향을 미쳤다. 불교를 이해하지 않고 중국의 문화나 철학을 거론할 수 없을 것이다. 그러나 중국은 문화대혁명이라는 시대적 암초를 만나 그들이 지니고 있던 소중한 불교문화사산을 스스로 훼손하고 말았다. 팡 교수는 그러한 암울했던 시대의 한복판에서도 동요하지 않고 방대한 불교전적(典籍)을 체계적으로 정리하고, 그 속에 내재되어 있는 철학적인 원리를 규명하고, 중국불교사와 철학사의 관련 양상을 독창적으로 분석함으로씨『중국불교철학요의』의 결실을 거두었다.

원작자인 팡 교수의 이와 같은 학문적 성과를 우리말로 온전하게 번역하기 위하여 가장 애쓴 이는 서울불교대학원대학교 이봉순 교수이다. 이 교수의 적극적이고 헌신적인 노력이 없었다면 이번역서는 세상에 빛을 보기 힘들었을 것이다. 사실상 이 교수는 『중국불교철학요의』의 번역작업을 기획하고 주도하였다. 특히 이 교수는 불교사상에 대한 해박한 지식과 원전 해독력을 바탕으로 팡 교수가 인용한 경전 원문들을 치밀하게 번역함으로써 팡 교수가 우리에게 전하고자 하는 의도를 어김없이 읽어낼 수 있도록 하였다. 또한 사람 황성규 선생님의 열정이 아니었더라면 이 책이 나올 수 없었을 것이라고 생각한다. 고등학교 교사로서 열악한 환경에 처해 있음에도 불구하고 탁월한 중국어 실력으로 원문을 번역하고 타이핑을 하면서 작업의 집중력을 잃지 않기 위하여 학교 교실에서 숙식을 해결하며 번역작업을 계속하였다. 또한 번역상의 난해한 문제를 해결하기 위해서 황 선생님은 직접 북경으로 날아가 팡 교수와 토의하는 수고도 마다하지 않았다. 위 두 분의 노고에 대해 다시 한 번 깊은 감사의 말씀을 드린다.

처음 짓는 것도 어려운 일이지만 그것을 번역하는 것도 결코 쉬운 일이 아니라고 하였다. 현대 중국불교계를 대표하는 학자의 저술을 우리말로 번역하는 일은 결코 녹록한 작업이 아니었다. 또한 작업을 진행하는 도중 갖가지 세속적인 일들이 나를 괴롭혔지만 부처님을

향한 불심 하나로 버티며 작업을 끝마치게 되어 무엇보다 기쁘게
생각한다. 다만 부처님의 뜻과 팡 교수의 심오한 불교철학을 왜곡
하지나 않았는지 걱정이 될 따름이다.

2010년 2월 9일
김봉회 합장

차 례

제3편 심성론(心性論) 上

제3편 심성론(心性論) 上

┃ 짧은 머리말

　불교의 심성론에서 중점적으로 설명하는 것은 인간 마음[人心]의 본질과 심성의 작용·의의 및 심(心)과 성(性)의 관계에 관한 학설이다. 근본적으로 말할 때 인간존재의 근본원리, 즉 인간이 무엇이며 인간의 생존상태는 어떠해야 하는가를 탐구하고 토론하는 이론이다. 이러한 인간의 본래 상태와 바람직한 상태에 대하여 가장 근본이 되는 것은 인간 생명의 본성을 완전하게 발현하게 하고 생명의 내재적인 가치를 일깨우고 실현하는 데 있다. 이를 통하여 인간의 본성에 관한 이론, 다시 말해서 인간의 심성론으로 귀결될 수 있다.

　불교교리에서 가장 관심을 가지고 있는 문제는 인류가 고통을 받는 근원과 그 고통에서 벗어나는 방법과 과정을 찾는 것이다. 따라서 생사의 고통에서 해탈하는 문제에 대한 탐구와 토론은 다시 주체적 정신세계(知, 情, 意)의 본성이라고 볼 수 있는 심성문제와 시종 관련되어 있으며, 하나같이 인간의 본성을 승화하고 인생의 가치를 제고하는 정신적 경지와 관련되어 있다. 이 때문에 불교의 심성에 대한 의의는 단지 그것과 번뇌와의 관계에서 이론을 정립하고 있는 것이 아닌, 소위 성불의 인(因)이 되는 요소를 갖추는 측면에서 설명하는 데 있다. 일반적으로 불교의 심성론은 심리적인 자연, 도덕적인 수양, 종교적인 정감, 종교적인 실천과 중생, 나아가 만물의 본원 등 각 측면에서 함의를 지니고 있다. 또한 심리학, 생리학, 윤리학, 주체론, 가치론, 실천론, 경계론과 본체론 등 광범위한 영역에 이르는 불교학설이 불교의 주체적인 가치론의 근본내용으로 되어 있다.

인류문명 발전사의 각도에서 볼 때 불교의 심성론은 실질적으로 일종의 주 · 객관 세계의 상호작용 과정에서 추구한 자각과 자유의 학설이다. 이러한 학설은 특정한 역사, 지리와 종교, 문화 등의 제약 아래 선명한 특색을 갖추고 있다. 그리고 우주 속에 존재하는 인간의 자각 작용, 인간의 주관적인 능동성, 인간의 주관세계에 대한 개척과 완성, 주 · 객관세계의 인식과 깨달음 등 그 속에 반영되어 있는 각 방면의 사유 성과는 인류의 심오한 지혜를 포함하고 있기 때문에 우리가 개발하고 참고할 만한 가치가 있다고 본다.

중국불교의 심성론은 불교철학과 중국 고유사상문화의 취지가 가장 잘 결합된 부분으로서 중국불교 이론의 핵심적 내용이기도 하며 중국불교철학에 있어서 가장 중요한 지위를 차지하고 있다.

본 편은 모두 14장으로 구성되어 있으며, 책 전체의 약 5분의 2의 분량을 할애하여 중국불교의 심성론에 대해 비교적 상세히 논술을 진행한다. 본 편의 내용은 인도불교의 심성론 사상, 중국불교의 심성론 철학의 범주, 남북조 이래 역대 불교 주요학파의 심성론, 그리고 불교와 유교 · 도교의 심성론 사상에 있어서의 상호 작용과 보충의 네 개 부분으로 구성되어 있다. 본 편에서 논술의 중심은 남북조 이래 역대 불교 주요학파들의 심성사상이며 모두 10장으로

편성하였다. 불교와 유·도교 심성사상의 상호작용에 대한 연구와 토론도 중시하였다. 본 편의 중심내용인 남북조 이래 중국불교 심성론의 중점은 선종의 심성론 특히 선종의 실질적 창시자인 혜능(慧能)의 심성론과 혜능 이후의 하택선(荷澤禪)과 석두선(石頭禪)과 홍주선(洪州禪)이라는 세 가지 계통의 심성론에 대해 논하는 것이다. 그 까닭은 선종이 전형적으로 중국화한 불교종파이기 때문이다. 동시에 본 편은 천태종과 화엄종의 심성사상도 중시하여 두 종파의 풍부하고 특색 있는 심성론의 내용을 최대한 제시하고자 한다.

중국불교의 심성론은 인도불교의 심성사상을 계승하고 적응하여 발전한 것이므로, 중국불교의 심성론을 논하기에 앞서 인도불교의 심성론 사상을 간략하게나마 간추려 볼 필요가 있다. 따라서 본 편의 시작 부분에 "인도불교의 심성론 사상 약술"의 장을 만들어 인도 소승불교와 대승불교의 여래장계(如來藏系)와 유가행파(瑜伽行派)의 심성사상을 논술한다. 심식(心識), 심성(心性), 보리심(菩提心), 여래장(如來藏), 불성(佛性)과 종성(種性) 등의 개념이 지닌 의미와 심성사상 전반의 역사적인 변천을 간략하게 소개하는 데 주안점을 둔다. 인도불교 심성사상의 주류는 심성청정설(心性淸淨說)이다. 이 설은 소승불교가 제창한 이래 대승불교를 거쳐 여래장설(如來藏說)과 불성설(佛性說)로 더욱 발전되어 시종일관 인도불교의 심성사상을 주도한 사상이었다.

중국불교의 심성론 사상을 총체적으로 파악하려면 심성론 체계의 범주를 찾아내어 그것이 지닌 함의와 실질을 논술하고 범주 산이 상호관계를 명시하는 것이 하나의 중요한 방법이 된다고 생각한다. 또 중국불교의 심성론은 내용이 매우 풍부하기 때문에 본 책은 역사를 실마리로 삼아 그 순서에 입각하여 중요한 종파의 심성론을 설명해 나가는 방식을 채택한다. 이를 위해 우리는 먼저 중국불교 심성론 철학의 범주체계를 총체적으로 논하는 "중국불교 심성론 철학의 범주체계망"이라는 장을 둔다. 이 장에서는 심(心)과 성(性)의 관계를 정의한 후에 심과 성의 두 가지 측면에서 내·외재적인 전개를 함으로써 분별하는 데에 중점을 둔다. 심의 측면에 있어서는 진심(眞心)과 망심(妄心), 심과 의식, 심과 신(神), 심과 물(物), 심과 이(理), 심과 불(佛)의 사상적인 관련성을 중심으로 논술한다. 성의 측면에 있어서는 심성과 법성, 범성(凡性)과 불성, 성정(性淨)과 성각(性覺), 성선(性善)과 성악(性惡), 성유(性有)와 성무(性無), 성본유(性本有)와 성시유(性始有), 성의 체(體)·상(相)·용(用), 성과 정(情), 성과 이(理)의 사상적 연관성에 주목하며 서술한다. 또한 본 장에서는 중국불교 심성론의 범주체계는 기능적 체계가 서 있는 하나의 거대한 구조로 되어 있음을 지적한다. 아울러 최대한 이 범주체계의 특성과 서로 다른 범주 사이에 어떤 관계가 있는지 그 유형을 총괄하고자 한다.

남북조 이래 중국불교 심성론의 내용에 관해서 본 편을 세 부분으로 나누어 논한다. 첫째는 남북조시대의 심성론이고, 둘째는 천태·화엄·삼론·유식·밀종의 심성론이며, 셋째는 선종의 심성론이다. 남북조시대에는 성불의 주체 문제에 대한 중국불교학자의 관심이 갈수록 늘어남에 따라 그에 상응하여 심성문제도 불학연구의 가장 주요한 지위를 차지하게 되었다. 그래서 불성론(佛性論)과 아뢰야식설(阿賴耶識說)과 진심본각설(眞心本覺說)이 심성론의 삼대 사조(思潮)를 형성하게 되었다. 불성론에서는 불성의 의의, 중생은 모두 불성을 가지고 있는가, 불성은 선천적으로 갖추어져 있는 것인가 아니면 후천적으로 가지게 되는 것인가 하는 세 가지 문제를 중심으로 연구하고 토론한다. 불성문제에 관한 고찰과 관련하여 아뢰야식(阿賴耶識)은 진식(眞識)인가 아니면 망식(妄識)인가 하는 문제는 지론사(地論師)와 섭론사(攝論師) 간의 논쟁의 초점이 되었다. 마지막에 『대승기신론(大乘起信論)』은 선관(禪觀)의 입장에서 심성이설(心性異說)과 관련된 것들을 총괄하여 중생성불의 근원이 되는 진심본각설(眞心本覺說)을 제시하고, 진심본각을 분명하게 드러내는 것을 성불 수행의 과정으로 삼았는데 그 영향이 실로 지대하였다는 사실을 밝힌다.

천태종 사람들은 만법(萬法)과 진리는 분리될 수 없으며 만법과 심성은 나눌 수 없다는 이치에 따라, 법성 · 진리 · 불성 이 셋을 동등시하여 '삼법무차(三法無差)' · '삼인불성(三因佛性)' · '성구선악(性具善惡)' · '중도불성(中道佛性)' 및 '무정유성(無情有性)' 등 일련의 심성론 명제들을 제시하면서 해박한 심성론 사상체계를 구성하였다. 본 편에서는 천태종의 심성론 사상에 대한 장을 하나 따로 마련하여 심성과 상관있는 문제를 비교적 전면적으로 서술하였고, 이 종파의 성구선악설(性具善惡說)에 대해서도 다방면에 걸쳐 중점적으로 논술하다. 심성론적 시각에서 보면 '성악(性惡)'과 '성녹(性毒)' 학설은 뛰어난 특색과 이론적인 의의가 있는 천태종의 심성사상이라고 필자는 생각한다.

본 편은 불성은 중생이 본래 갖추고 있는 사아본성이라고 보는 화엄종의 심성론에 대해서도 장을 마련하여 소개한다. 특히 이 종파 심성론의 수요 사상이라고 할 수 있는 '자성(自性) – 불성(佛性)'

설의 기본적 특징인 청정성(淸淨性)과 원명성(圓明性)을 분석하고 논술하는 데 주안점을 두었다. 청정성이란 불성은 지극히 순결하고 선하여[至純至善] 더러움도 없고 악함도 없는 것[無染無惡]을 가리키며, 원명성은 불성의 본성은 일체를 두루 비추어 밝게 빛나지 않음이 없음을 의미한다. 이 설은 화엄종의 심성론이 다른 종파의 심성론과 구별되는 중요한 사상적인 특색을 이루고 있다.

본 편은 한 장을 할애하여 삼론종·유식종·밀종 심성론의 주요 논점을 간략하게 서술한다. 먼저 삼론종이 과거 학자들의 불성론에 관한 여러 가지 관점을 비판하고 종합한 기초 위에서 천명한 중도불성론(中道佛性論)을 소개한다. 다음으로 법상유식종의 삼류천제설(三類闡提說)과 불성론에 대하여 간략하게 논한다. 끝으로 밀종의 "본래 생겨난 것이 아니며 마음이 실제이다[本不生卽心實際]."라는 설을 약술한다.

위에서 지적했듯이 본 편의 중점은 바로 선종의 심성론을 논술하는 데 있다. 이를 위해 우리는 혜능을 축으로 하여 먼저 혜능 이전의 심성사상과 혜능의 심성사상을 두 장으로 나누어 서술한다. 이어 혜능 이후 파생되어 나온 선종의 중요한 유파(流派)의 심성사상을 넉 장으로 나누어 논술한다.

혜능 이전 선사(禪師)들의 심성사상을 거슬러 올라가 논하기에 앞서, 우리는 특별히 하나의 절(節)을 통하여 심성론이 선종의 이론적인 요지임을 설명한다. 이 절에서 선종은 참구하는 방법으로써 심성의 본원을 철저하게 보는 것을 주요 요지로 삼았고 선사들의 수많은 선법 관련 저술은 모두 견성성불(見性成佛)을 목적으로 한 것임을 밝힌다. 또한 선종사상의 본질은 인간의 심성적인 측면에서 생명의 자각과 이상적인 인격과 정신적인 자유를 탐구하는 것이고 나아가 심성론은 선종 수행방법의 이론적인 기초였다는 것을 명확하게 논증한다. 그러므로 선종의 심성론을 이해하지 못하면 선사들의 선법(禪法)을 이해할 방법이 없고 선종의 진면목도 체득할 수 없다고 생각한다. 그 다음에는 보리달마(菩提達摩), 혜가(慧可)와 승찬(僧璨)의 진성(眞性)과 자각설(自覺說), 도신(道信)과 홍인(弘忍)의 염불심(念佛心)과 본진심(本眞心) 사상, 우두법융(牛頭法融)의 무심(無心)과 망정설(妄情說) 그리고 신수(神秀)의 염정이심설(染淨二心說)에 대해 약술하여 혜능의 심성론을 서술하기 위한 중요한 사상적인 배경을 마련한다.

혜능의 심성론에 관하여 필자는 『단경(壇經)』의 심(心)과 성(性)이라는 두 가지 기본적 개념과 그와 관련된 명제들에 대한 연구와 분석을 통하여 논술하는 데 중점을 둔다. 본문에서는 심(心)·자심(自心)·본심(本心)·자본심(自本心)에 대한 것과 성(性)·자성(自性)·본성(本性)·자본성(自本性)에 대한 것으로 나누어 서로 간의 관계를 비교적 세밀하게 분석한다. 그리고 『단경(壇經)』은 심과 성·자심과 자성·본심과 본성이 동일하다고 주장하고 있음도 지적한다. 마지막으로 『단경』은 어떻게 자심·자성·불성의 관계를 소통시키고 불(佛)과의 관계를 관통하였는가를 심명한다. 그리고 자심은 불(佛)이라는 기초 위에서 본성을 돈오(頓悟)하여 성불한다는 학설을 제시하였음도 논술한다.

하택종(荷澤宗)이 심성론에서 주요한 것으로는 영지설(靈知說)이 있다. 본 편에서는 길을 마련하여 이에 대해 논술한다. 본문은 영지설을 세 가지 측면에서 함의를 설명하는 데 중점을 둔다. 첫째는 공적(空寂)의 지(知), 즉 공적한 마음의 지각작용이다. 둘째는 자연의 지, 즉 서적(書籍)의 기능에서 연유되는 것이 아닌 자연스레 있는 지혜이다. 셋째는 무주(無住)의 지, 즉 의탁하는 곳 없이 자유롭게 활동하는 심령 등이다. 영지(靈知)는 중생의 본원청정심(本原淸淨心)이라고도 하는 것으로서 영지설은 인류의 심성본체에 대한 깊이 있는 연구이다. 이 밖에 하택종 사람들이 제기한 영지는 곧 불지(佛智)이며, 따라서 불지는 중생의 본성으로서 곧 불성이라고 보는 견해에 대해서도 고찰한다. 또한 심성론을 기준으로 선종 삼대 유파의 심성사상을 전면적으로 분석한 종밀(宗密)의 주장이 총괄적인 의의를 지닌 탁월한 견해임을 지적한다.

본 편에서는 석두종 계열의 심성사상에 대한 장을 만들어 그 핵심적 심성사상과 중요한 심성문제를 집중적으로 논술한다. 석두종의 중심사상은 '영혼의 근원[靈源]' 즉 마음의 근원[心源]을 중생과 만물의 근원으로 본 것이다. 영혼의 근원은 밝고 원만하여 일상적 행위와는 다른 모든 망념과 편견이 배제된 것으로서 이(理)와 사(事), 본(本)과 말(末)의 관계를 통일시켜 우주와 인생의 진실을 파악하고 도를 발견하여 깨달을 수 있다고 생각하였다. 본문에서는 석두종이 선양한 '무심합도(無心合道)'설도 분석한다. 이 설은 분별심(分別心)을 제거하여 물질에 무심하고 물질에 집착하지 말 것을 주장하는 것으로서 오직 무심(無心)만이 도와 계합한다고 강조하는 것이다. 어떤 선사들은 선 문중의 비심비불(非心非佛), 비리비사(非理非事)의 설법에 반대하고 홍주종문(洪州宗門) 풍의 다른 주장을 펼치기도 하였다.

본 편은 두 장에 걸쳐 홍주종(洪州宗)과 거기서 파생되어 나온 임제종(臨濟宗)의 심성사상을 다루고 있다. 홍주종 심성론의 주요 명제는 '평상심이 도[平常心是道]'라는 것이다. 이른바 평상심이란 중생이 본래 갖추고 있는 조작하지도 않고 분별하지도 않는 본심인 중생의 일상적인 현실의 마음을 말한다. 홍주종은 이와 같은 평상심이 바로 불도(佛道)라고 보았다. 이는 중생의 일상생활이 진심(眞心)의 체현이고 표명이며, 견문각지(見聞覺知)가 비록 진심이 아니라 할지라도 진심은 또한 견문각지를 떠날 수도 없는 것이어서 중생은 반드시 견문각지로 본심을 깨우쳐야 한다고 보았다. 따라서 홍주종은 주체의식의 능동적인 작용을 강조하여 보다 주체화·생활화·행동화된 사상적인 특징을 나타내고 있다. 홍주종 사람들은 심(心)과 불(佛)의 관계를 매우 중시하여 즉심즉불(卽心卽佛)과 비심비불(非心非佛)설을 내놓고 있다. 이 두 학설은 표면상으로는 대립적으로 보이지만 사실은 표면상의 설명과 내면상의 설명 두 가지 방식으로 여러 가지 다양한 계몽방법과 선 수행 경지를 설명하는 것으로서 그 사상의 본질은 완전히 일치한다. 또한 이 종파는 한편으로는 '심즉시불(心卽是佛)'설을 강조하여 외향적인 추구를 반대하였으나, 다른 한편으로는 '무심즉도(無心卽道)'설을 강력히 선전하면서 양자를 통일시켜 '무심(無心)'은 모든 분별정식(分別情識)을 소멸시킨 것이며, 범인과 성인을 분별하여 취하거나 버리지 않음으로써 진심의 본체를 드러내어 깨달음의 경지에 들어갈 수 있다고 강조하였다.

　이 밖에도 본문은 홍주종 사람들의 유정(有情)과 무성(無情)·유성(有性)과 무성(無性)의 의미에 대한 새로운 해석과 설명을 지적해 냄으로써 과거의 유정과 무정·유무불성의 의미에 대하여 새로운 발전을 하였다.

임제종의 심성론에 관하여 우리들이 중점적으로 논술하는 것은 다음과 같다. 임제종 사람들은 평상심시도(平常心是道)와 무심시도(無心是道) 등의 사상적 기초 위에서 한 걸음 더 나아가 생명과 마음의 밖에 존재하는 초월적인 이상을 부정하였다. 그들은 현실적인 인간과 인간 마음[人心]의 무한한 가치를 긍정하고, 선(禪)의 진정한 취지는 중생에게 내재하는 생명 속에 있기 때문에 반드시 내적인 자성(自性)을 향하여 '활발한' 창조 정신을 일깨우고 현실생활 속에서 정신적인 초월을 실현할 것을 강조함으로써 일종의 새로운 인문주의 사상을 창출하였다. 임제종은 일념으로 마음이 청정한 것이 바로 불(佛)이라는 점을 고양하고, 아울러 중생은 스스로 믿는 마음을 지녀야 하고 자신이 불이 될 수 있다는 것을 굳게 신뢰해야 한다는 점을 강조하였다. 이에 따라 우리는 임제종이 제시한 '무사시귀인(無事是貴人)'이라는 명제도 분석한다. 임제종이 제창한 '무사(無事)'는 인간이 조작한 일이 아닌 인간의 진정한 본질이고, '무사인(無事人)'은 곧 귀인이며 불이라고 생각하였다. 한편, 임제종의 양기파(楊岐派)를 전수(傳授)한 대혜종고(大慧宗杲)는 보리심(菩提心)이 바로 충의심(忠義心)이라는 설법을 하였는데, 이를 남송시대 항금파(抗金派)와 투항파(投降派)의 투쟁 배경과 결부시켜 보면 이 설은 시대적인 색채가 매우 농후하다는 것을 알 수 있다.

본 편은 불교와 유·도가의 심성론을 중심으로 상호작용과 관계를 설명하기 위하여 두 장에 걸쳐 논술한다. "유·불 심성사상의 상호 작용"이라는 장에서는 유·불의 사상적인 주요 취지가 양자 모두 필연적으로 이상적인 인격을 성취하는 사상의 기초를 심성론으로 결정하였고, 유·불 심성론 내용의 차이는 쌍방이 상호 작용할 수 있는 가능성을 제공한 것이라고 생각한다. 또 유·불 심성론의 내용적 한계는 양자가 각각의 사상적 발전을 위한 수요를 결정지은 것이며, 아울러 유·불은 상호 모순, 충돌, 상통, 융합의 과정에서 양자의 심성사상의 주요한 일치점을 찾아내었다는 것을 강조하여 지적한다. 본 장에서는 유가의 심성사상의 변천과정을 간략하게 고찰한 후, 유·불 심성론의 상호작용에 대하여 네 가지 방면으로 논술한다. 1) 유·불 학술사상의 핵심이 성명지학(性命之學) 또는 불성론으로 나뉘어 전개되어 온 발자취, 2) 불교가 자심(自心)의 지위와 자용을 부각시킨 것이 유가가 심성본체론을 확립하도록 촉진하였다. 3) 양자는 심성론 사상의 내용을 광범위하게 조정하고 보충하고 풍부하게 하여 새로운 내용을 첨가하고 증가시켰다. 4) 피차 상대방의 수행방식과 방법을 수용하고 융합하여 포섭하였다. 그래서 유·불 심성론은 함께 역사상 한 차례 인문사상의 초석이 되었고, 윤리도덕과 인격배양 방면에서 중대한 작용을 발휘하였다.

"불·도 심성사상의 상호작용"의 장에서는, 도가의 도(道)·자연·함이 없으면서도 하지 않음도 없음[無爲而無不爲]·정관(靜觀)·득의망언(得意忘言) 사상이 불교에 미친 영향에 주목하고, 도가가 불교 특히 선종(禪宗)의 본체론과 방법론과 인식론의 이론에 하나의 본보기를 제공했음을 강조한다. 또 불교의 윤회과보(輪回果報), 만법개공(萬法皆空), 심생만법(心生萬法), 명심견성(明心見性) 사상이 도교에 영향을 끼친 것에 착안하여, 불교가 도가의 인간의 형체, 생명, 인생 이상에 대한 관점에 거대한 영향을 미쳐 발전적인 작용을 함으로써 심성수양으로 나아가게 하였다는 것을 상소한다.

본 편은 또한 "여론(餘論)" 양 편을 만들었다. 그 하나는 "심성론: 중국과 인도 불교사상의 중요한 동이점"으로 중국과 인도 불교 심성론의 공통점과 차이점을 중점적으로 귀납하여 논술한다. 여래장사상과 불성설을 크게 선양한 점이 양자의 가장 큰 공통점이며, '평상심이 도[平常心是道]', '본각(本覺)'설, 본원으로 되돌아간다[返本歸源]는 수행방식이 심성론에 있어서 중국불교가 인도불교와 구별되는 가장 큰 차이점임을 강조한다. 둘째는 유·불·도 삼교 심성사상의 상호작용이라는 각도에서, '심성론: 유·불·도 삼교 철학의 주요 일치점'이라는 논설을 제시하여, 일치된 문화적 근거와 역사적 근거가 형성된 데 대하여 종·횡으로 입체적인 논증을 시도한다.

제9장 인도불교의 심성론 사상 약술

　인도불교 심성론의 이론구조는 불교의 연기론, 업보론, 해탈론 등과 밀접한 관련이 있다. 불교철학의 기본학설인 연기론은 일체의 존재는 모두 연기에 의히여 발생하는 것이라고 생각한다. 조기불교의 연기론인 '십이연기(十二緣起)'설은 중생의 생존이 열두 가지 조건으로 구성되어 있다고 설명하였다. 그중 '무명(無明)'과 '식(識)'이 마음[心]의 범주에 속한다고 한 것은 바로 심식(心識)을 연기론의 중요한 요소로 귀결시킨 것이다.

　불교는 또 중생의 마음이 항상 번뇌에 물들어 있어 악행을 초래히고 악힌 과보[惡報]를 가셔와 인생의 고통으로 인하여 해탈을 얻을 수 없다고 생각하였다. 동시에 중생이 선한 과보[善報]를 얻고 해탈을 얻기 위하여 마음을 열고 마음의 청정성(淸淨性)을 개발하기 위하여 수행과정을 거치면 바른 과보[正果]를 성취할 수 있다고 생각하였다. 이것이 바로 중생의 윤회유전(流轉輪回)과 정과(正果)를 성취하는 인과관계이다.

　이것은 중생의 마음에서 벗어날 수 없는 것이며, 모두가 마음의 활동을 둘러싸고 전개되는 것이다 중생이 심성은 염오와 청정으로 구별된다.1) 염오성은 생사윤회의 근원이며, 청정성은 바른 과보를 성취하는 근거가 된다. 심성 문제는 인도불교에서 중생이 수행을 통하여 범인이 성인으로 전환될 수 있음을 증명한 중대한 문제였다.

오랜 역사의 발전 과정에서 인도불교의 심성론은 여러 종류의 관점을 출현시켰고 무수한 견해들이 심성사상 변천의 단계성을 표현하고 있다.

제1절 소승불교의 심성론

1. 심식설(心識說)

초기불교는 인생의 고통과 그 해탈에 대한 이론을 설명할 때 마음의 의미와 작용을 언급하였는데, 대략 다음의 세 가지로 요약된다.

마음은 중생 개체의 심신(心身)생명의 구성요소이다. 초기불교는 중생 자신의 생명은 '오온(五蘊)' 즉 색(色, 肉體·物質)·수(受, 感受)·상(想, 知覺)·행(行, 의지 등의 작용)·식(識, 인식의 분별작용)이 모여 이루어진 것으로서, 이 중 물질적인 성질인 '색(色)' 이외의 나머지 사온(四蘊)은 정신적인 요소로서 마음의 다른 작용

---

1) 인도불교가 염정(染淨)으로써 심성을 논한 것은 중국 유가가 선악(善惡)으로써 심성을 논한 것과 같다. 염(染)은 염착, 집착(染著, 執著)을 의미하며 번뇌로 충만되어 있다. 정(淨)은 청정, 집착하지 않음을 뜻하며 번뇌로부터 멀리 떨어져 있다. 번뇌란 심신(心身)의 번뇌와 혼란이고, 기본적으로 일종의 심리적 작용이며, 혹(惑)이라고도 한다. 혹(惑)은 염이나 악과 서로 통하며, 정은 곧 선과 상통한다. 염정은 선악을 포함하고 있어서 선악의 도덕적 색채는 염정과 견주어 보면 선명해진다.

이라고 생각하였다. 불교는 중생의 개체 존재와 주위 환경 모두가 '오온(五蘊)'의 다섯 가지 요소로 구성되어 있으며, 이로 인해 중생은 언제나 변화하여('無常'), 실유성(實有性)과 실체성(實體性)이 없으므로('無我') 집착하지 않음으로써 번뇌에서 벗어나고 번뇌를 제거할 것을 강조하였다. 초기불교는 바로 이러한 해탈론을 논증하는 과정에서 중생 개체의 생명을 구성하고 있는 것 중에서 마음의 지위와 의의를 긍정하였다.

마음은 인식 관계에서 중요한 조건을 구성한다. 인생의 해탈을 설명하고 추구하기 위하여, 초기불교는 인간의 인식 및 그 분류를 매우 중시하여 '십이처(十二處)', '십팔계(十八界)' 등을 설명하였다. '십이처'는 곧 인식의 관계를 주관적인 인식 능력인 안(眼)·(耳)·비(鼻)·설(舌)·신(身)·의(意)의 내육처(內六處, 六根)와 객관적인 인식의 대상인 색(色)·성(聲)·향(香)·미(味)·촉(觸)·법(法)의 '외육처(外六處, 六境)'로 나누었다. 육근(六根)과 육경(六境)을 갖추고 다시 주의(注意) 작용 등의 인식활동을 더하여, 안식(眼識)·이식(耳識) 나아가 의식(意識) 등 육식(六識)의 인식작용이 생겨나는 것이다. 육식은 곧 마음의 작용이다. 십이처에 육식을 더한 것을 '십팔계(十八界)'라고 하며, 이것은 인식이 성립되는 여러 가지 조건을 말한다. 십이처와 십팔계의 설이 나타내는 인간의 인식·관념·경험은 모두 여러 가지 조건의 영향을 받으며 부단히 변화한다. 초기불교는 인식관계 및 그 부류를 파악하는 것은 주관적인 인식을 바르게 하고, 수도(修道)로써 정과(正果)를 이루는 데 있어서 매우 중요한 것이라고 생각하였다.

마음[心]은 '십이연기(十二緣起)'의 중요한 조건이다. 초기불교에서 십이연기설은 무명(無明) · 행(行) · 식(識) · 명색(名色), 육처(六處) · 촉(觸) · 수(受) · 애(愛) · 취(取) · 유(有) · 생(生) · 노사(老死)의 열두 가지 조건의 연속적 변화와 상호 과보(果報)를 불러일으키는 과정을 설명하여, 인생의 각종 번뇌와 고통의 근원을 제시하였다. 그중의 무명 · 행 · 식 · 촉 · 수 · 애 · 취 등은 모두 마음의 범주에 속하거나 관련된 것들이다.

특별히 주목할 가치가 있는 것은 십이연기설 중의 '마음'의 의미를 확대한 것이다. 먼저 '식(識)'은 마음의 인식작용일 뿐만 아니라 십이연기의 하나의 조건으로서 이전의 잠재적 의식활동('行')과 연계되어 이후의 인식대상('名色')이 생겨나게 하는 주체의 정신활동이며 마음의 주체라는 의미를 가진다. 다음으로 동태(動態)변화의 각도에서 심식(心識)의 상태를 논술한다. 가령, '무명(無明)'은 인생과 사회, 우주의 무지에 대해 의지활동('行')을 일으키고, 다시 '행'에서 '식'이 생겨나고, '식'은 다시 '명색(名色)'으로 전환하여 생겨난다. 그 사이의 '무명(無明)'과 '식'은 결과가 생겨나기 이전에 일종의 잠재상태에 놓여 있는 정신적 역량이며 일종의 잔여(殘餘) 잠재력으로서 '행'이나 '명색' 속에 머물면서 계속 작용을 발휘한다. 그 다음으로 마음은 업보와 상관이 있다. 과보의 선악은 지은 업의 선악에 의해서 결정되며, 선과 악의 업은 다시 마음을 주체로 한다. 『중아함경(中阿含經)』 권45 『심경(心經)』에 의하면, "비구여, 마음이 장차 세간으로 가면, 마음은 더러움에 물들기도 하고 자유자재로 일어나기도 한다."[2]고 한다. 『잡아함경(雜阿含經)』 권10에서는 "비구여, 마음이 더러우면 중생도 더럽고, 마음이 청정하면 중생도 청

---

2) 『大正藏』 1, p.709a, "比丘, 心將世間去, 心爲染著, 心起自在."

정하다."3)고 한다. 여기서 '뇌(惱)'는 잡염과 염오를 의미한다. 마음에는 염과 성의 두 가지 다른 성질이 있다고 강조하고, 이러한 마음의 두 가지 성질이 사람들의 정신활동과 도덕적인 품행과 인격적인 풍모의 차이를 결정짓는 것이라고 설명하였다.

초기불교는 인생의 고통에서 해탈하고 이상적인 인격의 완성을 추구하는 것에서 출발하여, 인생이 아래로 추락하거나 위로 발전하는 엇갈린 운명은 마음의 활동 결과로 귀결시키고 있다. 여기서 더 나아가 마음의 작용 및 상태와 성질에 대해 초보적인 설명을 한 후에 풍부한 종교적 윤리와 인격적 색채를 띤 심리학설을 형성하였다. 초기불교가 아직 명확한 심성론 사상을 정립한 것은 아닐지라도 염(染)과 정(淨)이라고 하는 마음의 두 가지 성질에 대해 판단한 점은 이후 불교 심성론 사상의 발전에 매우 지대한 영향을 끼쳤다.

부파불교는 초기불교가 인식을 분류한 기초 위에서 다시 진일보하여 존재론적 입장에서 우주 일체의 존재를 분류하고, 아울러 심리와 정신현상에 대해 깊이 있고 세밀한 분석을 통하여 아래와 같은 사상을 제시하였다.

첫째, 심(心)과 심소(心所)를 주종관계로 구분하였다. '심'은 마음의 주체를 가리키고, '심소(心所)'는 마음의 작용이나 상태를 의미한다. 초기불교는 '오온(五蘊)' 중에서 수(受) · 상(想) · 행(行) · 식(識)은 모두 마음의 독립된 작용으로 생각하였지만, 부파불교는 식(識)이 주체이고, 수 · 상 · 행은 식에 종속되어 있어서 단독적으로 심리작용을 할 수 없는 것으로 봄으로써 식(識)의 주도적인 지위를 부각시켰다.

3) 『大正藏』 2, p.69c, "比丘, 心惱故衆生惱, 心淨故衆生淨."

둘째, 표면심과 다른 잠재심의 존재를 긍정하였다. 인간의 심리활동은 매우 복잡하여 심리의 표면적 활동도 단절되는 경우가 있다. 예를 들면, 잠이나 선정(禪定)에 들었거나 나아가 사망했을 때 인간은 의식을 잃는다. 이 순간 과거의 기억·경험·지능·성격은 내심 깊은 곳에 계속 존재하는 것일까? 그것들과 마음은 어떤 관계일까? 일부 부파불교는 이에 대해 거듭 각종 견해를 제시하였다. 그중 비교적 중요한 견해는 '세의식(細意識, 細心)'설이다. 중생에게는 무시(無始) 이래로 일종의 매우 미세한 심식(心識)이 있는데, 이 미세한 심식은 어떠한 상황에서도 동일한 상태로 유지되며 지속적이고 단절되지 않는다는 것이다. 예컨대, 상좌부(上座部)는 선정(禪定) 중의 심성표현과 심리과정에 대해 매우 세밀하게 관찰하고 연구 분석하여, 일종의 '유분식(有分識)'이 존재하고 있다고 하였는데, 그것이 생명이 최초로 형성되는 찰나에 있는 것을 '결생심(結生心)'이라 하고, 생명이 종결되는 순간에 있는 것을 '사심(死心)'이라고 하였다. '결생심'에서 '사심' 사이의 '유분식'은 연속되어 끊임이 없다. 유분식은 전생의 '사심'에서 후생의 '결생심'으로 이행되는 것을 촉진하여 이후 새로 윤회를 하게 하는 것이다. '유분식'은 인간의 모든 행위와 경험을 잠재적으로 보유하고 유지하는 것으로서 윤회 유전할 때 일종의 추진력을 형성한다. '유분식'은 표면적인 심리활동을 나타내면서도 심리활동의 경험이 축적되어 감추어진 상태로 존재한다. 이러한 식(識)도 역시 일종의 '세의식(細意識)'이며, 중생이 삼계(三界) 속에서 생사윤회를 하게 되는 근본 원인이 된다. 또 대중부(大衆部)에서 말하는 '근본식(根本識)', 화지부(化地部)가 주장하는 '궁생사온(窮生死蘊)', 경량부(經量部)가 내세운 '일미온(一味蘊)', 정량부가 피력한 '과보식(果報識)'도 모두 세의식(細意識)을 말하는 것이다. 일반적으로 세의식은 중생이 생사 유전하게 하는 주체라고 생각한다. 이러한 관점은 훗날 대승불교 유가행파(瑜伽行派)의 아뢰야식(阿賴耶識) 사상의 선구가 되었다.

예를 들면, 독자부(犢子部)가 제시한 인간의 생명존재에 관한 '보특가라(補特伽羅, Pudgala)'설이 있다. "보특가라는 오온도 아니고 오온을 떠난 것도 아니며, 오온에 의지하여 외계에 머무는 것으로서 임시로 이름을 붙인 것이다. ……만약 제법이 보특가라를 벗어나면 전세에서 후세로 전전하여 이르지 못할 것이다."4) 위 글의 의미는 '보특가라'는 사람의 몸 그 자체는 아니시만 사람의 몸과 나른 것도 아니며, 몸 등에 의하여 가명을 만든 것이다. 이것이 중생이 전세에서 후세로 전생하는 윤회를 거듭하는 주체인 '나[我]'이다. 이 '나'는 기억과 업력(業力)과 경험을 보관하고 있는 존재로서 항상 변화하면서 끊임없이 존속된다. 이러한 견해는 다른 부파의 세의식설과 본질적으로 다른 것은 아니다. 독자부의 '보특가라(補特伽羅)'는 일종의 세의식의 변형된 모습이며, 다른 부파의 세의식은 일종의 변형된 모습의 '나[我]'라고 말할 수 있다. 부파불교가 제시한 세의식이나 '보특가라' 등의 견해는 초기불교 심식설(心識說)의 심화된 표현이며, 또한 초기불교의 윤회의 주체사상이 논리적인 필연에 의해 진일보한 설명이다.

---

4) 『이부종륜론(異部宗輪論)』, 『大正藏』49, p.16c, "補特伽羅非即蘊離蘊, 依蘊外界, 假施設名, ……諸法若離補特伽羅, 無從前世轉至後世.", '보특가라'는 '나[我]'의 의미로 번역되며, 윤회전생(輪回轉生)의 주체를 가리킨다.

2. 심성염정설(心性染淨說)

위에서 언급한 바와 같이, 심성문제는 불교에 있어서 중생은 해탈할 수 있는가 없는가, 어떻게 해탈할 것인가와 관련되어 있는 이론상 중대한 문제이다. 마음의 본성은 청정한[淨] 것인가 아니면 염오[染]된 것인가? 어떻게 정과 염을 이해할 것인가? 번뇌와 마음은 어떤 관계인가? 이러한 의문은 초기불교에서 깊이 있게 논의하지 못한 문제이다. 부파불교는 이러한 것들에 대하여 탐구하고 논쟁을 펼쳤다.

부파불교는 마음의 본성에 대하여 두 가지 주요한 관점을 제시하였다. 그것은 심성은 본래 청정하다[心性本淨]는 것과 심성은 본래 청정하지 않다[性本不淨]는 것인데, 마음의 본성에 대하여 청정과 염오 두 종류로 심리적 가치판단을 내린 것이다.

『이부종륜론(異部宗輪論)』에서는 대중(大衆)계의 대중부(大衆部)·일설부(一說部)·설출세부(說出世部)·계윤부(鷄胤部)를 '본종과 뜻을 같이하는 자[本宗同義者]'로 보았는데, 이 부파들이 심성 문제에 대하여 주장한 것은 다음과 같다.

> 심성은 본래 청정한 것인데, 객진번뇌로 오염되어 청정하지 못하다고 한다.5)

상좌부(上座部)에서 분화되어 나온 설일체유부(說一切有部)의 이론적인 입장을 대표하는 『아비달마순정이론(阿毗達磨順正理論)』6)

---

5) 『大正藏』 49, p.15c, "心性本淨, 客塵隨煩惱之所雜染, 說爲不淨."

은 상좌계(上座系)의 분별론자인 '분별설부(分別說部)'의 심성론을 이렇게 비평하였다.

> 분별론자는 이렇게 말했다. '오직 탐심만 있었는데도 지금 해탈을 얻었다는 것은 마치 더러운 그릇이 나중에 그 더러움을 없앤 것과 같다. ……이와 같이 청정한 마음이 탐욕 등으로 오염되었더라도 탐욕 등은 나중에 해탈로 돌아간다고 하는 것이다. 성인의 가르침도 마음의 본성은 청정하지만, 어느 때에 객진번뇌로 오염된 것이라고 말씀하였으므로 이 같은 주장은 이치에 맞지 않는다.'[7]

설일체유부(說一切有部)는 분별설부(分別說部)의 심성본정설(心性本淨說)은 '불응리(不應理)' 즉 불교의 진리에 맞지 않는다고 생각하였다. 또 대승불교의 저작인 『불성론(佛性論)』은 소승불교에서 '중생은 모두 불성을 지니고 있다.'는 주장을 부인하는 것을 타파하기 위하여, 불성에 대한 부파불교의 관점을 거슬러 올라가 논한 적이 있었는데, 여기에서 말하는 불성(佛性)은 청정한 본성을 가리키는 것이다.

> 소승 여러 부파의 해석도 같지는 않다. 분별부에 의하면, 모든 범부와 성인과 중생이 다 공을 기본으로 하기 때문에, 범부와 성인과 중생은 모두 공에서 나오며, 그 때문에 공이 불성이고, 불성이 곧 대열반이라고 한다. 비담살바다 등 여러 부파에서 말하는 것에 의하면, 모든 중생은 본성으로 불성을 얻는 것이 아니라 수행으로 불성을 얻

---

6) 본 책 중의 불교의 술어, 인명과 책명, 가령 '달마(達摩)', '바라밀(波羅蜜)', '사자(獅子)', '종성(種性)' 등을 본문 중에 사용할 때 최대한 통일을 하고자 하였다. 그러나 전적(典籍) 중의 원문을 인용하여 언급한 경우에는 그 원서를 따랐다는 것을 밝혀 둔다.

7) 『大正藏』 29, p.733a, "分別論者作如是言: 唯有貪心今得解脫, 如有垢器後除其垢. ……如是淨心貪等所染, 名有貪等后還解脫. 聖敎亦說心本性淨, 有時客塵煩惱所染. 此不應理."

는다고 한다.8)

　'비담살바다부'는 설일체유부를 말한다. 위의 인용문을 볼 때, 대
중계의 많은 부파가 심성본정(心性本淨)을 주장하였고, 상좌계의
분별설부도 심성본정설을 견지하였으나, 설일체유부는 성본부정설
(性本不淨說)을 주장했으며, 심성본정설이 부파불교 심성설의 주류
였음을 알 수 있다.

　그렇다면 심성본정과 성본부정의 함의와 그 차이는 무엇일까?

　심성본정이라는 명제의 완전한 표현은 '심성은 본래 청정한데 객
진에 의해 더럽혀진 것[心性本淨, 客塵所染]'이다. 여기서 '객진'
은 번뇌를 말하며 '객진번뇌(客塵煩惱)'라고도 한다. 심성(心性)에
본래부터 있는 것이 아니고, 비주체적이고 외래적인 것이므로 '객
(客)'이라고 한 것이다. 또 번뇌는 인간의 심성을 오염시킬 수 있는
데, 이것은 마치 먼지와 티끌이 만물을 오염시키는 것과 같아서
'진(塵)'이라고 한다.

　위 인용문의 내용을 볼 때, 대중부는 인간의 본성은 본래 청정한
것인데, 단지 객진(客塵)의 오염으로 인하여 청정하지 못한 것이라
고 생각하였다. 만약 객진을 제거하기만 하면 청정한 본성을 되찾
아 해탈할 수 있는 것이다. 분별설부는 마음은 본래 청정한 것이지
만 객진에 의해 오염되어 '탐심(貪心)'이 생기는데, 이것은 마치 그
릇에 본래 더러움이 없었는데 나중에 더러움이 생긴 것과 같다고
하였다. 그릇의 더러움을 없애면 원래의 모습을 되찾아 처음처럼

---

8) 『大正藏』 31, p.787c, "小乘諸部解執不同: 若依分別部說, 一切凡聖衆生并以空爲基
　本, 所以凡聖衆生皆從空出, 故空是佛性, 佛性者卽大涅槃. 若依毘曇薩婆多等諸部
　說者, 則一切衆生無有性得佛性, 但有修得佛性."

정결(淨潔)해지는 것처럼, 마음에 있는 탐욕 등의 번뇌를 제거하면 해탈을 얻을 수 있다는 것이다.

'심성본정(心性本淨), 객진소염(客塵所染)'이라는 명제의 사상적 구조를 분석해 보면 두 가지 측면의 의의가 있다. 첫째는 마음의 자성은 본래 청정하다는 것이고, 둘째는 객진번뇌(客塵煩惱)의 오염으로 청정하지 않다는 것이다. 첫째의 의의는 마음은 본래 청정하여 해탈할 수 있으며, 해탈의 내재적 근거가 있다는 것을 긍정한 것이며, 둘째의 의의는 중생은 반드시 해탈해야 한다고 강조하여 객진번뇌를 제거하는 것을 골자로 하는 해탈의 방법을 제시한 것이다.

설일체유부(說一切有部)는 이러한 분별설부(分別說部)의 심성본성설(心性本淨說)에 반대하였다. 그들은 심성은 본래 오염된 것이기 때문에 염심(染心)을 철저하게 제거하여야 청정한 마음을 성취할 수 있으며, 그래야 비로소 심성이 청정해진다고 생각하였다. 또 그들은 더러운 그릇에 심성문제를 비유하여 설명한 것은 잘못된 것이라고 생각하였다. "그릇과 더러움은 서로 원인이 되지 못한다. 그릇에 있는 더러움을 없애는 것은 계측할 수 있지만, 탐욕과 마음은 서로 마주 보면서 반드시 서로 원인이 되는데, 탐심에서 어떻게 해탈할 수 있겠는가?"[9]라고 하였다. 그릇은 더러움과 외재적인 관계에 있으므로 깨끗한 상태에서 더러워질 수도 있고, 더러움을 없애면 다시 깨끗해질 수도 있다. 그러나 탐욕과 마음은 서로 원인이 되는 관계에 있고, 양자는 상응하여 생겨나는 것이기 때문에, 마음이 본래부터 청정하다는 것은 불가능하다는 것이다. 그들은 청정성

---

9) 『아비달마순정이론(阿毘達磨順正理論)』 권72, 『大正藏』 29, p.733a, "器與垢非互爲因, 客可計爲垢除器在. 貪心相望必互爲因, 如何從貪心可解脫?"

은 중생이 수행과정을 거친 후에 얻는 것이라고 믿었다. 설일체유부가 주장하는 해탈이란 염심(染心)에서 정심(淨心)으로 전화(轉化)하는 것이고, 정심으로써 염심을 대체해 나가는 과정이다. 이때 전·후의 마음은 다르며, 하나의 마음이 아닌 두 종류의 마음이다. 설일체유부의 성본부정설(性本不淨說)은 염심설(染心說)이기도 하다. 그들은 중생이 해탈을 얻으려고 하면 반드시 염심에서 벗어나고 염심을 제거해야 한다고 강조하였다.

부파불교가 마음의 본성문제에 있어서 서로 일치되지 않고 나누어지는 것은 무엇보다도 번뇌와 마음의 관계에 대하여 서로 견해가 다른 것과 직접 관련되어 있다. 『성실론(成實論)』 권3 「심성품(心性品)」에서는 부파불교 간에 심성론이 일치하지 않은 점을 개괄하면서 다음과 같이 설명한다.

> 어떤 사람은 심성은 본래부터 청정한데 객진 때문에 청정하지 못하다고 한다. 또 어떤 사람은 그렇지 않다고 한다. 질문: "무슨 인연으로 본래 청정하다고 하는가? 또 무슨 인연으로 그렇지 않다고 하는가?" 답: "그렇지 않다고 하는 것은 심성이 본래 청정한 것이 아니며, 객진 때문에 청정하지 않다는 것이다. 그 이유는 무엇인가? 번뇌와 마음은 항상 서로 상응하여 생겨나는 것이지 객[客相]이 아니다. 또 세 종류의 마음이 있으니, 선(善)·불선(不善)·무기(無記)이다. 선심과 무기심은 더럽지 않은 것이나 불선심은 본래 스스로 청정하지 않은 것이며, 객진 때문이 아니다. 또 마음은 생각 생각마다 생겨나고 소멸하여 번뇌를 기다리지 않는다. 번뇌가 함께 생기는 것이라면, 객이라고 이름을 붙이지 않았을 것이다."[10]

---

10) 『大正藏』32, p.258b, "有人說, 心性本淨, 以客塵故不淨. 又說, 不然." 問曰: "何因緣故說本淨? 何因緣故說不然?" 答曰: "不然者, 心性非本淨, 客塵故不淨. 所以者何? 煩惱與心常相應生, 非是客相. 又三種心: 善, 不善, 無記. 善, 無記心是則非垢, 若不善心, 本自不淨, 不以客故. 復次是心念念生滅, 不待煩惱, 若煩惱共生, 不名爲客."

이 글의 핵심적 의미는 심성이 본래 청정하지 않은 이유는 '번뇌와 마음이 항상 상응하여 생겨나기' 때문이다. 즉 '양자는 함께 생겨나는 것'이기 때문이다. 따라서 번뇌는 '객'이 아니며, 주체적인 마음의 내재적 본질이 마음의 본체이다. 또 마음에는 '무기(無記, 中性, 선악으로 나눌 수 없는 것)' 이외에 선(善)과 불선(不善)의 구분도 있다. 만약 불선심(不善心)이라면 심성이 본래 깨끗하지 않음을 말하는 것이다. 이 글을 보면, 심성본정을 주장하는 자들은 이상의 것과는 상반된 관점을 견지하여, 번뇌와 마음은 상응하는 것이 아니고 함께 생겨나는 것도 아니라고 생각하였음을 알 수 있다.

그렇다면 심성본정론을 주장하는 자들은 어떻게 번뇌와 마음은 상응하는 것이 아니며 함께 생겨나는 것도 아니라고 설명하는가? 불교에서 말하는 번뇌는 '혹(惑)'이라고도 하는데, 이것은 중생의 심신에 번뇌와 혼란을 일으키는 것을 총칭하는 것이다. 탐(貪, 貪慾)·진(瞋, 瞋恚)·치(痴, 愚昧)는 세 종류의 근본적 번뇌이다. 번뇌는 수행하여 깨달음에 도달하려는 것을 방해하는 여러 가지 종류의 정신적 작용과 심리적 작용이다.

심성본성론을 선시하는 사들은 번뇌를 두 가지 방면으로 나누었다. 하나는 '전(纏)'으로서 속박을 의미하고, 번뇌가 현재 행해지고 있음을 뜻한다. 이는 표면에 나타나는 까닭에 마음과 상응한다. 또 하나는 '수면(隨眠)'으로서 번뇌의 습성을 말한다. 사람이 수면상태에 처해 있는 것과 같은 일종의 잠재력이다. 엎드려 짐들어 있는 상태의 종자(種子)는 마음과 상응하지 않는다. 예컨대 『이부종륜론(異部宗輪論)』에 의하면, 대중(大衆)·일설(一說)·설출세(說出世)·계윤(鷄胤)의 네 부파는 "수면(隨眠)은 심도 아니고 심수법도 아니고,

소연(所緣)도 아니다. 수면은 속박과 다르고, 속박도 수면과 다르다. 수면은 마음과 상응하지 않고 속박은 마음과 상응한다."[11]고 주장하였다. 또 『아비달마대비바사론(阿毘達磨大毘婆沙論)』 권60에 의하면, 아라한(阿羅漢)이 과위(果位)에서 퇴전하는가, 아닌가에 대한 문제를 언급할 때 분별론자들은 다음과 같이 말했다. "분별론자는 또 이렇게 말했다. '수면(隨眠)'은 번뇌의 종자이며, 수면의 자성(自性)은 마음과 상응하지 않고, 모든 번뇌의 자성은 마음과 상응한다. 번뇌[纏]는 수면에서 생기고, 번뇌는 나타났다 사라진다. 모든 아라한은 이미 수면을 단절하였기 때문에 번뇌가 생기지 않는데 어떻게 물러나겠는가? 그러므로 물러나지 않는다고 말한다."[12] 이것은 수면(隨眠)과 번뇌[纏]는 서로 달라서 마음과 상응하지 않거나 상응하는 구별이 있다는 것을 말한다. 또 번뇌는 수면에서 생기는 것이며, 수면이 끊어지고 나면 번뇌도 생겨나지 않는다는 것이다. 아라한은 이미 수면을 단절하였기 때문에 그가 증득한 과위에서 물러나지도 잃지도 않는다.

심성본부정론(心性本不淨論)을 견지하는 자들은 수면의 체성(體性)에 대해서도 다른 설(說)을 가지고 있었는데, 설일체유부(說一切有部)에서는 수면이 곧 번뇌라고 생각하였다. 『아비달마순정이론(阿毘達磨順正理論)』 권12에 따르면, "또 여러 스승들은 이 종자에 대하여 여러 곳에서 뜻에 따라 다른 이름을 붙였는데, 수계 혹

---

11) 『大正藏』 49, pp.15c - 16a, "隨眠非心, 非心所法, 亦無所緣. 隨眠異纏, 纏異隨眠. 應說隨眠與心不相應, 纏與心相應."

12) 『大正藏』 27, p.313a, "分別論者又說, 隨眠是纏種子, 隨眠自性心不相應, 諸纏自性 與心相應. 纏從隨眠生, 纏現前故退, 諸阿羅漢已斷隨眠, 纏卽不生, 彼如何退? 故說 無退."

은 훈습 혹은 공능 혹은 불실 혹은 증장이라고 하였다."13) '종자(種子)'는 '훈습(熏習)된 것'을 말하며, '공능(功能)'은 중생을 따라 언제나 존재하고 매우 밀접하여 나눌 수 없으며, 마음과 상응하는 것이다. 말하자면 설일체유부는 수면과 번뇌를 습기와 현행으로 구별하지 않았으며, 현행과 습기의 구분은 없다고 생각하였다. 그들은 일곱 가지의 근본적인 번뇌가 있다고 생각하였는데, 욕탐(慾貪)·유탐(有貪)·진(瞋)·치(痴, 無明)·만(慢)·견(見, 惡見)·의(疑)가 그것이며, 이를 '칠수면(七隨眠)'이라고도 불렀다. '칠수면'은 마음과 상응하는데, 마음은 본래 청정한 것이 아니고 번잡하게 오염되어 있는 염심이라는 것을 표명한 것이다. 중생의 마음이 오염되어 있다는 것은 곧 수행의 필요성이 있음을 설명하는 것이며, 일단 중생이 수행을 거치면 염심이 제거되고 염심에서 떠나게 되어 해탈을 얻게 된다. 염심을 떠난 것이 정심(淨心)이며, 정심은 염심이 제거되고 난 이후에 비로소 생기는 것이지 원래부터 있는 것이 아니다. 오로지 정심의 본성만 청정한 것이다.

심성본정론을 주장하는 자들은 "마음은 색 등을 지각한 후에 상을 취하고, 그 상에서 모든 번뇌를 낳고, 마음과 더불어 더러운 때(垢)를 만드는 것이어서, 마음은 본래 청정하다고 말한 것이다."14)라고 하였다. 이 글의 뜻은 마음은 일종이 인식지각작용을 하여 형상을 취득하고 그런 후에 그 형상으로 말미암아 번뇌를 낳고, 다시 마음을 물들여 더럽게 하지만, 마음의 본성은 청정하다는 것이다.

---

13) 『大正藏』 29, p.398b, "復有諸師, 於此種子, 處處隨義, 建立別名, 或名隨界, 或名熏習, 或名功能, 或名不失, 或名增長."

14) 「심성품(心性品)」, 『성실론(成實論)』 권3, 『大正藏』 32, p.258b, "心名但覺色等, 然後取相, 從相生諸煩惱, 與心作垢, 故說本淨."

이에 반대하는 입장에서는 "그렇지 않다. 마음은 마음이 생기는 즉시 멸하여 더러운 상이란 없다. 마음이 이미 멸한 다음에 때가 어디를 오염시킨다는 것인가?"[15]라고 하였다. 이 글은 앞에서 인용하였던 "마음은 생각 생각마다 생겨나고 소멸하여 번뇌를 기다리지 않는다."고 한 것과 마찬가지로, 마음은 한 번 발생하여 작용한 뒤에는 바로 소멸되는 것이라고 말한 것이다. 이처럼 생기면 바로 소멸하여 번뇌가 그것에 어떤 작용을 하도록 기다리지 않는데, 어떻게 더러운 상을 형성할 수 있겠는가고 반문한 것이다.

설일체유부는 번뇌가 마음에서 상(相)을 취한 후 발생하는 것이 아니라 마음과 번뇌는 동시에 발생하는 것이라고 강조하면서, "만약 마음과 번뇌가 함께 생겨나는 것이라면, 마음의 본성이 청정하다고 해서는 안 된다. 때때로 객진번뇌로 오염이 된다."[16]고 하였다. 마음과 번뇌는 서로 원인이 되는 이상 동시에 생겨나므로 마음의 본성이 본래 청정하다고 해서는 안 된다는 것이다. 설일체유부는 한 걸음 더 나아가 다음과 같이 강조하였다. "탐욕의 세력이 불염심을 오염시키는 것이 아니다. 단지 자성에 있는 염오심이 일어나 탐욕과 서로 상응하는 것이다. ……심성의 근본이 염오이기 때문이지 탐욕 때문이 아니다. 그러므로 불염심의 본성은 청정하고, 모든 염오심의 본성은 오염된 것이다. 이 뜻은 절대로 뒤집거나 변동할 수 없다."[17] 이것은 심성의 염(染)과 정(淨)이 내재적인 본질

---

15) 「심성품(心性品)」, 『성실론(成實論)』 권3, 『大正藏』 32, p.258b, "不然, 是心心時卽滅, 未有垢相, 心時滅已, 垢何所染?"

16) 『아비달마순정이론(阿毘達磨順正理論)』 권72, 『大正藏』 29, p.733b, "若心與惑俱時而生, 則不應言心本性淨, 有時客塵煩惱所染."

17) 『아비달마순정이론(阿毘達磨順正理論)』 권72, 『大正藏』 29, p.733c, "非貪勢力令不染心轉成染汚, 但有自性染汚心起與貪相應. ……心性是染本不由貪, 故不染心本性

로 규정되어 있다는 것이다. 불염심(不染心)의 본성은 청정한 것이고, 염심(染心)의 본성은 염오된 것으로서, 두 종류의 마음의 내재적 본질은 같지 않다는 것이다.

심성과 인성(人性)은 오염된 것인가 아니면 청정한 것인가? 이것은 매우 복잡한 문제이며 불교 해탈론에 관한 근본문제이기도 하다. 『성실론(成實論)』「심성품(心性品)」에서는 이렇게 말하고 있다.

> 심성은 본래 청정한데 객진 때문에 부정(不淨)한 것이 아니다. 단지 부처가 중생을 위하여 마음은 항상 존재한다고 하시고, 객진으로 오염되어 마음이 부정하다고 말씀한 것이다. 또 부처는 게으르고 나태한 중생들을 위하여, 만약 마음이 본래 부정하다는 말을 들으면 본성을 고칠 수 없다고 말하고 청정한 마음을 내지 않을 것을 염려하여 본래 청정하다고 말씀하신 것이다.[18]

이것은 매우 의미심장하고 깊이 생각하게 하는 견해이다. 부파불교의 심성론은 심성본정설을 기조로 하였다는 깊은 뜻을 시사해 주는 것이다.

제2절 대승불교 여래장계열의 '일성개성(一性皆成)'설

인도의 대승불교는 재가신도를 주체로 하는 불교였다. 대승불교

清淨, 諸染汚心本性染汚, 此義決定不可傾動."
18) 『大正藏』 32, p.258b, "心性非是本淨, 客塵故 不淨, 但佛爲衆生謂心常在, 故說客塵所染, 則心不淨; 又佛爲懈怠衆生若聞心本不淨, 便謂性不可改, 則不發淨心, 故說不淨."

가 일어난 것은 하나의 새로운 경향, 새로운 사조(思潮), 새로운 운동이었으며, 초기불교와 부파불교에 대한 일종의 반동이었다. 대승불교와 초기 · 부파불교 간의 가장 큰 차이는 불타(佛陀)의 초인화와 신격화에 대한 것이다. 대승불교는 불타의 자비정신을 본받아 출가할 수 없는 대중의 구제를 제창함으로써 자비행을 실천하고 중생구제를 목적으로 하는 숭고한 보살을 이상으로 삼았다.

이러한 새로운 운동이 발전함에 따라 대승불교는 날이 갈수록 독자적인 참신한 사상을 내놓았다. 처음 대승불교는 인생과 우주의 모든 현상을 고찰하는 것에 중점을 두고 '공(空)' 사상을 확립하였다. 훗날 이 사상의 기초 위에서 진일보하여 '공(空)'을 주체방면의 문제로 전환하고, 중생의 마음의 현상과 본질 특히 마음과 불(佛)의 관계를 탐구하는 데 치중하였다. 이로 인해 두 가지의 이론 방향과 새로운 사조(思潮)가 형성되었다. 그 하나는 부파불교의 심성설을 계승 · 발전시켜 마음의 본성 즉 마음과 불의 공통된 이상의 측면에서 설명을 진행한 '여래장(如來藏) - 불성(佛性)'설이다. 다른 하나는 부파불교의 심상설(心相說)을 계승 · 발전시켜 마음의 현상, 즉 마음의 현실적인 기능 및 그 전변(轉變)적 측면에서 설명한 '유식(唯識)'설에 중점을 두고 연구 토론한 것이다. 전자의 주요 경전으로는 『여래장경(如來藏經)』 · 『승만경(勝鬘經)』 · 『열반경(涅槃經)』 등이 있고, 후자의 것으로는 『해심밀경(解深密經)』 · 『유가사지론(瑜伽師地論)』 등의 경전이 있다. 앞으로 우리가 중점적으로 설명할 것은 대승불교의 심본정학설 즉 여래장설과 불성론이다. 이것은 일체의 중생이 모두 불성을 가지고 있고, 일체 중생은 모두 성불할 수 있다는 '일성개성(一性皆成)'설이다. 이 이후 간략하게 심본염(心本染) 경향의 아뢰야식(阿賴耶識)설 및 그것을 기초로 형성된 '오성각별(五性各別)' 설 즉 중생은 성불할 수도 있고 할 수 없을 수도 있다는 설에 대해 간략하게 서술할 것이다. 덧붙여서 위의 염정(染淨) 두 가지 설을 조화하고 종합한 심성사상도 약술할 것이다.

대승불교가 불타관(佛陀觀)에 관해 천명한 이후 심성본정설에는 중대한 변화가 일어났다. 부파불교의 본성청정설(本性淸淨說)의 기초 위에 대승불교는 한 걸음 더 나아가 부처는 '법신(法身)'이라는 보편적 관념과 불타의 자비정신을 결합하여 심성사상을 발전시켰다. 앞에서 언급한 바와 같이 법신의 '몸[身]'은 '모인 것[聚集]'이라는 의미이며, 법신의 함의는 부파불교 시기에는 통상적으로 부처가 행한 교법과 성취한 교법의 집합, 즉 부처가 부처다워진 불법의 근거를 의미하였다. 그런데 대승불교가 흥기하면서 법신의 내용에 중대한 변화가 발생하였다. 불의 진실한 자성(自性)과 내재적 본질이 법신이고, 이러한 자성·본질이 우주만물을 지배하는 '법성(法性)'이며, 이것은 청정하고 두루 존재하면서도, 나지도 않고 멸하지도 않는 것이라고 강조하였다.

이러한 관념에 계도되어 중생은 모두 청정한 자성을 가지고 있다는 견해를 가지게 된 것은 필연적인 결과이다. 말하자면 법신이 보편적으로 존재한다는 관념은 중생의 심성본정과 불신을 성취할 수 있다는 것에 또 하나의 이론적 버팀목을 제공하였던 것이다. 대승불교는 또 자비정신을 고양하여, 중생을 자애(慈愛)하고 안락을 주고 중생을 가없이 여겨 그 고통을 없애 줄 것을 제창하였다. 이러한 자비사상을 연의하면 중생의 고통은 반드시 제거할 수 있고 중생은 틀림없이 안락을 얻을 수 있나는 것, 다시 말해서 중생은 구제될 수 있으며 해탈을 얻을 수 있고 불과를 이룰 수 있다는 사실을 긍정할 것을 요구하는 것이다.

나아가 중생은 충분히 고통을 제거하고 안락을 얻을 수 있다는 근거인 심성본정사상을 고양할 것을 요구한 것이다. 그리하여 대승불교의 법신관념과 자비사상은 중생의 심성본정설에 필연적인 논증을 제공하였고, 이로써 심성본정사상은 불교의 심성론 사상에 있어서 주도적 지위를 강화하게 되었다. 이와 동시에 심성의 의의에 있어서도 변화가 발생하였다. 부파불교가 심성의 염정(染淨)을 논한 것은 심리적 측면에 치중한 것이었는데 비해 대승불교의 심성론은 중생 성불의 가능성과 깨달음의 마음과 불타의 본질 등의 문제에 대한 논증으로 전환하였다.

대승불교는 부파불교의 심성본정사상을 계승하고 발전시켜 보리심(菩提心)과 여래장(如來藏) 및 불성에 관한 여러 학설을 천명하였는데, 특히 여래장과 불성에 관한 학설은 대승불교 심성론의 기본내용이 되었다.

1. 보리심(菩提心)

보리(菩提)는 일반적으로 세간의 번뇌를 끊고 열반을 성취한 지혜를 말한다. 보리심은 위없는 보리를 추구하는 마음을 의미하며 일체제불의 종자(種子)이다. 대승불교는 중생이 만약 보리심을 발하여 수행에 노력하면 무상보리를 속히 이룰 수 있다고 생각하였다. 그래서 대승불교는 발보리심의 중요성을 매우 강조하였다. 보리심을 발하는 것이 불교를 믿는 것이고, 수행 실천의 시작이고, 보리심을 발하는 것이야말로 보리를 성취하고 정과(正果)를 획득하는 길이라고 생각하였다.

우리가 주목할 것은 대승불교의 보리심의 체성에 대한 견해이다. 『대비로자나성불신변가지경(大毘盧遮那成佛神變加持經)』권1 「입진언문주심품(入眞言門住心品)」은 "부처님이 말씀하시길, 보리심을 인(因)으로 하고, 대비(大悲)를 근본으로 하며, 방편(方便)을 구경으로 한다. 무엇을 보리라고 하는가? 자심을 여실하게 아는 것을 말한다."[19]라고 하고, 또 "자심은 보리와 일체지를 깊이 추구한다. 무엇 때문인가? 본성이 청정하기 때문이다."[20]라고 한다. 이는 자심을 있는 그대로 아는 것이 바로 보리라는 것이다.

자심의 본성이 청정한 것, 이것이 자성청정심이다. 자심을 여실하게 안다는 것은 곧 자성청정심 즉 보리를 여실하게 아는 것이다. 따라서 자심 · 자성청정심이 바로 보리심이고, 마음이 곧 보리이며, 보리가 곧 마음이다. 이렇게 보리심을 자심으로 귀결시킨 것은 모든 중생이 본래 청정한 보리심을 가지고 있다는 것을 논리적으로 긍정한 것이다.

중국불교 화엄종의 실제 창시자인 법장(法藏, 643 - 712)은 소승불교를 평론할 때 다음과 같이 말하였다, "소승불교에서는 부처님 한 분을 제외한 나머지 모든 중생은 대보리성을 가지고 있다고 믿지 않는다."[21] 여기서 말하는 '대보리성(大菩提性)'은 불성(佛性)에

---

19) 『大正藏』 18, p.1bc, "佛言, 菩提心爲因, 悲爲根本, 方便爲究竟. ……云何菩提? 謂如實知自心."

20) 『大正藏』 18, p.1c, "自心尋求菩提及一切智, 何以故? 本性清淨故."

21) 『화엄일승교의분제장(華嚴一乘敎義分齊章)』권2, 『大正藏』 45, p.485c, "於此敎中,

상당하는 것으로서 보리의 심성을 말한다. 소승불교는 불(佛) 이외의 나머지 모든 중생은 모두 보리의 심성을 가지고 있지 않다고 하였다. 대승불교에서는 보리심을 중생의 본성으로 보고, 일체의 중생은 모두 보리심을 지니고 있다고 주장하였다. 이것은 심성본정론에 있어서 대승불교가 부파불교와 구별되는 하나의 중요한 내용이다.

2. 여래장(如來藏)

여래장은 '여래(如來)'와 '장(藏)'의 복합어이다. '여래'는 '여(如)'실한 법이 '오다[來]', 즉 진리로부터 와서 정각(正覺)을 이룬다는 뜻이다. '장(藏)'은 태아(胎兒)를 품은[藏] 것, 즉 포유동물이 먼저 모태 속에 잉태되어 양육되는 의미를 차용한 것이다. 그래서 여래가 여래로 된 까닭은 원래 태내에 잉태되어 양육되다가 나중에 공덕이 원만하게 되어 여래를 성취하게 되는 것임을 의미하는 것이 여래장이다. 다시 말해서 여래장이란 모든 중생의 번뇌의 몸속에 감추어져 있는 자성청정의 여래법신으로서, 이것이 여래의 인격을 이루는 가능성의 기초임을 가리키는 것이다. 여래장은 여래장심(如來藏心)이라고도 하는데, 중생을 초월하여 본래 평등하게 갖추어져 있는 성불의 가능성 즉 자성청정심·진실심(眞實心)이다.

인도대승불교의 여래사상의 대표적인 경전은 『대방등여래장경(大方等如來藏經)』, 『불설부증불감경(佛說不增不減經)』과 『승만사자후일승대방편방광경(勝鬘師子吼一乘大方便方廣經)』이다. 이 세

除佛一人, 餘一切衆生, 皆不說有大菩提性."

경전은 부파불교의 심성본정사상을 계승하고, 아울러 대승불교 경전의 관련 사상들을 수용하여 여래장의 구조·성질·공능 등의 학설을 상세히 설명하고 있다.

『대방등여래장경(大方等如來藏經)』은 『화엄경(華嚴經)』「성기품(性起品)」의 부처의 지혜는 원만하게 두루 존재하며, 법신은 온 세상에 두루 존재한다는 사상에 근거하여, 일체 중생이 모두 '여래'에 포함되며, 모두 여래의 태아(如來藏)를 지니고 있다고 강조한다. 경전에서는 부처님의 말씀을 인용하여, "내가 불안(佛眼)으로 보니 모든 중생들이 탐욕과 어리석음의 온갖 번뇌 속에 있지만, 여래지·여래안·여래신이 있어 가부좌를 하고 움직이지 않고 임숙하세 있어 있구나. 선남자여, 일체의 중생이 비록 번뇌의 몸속에 있어도 여래장이 있어서 항상 오염되지 않고 덕상을 구비하고 있으니 나와 다름이 없다. ……모든 중생의 여래장은 상주하고 불변하는 것이다."22)라고 한다. 이 글은 (1) 여래장은 여래의 지혜·눈·몸을 갖추고 있는 진실한 존재이며, 형체를 지닌 존재이고, '덕상을 구비하고 있는' 존재이다. (2) 여래장은 온갖 번뇌 속에 있어도 염오되지 않는다. (3) 여래장은 상주 불변한다는 세 가지 의미를 담고 있다.

『불설부증불감경(佛說不增不減經)』은 중생과 불은 '한 세계[一界]'이며, 이것이 '깊고 깊은 뜻[甚深義]'이라고 설명한다. "이 깊고 깊은 뜻은 바로 여래지혜의 경지이며 또한 여래의 마음이 행하는 곳이다. ……깊고 깊은 뜻이 제일의제이며, 제일의제는 중생계이

---

22) 『대방등여래장경(大方等如來藏經)』, 『大正藏』 6, p.457bc, "我以佛眼觀一切衆生, 貪慾志痴諸煩惱中, 有如來智, 如來眼, 如來身, 結跏趺坐, 儼然不動. 善男子, 一切衆生雖在諸趣煩惱身中, 有如來藏常無汚染, 德相備足, 如我無異. ……一切衆生如來之藏常住不變."

고, 중생계는 곧 여래장이며, 여래장은 바로 법신이다."23) 이 글에 의하면, 이른바 매우 심오한 의리인 '심심의(甚深義)'는 제불여래의 지혜만이 관찰하여 지각할 수 있는 최고의 진리이며, 이 진리에 의하면 중생·여래장·법신 이 셋은 서로 다르지 않고 동일한 '일계(一界)'이다. 또한 이 경전에서는 자성청정심과 객진번뇌(客塵煩惱)로 오염된 '불가사의한 법'으로 삼자 동일설(同一說)을 논증하고 있다. 주의할 점은 법신은 과위(果位)이며, 이 경은 여래장설을 통하여 중생과 법신을 동등시하고, 중생이 반드시 불과를 성취할 수 있다는 의식을 강화하였다는 것이다.

『승만경』은 『화엄경』의 '삼계유심(三界唯心)' 관념을 계승하여, 사람들은 누구나 다 여래장심을 가지고 있다는 것을 선양하였다. 또한 『법화경(法華經)』의 삼승(三乘)은 모두 일승(一乘)으로 귀결된다는 사상을 수용하여, 선근(善根)을 단절하여 성불의 조건이 결핍된 '일천체(一闡提, icchantika)'의 사람을 포함한 일체 중생 모두가 여래장을 지니고 있어서 성불할 수 있다는 것도 암시하였다. 이 경은 여래장에 대해서도 충분히 논술하였다. 본문 중에서는 여래장에 대해, "여래법신은 번뇌장(煩惱藏)을 떠나 있지 않기 때문에 여래장이라고 한다."24)는 정의(定義)를 내리고 있다. 경문은 다시 이렇게 말한다.

여래장은 법계장, 법신장, 출세간상상장, 자성청정장이다. 이것의 본

---

23) 『대방등여래장경(大方等如來藏經)』, 『大正藏』 6, p.467a, "此甚深義乃是如來智慧境界, 亦是如來心所行處. ……甚深義者卽是第一義諦, 第一義諦者卽是衆生界, 衆生界卽是如來藏, 如來藏卽是法身."

24) 『大正藏』 12, p.221c, "如來法身不離煩惱藏, 名爲如來藏."

성은 청정한 여래장이지만 객진번뇌의 상번뇌로 오염되어 있는 불가사의한 여래의 경계이다. 왜냐하면 찰나선심은 번뇌에 염오되는 것이 아니며, 찰나 불선심도 또한 번뇌로 염오되는 것이 아니기 때문이다. 번뇌가 마음을 접촉하지 않고 마음도 또한 번뇌를 접촉하지 않는다. ……그러나 번뇌가 있고 번뇌가 마음을 물들이는 일이 있으니 자성이 청정한 마음이 물든다는 것은 참으로 알기 어렵다.[25]

여기서 '상번뇌(上煩惱)'란 매우 강성한 근본번뇌를 말한다. 위 글에 의하면, 여래장은 자성이 청정하면서도 또한 번뇌에서 벗어나지 못하여 번뇌로 오염되어 있다. 그래서 이것은 일종의 불가사의한 여래의 경지이다. 마음과 번뇌는 서로 접촉하지도 않는데 어떻게 염심(染心)이 있을 수 있는가? 그것은 또한 번뇌가 있음으로써 번뇌로 오염되어 염심이 있게 되는 것이다. 자성청정심이면서도 또한 염오도 있으니, 그 사이의 도리는 이해하기 어렵고, 오직 여래의 지혜만이 알 수 있는 것이다. 이러한 말은 사실 "심성은 본래 청정하지만 객진으로 오염된다."는 사상의 은밀한 의미를 개진한 것이다. 여기서 감추어진 의미가 가리키는 것은 '여래장심'이며, 중생의 번뇌신(煩惱身) 중에 여래장심이 존재한다는 것이다. 이 경문이 강조하는 것은 청정심을 이해하고 또 그것이 오염된다는 의미 속에는 심오한 의미가 존재하고 있다는 것이다.

이 경은 또 「공의은부진실장(空義隱覆眞實章)」을 만들어서, 여래장지(如來藏智)를 운용하여 여래장 즉 자성청정심을 명료하게 알 것을 강조하고 있다. 경문에서 "여래장지는 여래공지이다."[26), "두 종류의

---

25) 『大正藏』 12, p.222b, "如來藏者, 是法界藏, 法身藏, 出世間上上藏, 自性淸淨藏. 此性淸淨如來藏, 而客塵煩惱上煩惱所染, 不思議如來境界. 何以故? 刹那善心非煩惱所染, 刹那不善心亦非煩惱所染. 煩惱不觸心, 心不觸煩惱. ……然有煩惱, 有煩惱染心, 自性淸淨心而有染者, 難可了知."

여래장공지가 있다."27)고 한다. 또 공지로써 여래장에 대한 관찰을 진행하여 여래장을 두 종류로 나누고 있다. (1) "공여래장은 일체의 번뇌장에서 떠났거나 벗어났거나 다른 것이다."28)라고 한다. 이 말은 여래장이 번뇌를 초월하여 번뇌와 같지 않다는 것이다. 설령 번뇌가 생길지라도 여래장의 지혜가 그것을 제거할 수 있어서 여래장 속에는 번뇌가 비어[空] 있으므로 공여래장이라고 한다는 것이다. (2) "불공여래장은 갠지스강의 모래보다 많으며, 불법을 떠나지도 않고 벗어나지도 않고, 불법과 다르지도 않은 불가사의한 불법이다."29)라고 한다. 이 말은 여래장이 영원히 불법에서 벗어날 수도 없고, 불법과 다를 수도 없으며, 불의 각종 공덕을 갖추고 있다는 것으로서, 이렇게 보면 다시 불공여래장이 된다는 것이다.

　여래장의 '공(空)'과 '불공(不空)'의 두 가지 측면은 중생의 성불을 위한 수행에 근거와 과정을 제공하였다. 그래서 『승만경』의 「법신장(法身章)」에서는 여래장을 '속박되는 것[所纏]'과 '속박에서 벗어나는 것[出纏]'의 두 종류로 나누어, 전자(前者)는 공(空)과 불공(不空)의 두 가지 여래장를 포함하여 번뇌로 인하여 속박된 상태를 가리키며, 후자는 번뇌의 속박을 제거한 상태를 가리킨다. 나중에 나란타사(那爛陀寺)의 승려였던 견혜(堅慧)는 『법계무차별론(法界無差別論)』과 『구경일승보성론(究竟一乘寶性論)』을 저술하였는데, 그는 여기에서 반야공지(般若空智)와 여래장(如來藏) 관계의 학설을 최대한 발휘하여, 여래장이 반야공지의 힘을 빌려 공덕을

---

26) 『大正藏』 12, p.221c, "如來藏智是如來空智"

27) 『大正藏』 12, p.221c, "有二種如來藏空智"

28) 『大正藏』 12, p.221c, "空如來藏, 若離若脫若異一切煩惱藏."

29) 『大正藏』 12, p.221c, "不空如來藏, 過於恒沙, 不離不脫不異不思議佛法."

성취하는 것을 불교실천의 기본방법으로 제시하였고, 또한 보리심으로써 여래장을 대신하였다. 이런 것들은 모두 이후 불교사상의 발전에 매우 깊은 영향을 끼쳤다.

종합하면, 『승만경』에서 논술한 여래장은 모두 마음의 실체(實體)가 아닌 마음의 본성·본질의 각도에서 이론을 정립하여, 여래장의 청정성·불변성과 공덕성을 긍정하고, 비록 객진에 오염되더라도 모든 번뇌와는 대립된다는 것이다. 이것은 부파불교의 '심성은 본래 청정한데 객진에 오염된 것'이라는 사상의 기초 위에서 진일보하여 자성청정심은 중생이 성불할 수 있는 내적인 원인이며, 중생은 모두 성불의 태장을 가지고 있다는 것을 긍정한 것이다. 그리고 성불의 원인을 중생 마음의 본성에 귀결시킴으로써 인류 마음의 본질의 순결성과 인류는 더 높은 이상적인 인격(佛)을 실현할 수 있다는 현실적 가능성을 부각시킨 것이다. 이는 부파불교 심성본정설이 중대한 발전을 이룬 것이라고 할 수 있을 것이다.

3. 불성(佛性)

여래장 사상이 유행함에 따라 인도 대승불교에는 『열반경(涅槃經)』이 출현하였다. 『열반경』은 여래장과 불(佛)의 본질을 통일시켜 양자의 일치성을 강조하고, 이를 '불성(佛性)'이라고 함으로써 중생성불의 가능성 및 초월적 근거를 고양하였다. 『열반경』과 앞에서 말한 여래장삼부경은 모두 여래장 계통에 속한다. 여래장삼부경의 여래장관념은 자성정청심에서 발전해 나온 것이며, 『열반경』은

여래장을 불성관념으로 발전시킨 것이다.30)

열반경류 중에서 가장 중요한 것은 『대반열반경』(『北本涅槃經』)
이다. 이 경은 "지극한 묘유를 지침으로 삼고, 상주하는 불성을 종
지의 극치로 삼는다."31)고 하여, 중생 성불의 선천적인 근거와 원
동력 문제에 대해서 중점적으로 서술하였다. 이 경의 앞부분은32)
여래장을 이용하여 불성을 설명하고 있고, 뒷부분은 불성에 대한
견해를 바꾸어 불성을 '법성(法性)'·'승의공(勝義空)'으로 귀결하
였는데, 이것은 여래장 관념을 계승하고 발전한 것을 반영한 것이
다. 아래에서는 『대반열반경(大般涅槃經)』을 중심으로 불성의 자
의(字義)·내용·종류·특성·보편성 및 견성(見性)의 제 문제에
대하여 간략하게 살펴보도록 하겠다.

불성과 여래장의 의미는 상통하는 것이지만, '불성(佛性)'은 '불계
(佛界)'에서 번역되어 나온 것이다. '계(界)'는 『아비달마구사론(阿
毘達磨俱舍論)』의 해설에 의하면, "법의 종족이라는 의미가 계의
뜻이다. ……계는 종류라는 뜻을 나타낸 것이다."33)라고 한다. 또 『유
가사지론(瑜伽師地論)』을 보면, "질문: '무엇이 계의 의미입니까?'

---

30) 『열반경』이 처음으로 '불성'이라는 용어를 사용하였다. 동진시대 불타발타라(佛馱跋
陀羅)가 번역한 『대방등여래장경(大方等如來藏經)』에 "번뇌를 없애고, 불성을 드러
낸다[除滅煩惱, 顯現佛性]."라고 하여(『大正藏』16, p.457c) 불성이라는 용어를 사용
하였으나, 같은 경 범문본에서 이것은 Prakrti로서 본성이나 자성을 의미하는 것이지
불성은 아니다.

31) 『대반열반경집해(大般涅槃經集解)』권1, 「서경제(序經題)·지수서(智秀序)」, 『大正藏』
37, p.379b, "以至極妙有爲指南, 常住佛性爲宗致"

32) 이 경은 앞부분[前分] 4천 게송(偈頌), 뒷부분[後分] 2만여 게송, 모두 2만 5천여 게송
으로 되어 있다. 40권본 『대반열반경(大般涅槃經)』의 앞 10권은 앞부분에 해당되고,
11권에서 40권은 뒷부분에 해당된다.

33) 『아비달마구사론(阿毘達磨俱舍論)』권1, 『大正藏』29, p.5a, "法種族義是界義. ……
界聲表種類義."

답: '원인·종자·본성·종성·미세·주지 등의 뜻이 계의 의미이다.'"34)라고 나타나 있다. 이를 종합해 보면, '계'는 종류·종족·종성(種姓)의 의미를 가지고 있으며, 또 원인·요소·종자·근원·기초라는 뜻과 본성의 의미도 가지고 있다. 불계는 두 가지의 의미를 함유하고 있다. 하나는 불의 법성 즉 불의 본성이고, 또 하나는 불의 원인이 되는 성품[因性]이다. 다시 말해서 불성은 원래 불의 체성과 인성(因性)의 두 방면의 의미를 가리키는 것이었다. 불교가 발전함에 따라서 '계(界)'의 의미도 부단히 변화하였으며, '불계(佛界)'나 '불성(佛性)'의 의미도 끊임없이 확대되어 그 내용이 더욱 풍부해졌고, 그에 따라 불성(佛性)은 각기 다른 종파와 경전 속에서 다른 이름으로 나타나게 되었다. 예를 들면, 제일의공·승의공·지혜·중도·열반·법성·진여·실제·반야·여래장·자성정정심·팔식·수능엄삼매·사자후삼매·법계 등이 있다. 이러한 명칭들이 가리키는 의미는 결코 완전히 일치하지는 않지만 대체로 불성과 기본적으로 서로 같거나 통하고, 어떤 의미에 있어서는 서로 결합되는 것들이어서 불성의 다른 이름으로 혹은 같은 것으로 인식되었다.

이와 같이 많은 불성의 다른 이름들에서 불성의 번잡한 내용도 볼 수 있다. 다른 이름들의 각기 다른 의미에 중점을 두고 개괄해 보면 아래와 같은 몇 가지 방면으로 정리할 수 있을 것 같다.

---

34) 『유가사지론(瑜伽師地論)』 권56, 『大正藏』 30, p.610a, "問: '何等是界義?' 答. '因義、種子義、本性義、種性(姓)義、微細義、住持義、是界義.'"

(1) 청정심성(淸淨心性)

여래장·자성청정심 등이 이 측면에 치중되어 있다. 여래장·자성청정심은 번뇌염심을 제거할 뿐만 아니라 또한 성불의 공덕도 함유하고 있다.

(2) 만물체성(萬物體性)

『대열반경』「사자후품」에서는 '불성(佛性)'을 '법성(法性)'이라고 한다. 법성이란 중생을 포함한 일체 만물의 본성을 의미한다. 그리고 이 본성과 불성은 부합되는 것이기도 한데, 이러한 측면에서 말한다면 법성은 곧 불성이다. 어떤 사람은 일체의 사물이 불법에 포함된다고 한다. 이에 근거해서 볼 때 불성은 곧 만물의 본성이 된다. 이처럼 불성을 법성과 동등시하는 것은 불성의 의미를 확대시킨 것이다.

(3) 진실본체(眞實本體)

"불성은 인공과 법공의 두 가지 공에 의해 드러난 진여이다."[35] 인공과 법공의 두 가지 공은 일체 사물의 진실한 본래의 모습을 가리키는 것으로서, 이것은 이미 위에서 언급한 '법성(法性)'을 말한다. '진여(眞如)'는 우주만물에 두루 분포되어 있는 진실한 본체이다. 말하자면, 불성은 일체 사물의 실상(實相)인 '공성(空性)'을 통하여 나타나는 진실한 본체이며, 주객을 초월하여 능소(能所)의 이

---

35) 『불성론(佛性論)』 권1, 『大正藏』 31, p.787b, "佛性者, 卽是人法二空所顯眞如."

원(二元)으로 존재하는 진여의 경지이다. 불성과 '공성' 그리고 진여는 서로 통하고 서로 동등하다. 따라서 불성은 진실한 본체라고 말할 수 있다.

(4) 공성지혜(空性智慧)

"제일의공을 지혜라고 한다. ……지혜는 공과 불공을 보는 것이다. ……일체공은 보고 불공은 보지 못하는 것은 중도라고 하지 않는다. ……중도를 불성이라고 한다."[36] 이것은 『반야경』의 사상과 서로 소통하여, 공성을 이해한 반야지혜를 불성 속에 포함시켜 지혜를 불성으로 본 것이다. 또 '중도'는 공과 불공의 양변에서 멀리 벗어난 중정(中正)의 경지로서 최고의 진리이기도 하다는 것이다. 중도를 불성으로 삼은 것은 곧 최고의 진리인 중도를 불성과 동일시한 것이다. 불성을 중생의 주체적인 품성 구조에서 말하면, 공덕성을 포함하고 있을 뿐 아니라 또한 지혜성과 진리성도 포함하고 있음을 알 수 있다.

(5) 수승선정(殊勝禪定)

『대반열반경』권27에서는 '수능엄삼매'에 다섯 종류의 이름이 있다[37]고 하였다. 그중 한 종류의 이름이 불성이고, 불성이 곧 수능엄삼매라고 하였다. 수능엄삼매는 범분의 음역이다. '수능(首楞)'의

---

36) 「사자후품(師子吼品)」, 『대반열반경(大般涅槃經)』 권27, 『大正藏』 12, p.523 b, "第一義空名爲智慧. ……智者見空及與不空. ……見一切空不見不空不名中道, ……中道者名爲佛性."

37) 『大正藏』 12, p.524c.

의미는 일체의 필경(畢竟)을 의미하고, '엄(嚴)'은 견고함을 뜻하며, '삼매(三昧)'는 마음이 하나의 대상에 안주하여 고요한 상태를 가리킨다. 수능엄삼매는 '구지(九地)'에 도달한 보살의 수행이 아니며, 중생이 도달할 수 있는 선정은 더욱 아니다. 그것은 오직 제불과 수행으로 '십지(十地)'에 진입한 보살만 도달할 수 있는 선정이다. 이러한 선정은 견고하게 제법(諸法)을 거두어들여 지니고 있고 각종 선정의 깊이를 분별하기 때문에 어떤 마귀와 번뇌도 파괴할 수 없다. 그래서 불성이라고도 하는 것이다. 이로써 불성은 경계의 의미와 노력의 의미도 갖추고 있음을 알 수 있다.

(6) 불과경계(佛果境界)

불성 가운데서 공덕을 구현하고 공성지혜를 증득하여 아는 것은 일종의 불과를 성취한 경계이다. 따라서 불성을 보았다는 것은 열반을 얻은 것이라고 말할 수 있다. 『대반열반경』 권27 「사자후품」에서는 "불성은 제일의공이고, 제일의공은 중도라고 하며, 중도는 불이라고 하며, 불이라는 것은 열반을 말한다."38)고 하였다. 이것은 불성과 제일의공·중도·불·열반은 사실상 차별이 없는 것이며, 불성을 본 것이 바로 불과(佛果)를 이룬 열반의 경지라는 것이다.

이처럼 불성은 여러 가지 의미를 가지고 있고, 여러 가지 다른 명칭을 통하여 심성·본성·본체·지혜·진리·노력·경지 등의 복합적인 의미를 표현하고 있다. 불성은 대승불교 특히 중국불교의 성불이론에 있어서 실질적으로 하나의 기초이며 관건이 되는 개념이다.

---

38) 『大正藏』 12, p.524b, "佛性者卽第一義空, 第一義空名爲中道, 中道者卽名爲佛, 佛者名爲涅槃."

불성의 복합적인 함의와 관련하여, 인도의 대승불교는 불성을 여러 가지 다른 종류로 나누었다. 『대반열반경』 권27에는 다음과 같이 나타나 있다.

> 불성에는 원인이 있고, 원인의 원인이 있으며, 결과가 있고, 결과의 결과가 있다. 원인이 있다는 것은 십이인연을 의미하고, 원인의 원인은 지혜를 뜻한다. 결과가 있다는 것은 아뇩다라삼막삼보리를 말하고, 결과의 결과는 위없는 대반열반을 말한다.39)

'아뇩다라삼먁삼보리(阿耨多羅三藐三菩提)'는 과위(果位)에서 얻은 깨달음의 지혜[覺知]를 가리킨다. 위의 경분은 불성을 네 가지로 분류하고 있다. 첫째는 인불성(因佛性)이다. 이것은 십이 인연을 불성으로 삼은 것으로서, 원인 중에서 과를 설한 것[因中說果]인데, 십이 인연 중에 성불의 인연요소가 함유되어 있다고 생각하는 것이다. 둘째는 인인불성(因因佛性)으로서 지혜를 가리키는 것이다. 십이 인연은 불의 인(因)이지만, 지혜의 관조와 깨달음의 이해를 필요로 하며, 인연의 지혜를 관조하는 것은 인위(因位)의 인으로서 불인(佛因)의 인이다. 셋째는 과불성(果佛性)으로서 아뇩다라삼막삼보리 즉 불의 무상보리를 말한다. 앞의 관조하는 지혜에서 생겨나 과위(果位)에서 얻은 지혜 즉 깨달음의 지혜이다. 넷째는 과과불성(果果佛性)으로서 위없는 대반열반(大般涅槃)을 가리킨다. 열반은 무상보리의 깨달음을 증득하여 얻은 결과의 결과이며, 과위(果位)에서의 결과이며, 인인불성(因因佛性, 智慧)에 대비하여 과

---

39) 『大正藏』 12, p.524a, "佛性者, 有因, 有因因, 有果, 有果果. 有因者, 即十二因緣; 因因者, 即是智慧; 有果者, 即是阿耨多羅三藐三菩提; 果果者, 即是無上大般涅槃."

과불성(果果佛性)이라고 부르는 것이다.

훗날 『불성론(佛性論)』은 불성의 체상(體相)에 대해서도 상세하게 설명하였는데, 불성을 세 종류로 나누었다. 첫째는 '주자성성(住自性性)'인데, 중생은 본래 불성을 구비하고 있다는 것이다. 둘째는 '인출성(引出性)'으로서, 수행을 거친 후에 생겨나는 불성이다. 셋째는 '지득성(至得性)'인데, 불과에 도달한 후에 비로소 갖추게 되는 불성이다. 위에서 설명한 분류는 모두 원인과 결과의 양 방면에 치중하여 논술한 것으로서 불성을 동적인 수행과 구현의 과정으로 간주한 것이다. 그리고 불성을 인식하기 위해서는 끊임없이 수습하여 불성이 점진적으로 나타나게 함으로써 불신(佛身, 法身)을 성취할 것을 강조한 것이다.

불성은 부처만 독자적으로 지니고 있는 것인가? 아니면 일체의 중생이 공유하고 있는 것인가? 모든 중생이 보편적으로 갖추고 있는 것인가? 아니면 일부 중생만 갖추고 있는 것인가? 이러한 불성의 보편성 문제는 불성이론에 있어서 가장 큰 문제이다. 이 문제에 대한 관점은 대·소승불교 사이에 그리고 대승불교 내부에서도 의견이 일치하지 않지만, 전반적인 불교 주류사상의 입장에서 말하자면 모든 중생이 다 불성을 가지고 있다는 것을 긍정하고 있다.

일반적으로 초기불교와 부파불교에서는 중생 수행의 최고 과위는 아라한(阿羅漢)이라고 생각하였기 때문에 자연히 불성 문제에 대해서는 언급하지 않았다. 그러나 『불성론』 권1에 의하면, 부파불교의 여러 부파는 이미 불성의 유무에 대해 각기 다른 관점을 가지고 있었다. 분별설부는 중생은 불성을 갖추고 있다고 생각했고, 설일체유부 등의 부파는 중생에게 선천적인 '성득불성(性得佛性)'은 없으나 후천적인 수행에 의하여 얻는 '수득불성(修得佛性)'은 있다고 생각하였으며, 나아가 중생을 세 종류로 나누었다. 절대로 불성이 없는 종류[定無佛性], 불성의 유무가 정해져 있지 않은 종류[不定有無]와 불성이 결정되어 있는 종류[定有佛性]가 그것이다.[40]

대승불교에서 불성사상을 설명하고 있는 가장 중요한 경전인 『대반열반경』은 "모든 중생의 여래장은 상주하여 불변한다[一切衆生如來之藏常住不變]."는 주장을 계승하여, "모든 중생은 불성을 가지고 있다[一切衆生皆有佛性]."는 학설로 발전시켰다. 앞에서 언급한 바와 같이 『대반열반경』은 일시에 만들어진 것이 아니다. 전후(前後)의 두 부분이 여래상주(如來常住)·중생개유불성(衆生皆有佛性)이라는 주요 종지에 있어서는 설명이 서로 같다고 할지라도 그 구체적인 해설에 있어서는 차이가 있다.

『대반열반경』은 인도의 종성제도(種姓制度)에 반대하는 것에서 출발하여, 어떠한 종성의 사람도 모두 불교에 들어올 수 있고 서로 동일한 불성을 갖추고 있다고 주장한다. 이 경의 앞부분은 중생의 종성이 비록 다를지라도 불성의 입장에서 보면 모두 평등하고 서로 동일하여 모두 '불계(佛界)'의 범위에 속한다고 한다. 그래서 일체의 중생은 모두 '여래장'을 가지고 있다는 것을 긍정하는데, 이는 곧 모든 중생이 불성을 갖추고 있다는 것을 긍정하는 것이다.

그러니 이것은 하나의 제한을 전제하고 있는데, 그것은 곧 '일천제(一闡提)'의 사람은 여기에서 제외된다는 것이다. "일체의 중생은 모두 불성을 지니고 있다. ……일천제는 제외한다."[41] 이른바

---

40) 『大正藏』 31, p.787c.
41) 『大正藏』 12, p.404c, " 一切衆生皆有佛性……除一闡提."

'일천제'란 선근을 단절하고 세속적 욕망이 매우 깊고 무거우며, 불교를 믿지 않을 뿐만 아니라 심지어 훼방을 놓는 사람이며, 이러한 사람은 성불할 수 없으므로 따라서 자연히 불성도 없다는 것이다. 실제로 '일천제'는 사회와 소승불교 내에서 대승불교를 반대한 사람들을 가리킨다고 볼 수 있으며, 이 경은 이러한 사람은 불성이 없다고 생각한 것이다.

『대반열반경』의 뒷부분에는 불성에 대한 견해가 변화되어 나타나 있다. 예컨대, 불성을 더 이상 '불계(佛界)'의 범위로 고정시키지 않고 있으며, 또 더 이상 형체를 가진 '여래장'에 불성을 비유하는 일도 없어졌다. 불성을 '법성(法性)'·'승의공(勝義空)'이라고도 하였는데, 이는 불성을 중생을 포함한 모든 사물의 본성으로 생각한 것이며, 공성(空性)을 이해하는 지혜도 불성의 의미 속에 포함시킨 것이다. 이것은 불성의 내용과 범위를 확대시킨 것이기도 하지만, 동시에 유형(有形)의 '여래장'을 불성에 비유한 것은 일부 종파가 주장한 유형(有形)의 '신아(神我)'설과 그 한계를 분명히 하는 데 어려움이 있었다.

그런데 뒷부분에서는 이 한계를 분명히 하는 데에 최대한 노력하였다. 『대반열반경』은 후반부에서, "일체 중생은 모두 불성을 지니고 있다. 불법과 중생은 차별이 없다."[42]고 강조한다. 또 '일천제'에 대해서도 "일천제 등도 모두 불성을 가지고 있다. 무엇 때문인가? 일천제 등도 마땅히 아뇩다라삼막삼보리를 얻을 수 있도록 결정되어 있기 때문이다."[43]라고 한다. 이것은 일천제도 과위(果

---

42) 『大正藏』 12, p.487a, "一切衆生悉有佛性, 佛法衆生無有差別."

43) 『大正藏』 12, p.524c, "一闡提等悉有佛性, 何以故? 一闡提等定當得成阿耨多羅三藐

位)에서 각지(覺知)를 얻어 불이 될 수 있다는 것이다. 뒷부분은
또 일천제가 충분히 성불할 수 있는 까닭에 대하여 다음과 같이 논
증하고 있다.

> 선남자여, 일천제도 역시 결정되어 있는 것이 아니다. 만약 결정되어
> 있는 것이라면, 일천제는 끝까지 아뇩다라삼먁삼보리를 얻을 수 없을
> 것이다. 그러나 결정되어 있지 않으므로 얻을 수 있다. 이는 그대가 불
> 성은 단절되지 않는다고 말한 것과 같은 것이다. 일천제가 선근을 단
> 절하였다고 하는 것은 무엇인가? 선남자여, 선근에는 두 가지 종류가
> 있다. 하나는 내적인 것이고 또 하나는 외적인 것이다. 불성은 내적인
> 것도 아니고 외적인 것도 아니므로, 이러한 의미에서 불성은 단절되지
> 않는다고 한 것이다. 선근에는 다시 두 가지 종류가 있다. 첫째는 유루
> 선이고, 둘째는 무루선이다. 불성은 유루도 아니고 무루도 아니어서 단
> 절되지 않는 것이다. 또 다른 두 가지 종류가 있다. 하나는 항상한 것
> 이고, 또 하나는 무상한 것이다. 불성은 항상한 것도 아니고 무상한 것
> 도 아니므로 단절되지 않는 것이다. 만약 단절되는 것이라면 바로 다
> 시 얻게 되어 있고, 다시 얻지 않는 것이라면 단절되지 않는 것을 이
> 르는 것이니, 단절된 후에 이미 얻은 것을 일천제라고 한다.[44]

이 경문이 뜻하는 것은 일천제가 도저히 성불할 수 없는 존재가
아니라는 것이다. 비록 선근은 단절하였지만 '결정되어 있지 않고
[不決定]' 불성을 단절하지는 않았기 때문에 성불할 수도 있는 것
이다. '선근'은 모든 선법을 일으키는 근본이며, 내·외가 있고, 유

三菩提故."

44) 『광명변조고귀덕왕보살품(光明遍照高貴德王菩薩品)』, 『대반열반경』 권22, 『大正藏』
12, pp.493c－494a, "善男子, 一闡提者亦不決定. 若決定者, 是一闡提終不能得阿耨多
羅三藐三菩提. 以不決定是故能得, 如汝所言佛性不斷. 云何一闡提斷善根者? 善男
子, 善根有二種: 一者內, 二者外, 佛性非內非外, 以是義故佛性不斷. 復有二種: 一者
有漏, 二者無漏, 佛性非漏非無漏, 是故不斷. 復有二種: 一者常, 二者無常, 佛性非常
非無常, 是故不斷. 若是斷者, 則應還得; 若不還得, 則名不斷; 若斷已得, 名一闡提."

루·무루, 상·무상의 구분이 있다.

그러나 불성은 이와는 달리 내·외, 유루·무루, 상·무상을 초월하기 때문에 단절되지 않는다는 것이다. 이것은 반야중관사상을 수용하여 불성을 설명한 것으로서, 불성을 중도로 보아 있는 것도 아니고 없는 것도 아니며, 있기도 하고 없기도 한 것이어서 끊임이 없는 것으로 생각한 것이다. 일천제는 불성을 단절하지 않았을 뿐만 아니라 당연히 성불도 할 수 있다. 이것은 불성을 대립과 분별을 초월한 '중도(中道)'적 존재 혹은 '제일의공(第一義空)'으로 묘사함으로써 일천제도 역시 불성을 가지고 있어서 충분히 성불할 수 있다는 하나의 논거를 제공한 것이다.

『대반열반경』은 뒷부분에서 일천제는 비록 선근을 단절하였지만 단절된 것을 다시 얻을 수 있다고 하였다. 경문은 "일천제에는 다시 두 가지 부류가 있다. 하나는 이근이고 또 하나는 중근이다. 이근에 속하는 사람은 현세에서 선근을 얻을 수 있고, 중근의 사람은 후세에서 얻게 된다."45)고 한다. 이 말은 일천제가 선근을 단절하였다는 것은 상대적으로 말한 것이며, 일천제는 현세나 후세에 선근을 다시 얻을 수 있다는 것이다. 이는 이 경의 앞부분에서 말한 일천제는 모든 선근을 단멸하였기 때문에 다시 생기게 할 수 없다는 견해와 다른 것이다. 또 이것은 일천제가 충분히 성불할 수 있다는 것을 시사하는 또 하나의 이론적 기반이 되었다.

『불성론(佛性論)』에도 『대반열반경』 뒷부분의 관점을 계승하여, "일체 중생은 모두 본래부터 청정한 불성을 지니고 있다. 영원히

---

45) 「범행품」, 『대반열반경』 권20, 『大正藏』 12, p.482b, "一闡提者復有二種: 一者利根, 二者中根. 利根之人於現在世能得善根, 中根之人後世則得."

반열반을 얻지 못한다는 것은 옳지 않다. 따라서 불성은 본래 있다는 것이 결정되어 있다. 유무를 떠나 있기 때문이다."46)라고 기재되어 있다. 이는 일체 중생이 모두 불성을 지니고 있을 뿐만 아니라 불성은 본래 있는 것임을 말하는 것이다. 이 때문에 불성은 "유도 떠나고 무도 떠났다[離有離無]."고 말한 것이다. 이 역시 불성은 유(有)와 무(無)를 초월한 것이므로, 있는 것에 집착해서도 안되며, 또 없는 것에 집착해서도 안 된다는 것을 강조한 것이다. 이른바 불성의 '본유(本有)'라는 말은 '유(有)'가 결코 '무(無)'의 상대적인 것이 아니고, 중생이 본래부터 갖추고 있는 성불의 잠재능력을 가리키는 것이며, 중생은 모두 성불의 속성과 가능성을 가지고 있다는 것을 말하는 것이다.

불성을 보는 문제에 대해서도 『대반열반경』은 설명하고 있다. 앞부분 권8의 「여래성품(如來性品)」에서는 "일체 중생은 모두 불성을 가지고 있다. ……항상 무량한 번뇌에 뒤덮여 있기 때문에 중생이 볼 수 없을 뿐이다."47)라고 하여, 중생의 심성은 본래 청정하여 불성을 지니고 있지만 객진번뇌(客塵煩惱)로 오염되어 볼 수 없음을 강조하였다. 뒷부분의 권21 「광명변조고귀덕왕보살품(光明遍照高貴德王菩薩品)」의 3에는 다음과 같이 나타나 있다. "성문·연각에서 십주보살에 이르기까지는 불성을 보지 못하기 때문에 열반이라고 할 뿐 대열반이라고 하지 않는다. 만약 불성을 분명하게 볼 수 있다면 대열반이라는 이름을 얻을 수 있다."48) 성문·연각에서 십주보

---

46) 『불성론(佛性論)』 권1, 『大正藏』 31, p.788c, "一切衆生, 皆悉本有淸淨佛性. 若永不得般涅槃者, 無有是處, 是故佛性決定本有, 離有離無故" 또 『불성론』의 작자와 관련하여 학계에는 여러 관점이 있지만 여기서는 논외로 한다.

47) 『大正藏』 12, p.648b, "一切衆生悉有佛性 ……常爲無量煩惱所覆, 是故衆生不能得見."

살까지는 모두 불성을 보지 못하기 때문에 단지 일반적인 해탈의 경지에만 도달하므로 열반이라고 부른다. 과(果)로서 불성을 보게 되면 완전한 해탈의 경지에 이르므로 대열반이라고 하는 것이다. 이러한 견성(見性) 사상이 중국 선종의 명심견성설(明心見性說)에 계도(啓導)적인 의의를 가지고 있다는 것은 분명한 사실이다.

제3절 대승불교 유가행파(瑜伽行波)의 '오성각별(五性覺別)'설

유가행파는 여래장설을 배척하고 아뢰야식(阿賴耶識)이 우주만물의 근본이며 중생의 본성도 아뢰야식에 의하여 생겨난다고 주장하였다. 또한 다섯 종류의 종성(種性)이 있다는 견해를 제시함으로써 불교 심성론의 새로운 학설을 만들었다. 아래에서는 오성(五性) 성립의 근원, 즉 오성과 아뢰야식 종자와의 관계, 오성설 성립의 과정 및 불성사상과의 관련에 대한 설명을 통하여 오성각별(五性各別)을 설명하려고 한다.

---

48) 『大正藏』 12, p.746b, "聲聞, 緣覺直至十住菩薩不見佛性, 名爲涅槃, 非大涅槃. 若能了了見於佛性, 則得名爲大涅槃也."

1. 종성(種性)과 아뢰야식 종자(種子)

종성(種性)은 종성(種姓)이라고도 한다. 종성은 범어 gotra의 역어이며, 본래 의미는 종자의 성류(姓類), 종속(種屬) 혹은 족성(族姓)을 뜻한다. 『유가사지론(瑜伽師地論)』 권20에 따르면, "질문: 이 종성의 이름에 어떤 차별이 있습니까? 답: 종자라고도 하고 계라고도 하고 성이라고도 한다."[49]라고 하였다. 여기서 '종자(種子)'는 만물이 발생하고 생장하는 원인이 되는 종(種)이고, '계(界)'는 원인이라는 뜻이며, '성(性)'은 체성(體性), 즉 불변의 의미를 나타내는 것으로서, 종성(種姓)과 종자(種子), 계(界), 성(性)은 뜻은 같은데 이름이 다른 것이다.

규기(窺基)는 『성유식론술기(成唯識論述記)』 권9의 말미에서 "성(性)은 본체이고, 종류이다. 이른바 본성은 와서 머무는 것으로서 이 보살종자의 성(姓)의 종류에는 차별이 있다."[50]고 하였다. 이것은 성(性)과 성(姓)은 구별이 되는 것이며, 본성은 성(姓)의 종류의 차별을 결정하는 것이라고 생각한 것이다. 어떤 종성(種姓)에 속하는 사람은 반드시 그 종성(種姓)의 성질을 갖추기 때문에 종성(種姓)과 종성(種性)은 서로 통하는 것이다. 중국어로 번역될 때, 종성(種姓)과 종성(種性)은 뜻이 가깝고, 형태가 비슷하고, 발음이 동일하여 흔히 종성(種性)으로 사용되어 왔다.

유가행파는 통상적으로 종성의 형성에 대하여 선천적으로 갖추어져 있는 것과 후천적으로 수행에 의하여 얻는 두 가지 종류로 나

---

49) 『大正藏』 30, p.395c, "問: 此種姓名有何差別? 答: 或名爲種子, 或名爲界, 或名爲性."
50) 『大正藏』 43, p.556a, "性者體也, 性者類也, 謂本性來仕此菩薩種了姓類差別."

누었다.『유가사지론(瑜伽師地論)』 권35에 의하면,

> 무엇을 종성이라고 하는가? 간략하게 두 종류로 말한다. 하나는 본래
> 성품으로 머물고 있는 종성이고, 또 하나는 훈습으로 이루어지는 종
> 성이다. 본래 성품으로 머물고 있는 종성이란 모든 보살의 육처로서
> 수승한 것에는 이러한 모양이 있다. 비롯함이 없는 때로부터 전해져
> 내려와 의례히 얻어지는 것, 이것을 본래 성품으로 머무는 종성이라
> 고 한다. 훈습으로 이루어지는 종성이란 먼저 선근을 충분히 익혀서
> 얻는 것, 이를 훈습으로 이루어지는 종성이라고 한다. 이들 의미에서
> 두 가지 모두를 다 취한다.[51]

이 글에 따르면, 종성에는 '본래 성품으로 머물고 있는 종성[本
性住種性]'이 있는데, 이를 '성종성(性種性)'이라고 약칭하며, 이것
은 본래 가지고 있는 종자이다. 또 '훈습으로 이루어지는 종성[習
所成種性]'이 있는데, 이는 '습종성(習種性)'이라고 약칭하며, 이것
은 새로 훈습된 종자이다. 이 두 가지 종성은 모두 열반을 얻게 하
는 무루(無漏)[52]종자 즉 번뇌를 끊어 없앤 뛰어난 종자이다. 이러
한 무루종자는 일종의 잠재력으로서 수승한 인연을 만나 열반을
증득할 수 있게 하는 것이다.

중생에게는 왜 다섯 종류의 종성(種性) 차별이 있는가? 왜 성불
과 불성불로 나누어지는가? 유가행파는 중생의 무루(無漏)종자의
종별(種別) 및 그 유무(有無) 등의 이론에 근거하여 논증하였다.『유
가사지론』 권52에는 이러한 문제에 대하여 집중적으로 설명하고

---

51)『大正藏』30, p.478c, "云何種姓? 謂略有二種: 一本性住種姓, 二習所成種姓. 本性
住種姓者, 謂諸菩薩六處殊勝, 有如是相, 從無始世展轉傳來, 法爾所得, 是名本性住
種姓. 習所成種姓者, 謂先串習善根所得, 是名習所成種姓. 此中義意二種皆取."

52) 루(漏): 새나가다, 결핍되고 잃어버린다는 뜻으로, 염오와 번뇌의 다른 이름이다. 따라
서 무루(無漏)는 번뇌가 없음을 뜻한다.

있는 매우 중요한 부분이 있다.

다음으로 종자를 편안하게 세우는 것에 대해 간략하게 말하겠다. 무엇을 종자를 편안하게 세우는 것이라고 하는가? 아뢰야식 속에서 일체제법은 자성을 허망하게 분별하는데 습기를 허망하게 집착하는 것을 '종자를 편안하게 세우는 것'이라고 한다. 그런데 이 습기는 실제 사물로 있는 것이며 세속에 있는 것이어서, 그 모든 법과 견주어 보고 그 모양이 같거나 다르다고 정할 수가 없는 것이 마치 진여와 같아서, 이것을 두루 현행하는 번뇌장과 소지장의 종자[遍行粗重][53]라고도 한다. 질문: "만약 이 습기가 모든 종자를 포섭하므로 두루 현행하는 번뇌장과 소지장의 종자라고 한다면, 모든 출세간법은 어떤 종자에서 생기는가? 만약 조중(粗重) 자성의 종자를 종자로 하여 난다고 한다면 도리에 맞지 않는다." 답: "모든 출세간법은 진여의 인식대상[所緣緣][54]인 종자에서 생겨난다. 저 습기가 모이고 쌓인 종자에서 생기는 것이 아니다." 질문: "만약 습기가 모이고 쌓인 종자에서 생기는 것이 아니라면, 무슨 인연으로 세 가지 반열반법 종성이라는 서로 다른 보특가라를 세우며, 또 반열반하지 않는 법의 종성의 보특가라를 세우는가? 무엇 때문인가? 일체가 모두 진여의 인식대상[所緣緣]이기 때문인가?" 답: "장애가 있고 장애가 없는 차별 때문이다. 만약 진여의 소연연에 통달하는 가운데서 마침내 장애의 종자가 있는 것이라면, 반열반하지 않는 법의 종성의 보특가라이며, 만약 마침내 그렇지 않는 것이면 반열반하는 법의 종성의 보특가라이며, 만약 마침내 소지장의 종자가 있고 의지할 것에 분포되어 있으면서 번뇌장의 종자가 아닌 것이면, 그 일부에 대해서는 성문종성의 보특가라를 세우고, 일부에는 독각종성의 보특가라를 세우며, 만약 그렇지 않

---

53) 조중(粗重): 조중(粗重)은 번뇌장(煩惱障)과 소지장(所知障)의 종자 즉 2취습기(二取習氣)이다. 이것은 분단생사(分段生死)와 변이생사(變易生死)의 근본으로 세(細)도 아니고 경(輕)도 아니므로 조중(粗重)이라고 한다. 종자의 입장에서 말하면 제팔식 안에는 번뇌와 소지의 2종 종자가 저장되어 있으며 또한 열반과 보리의 종자도 저장되어 있다. 제팔식을 의지하여 번뇌(煩惱)와 소지(所知) 2장(二障)의 종자를 버리면 열반과 보리의 종자를 전득(轉得)하므로 2조중(二粗重)을 버리면 2전의과(二轉依果)를 증득한다고 말한다.

54) 所緣緣: 심(心)과 심소(心所)의 소연(所緣)이 경계(境界) 즉 마음이 무엇인가를 인식하게 하는 대상.

은 것이면 여래종성의 보특가라를 세우는 것이니, 그 때문에 허물은
없다. 또 출세간의 모든 법은 생겨난 다음에는 곧바로 전의하게 되는
데, 전의의 힘으로 맡아 지니는 것으로 말미암기 때문임을 알아야 한
다. 그러나 이 전의와 아뢰야식은 서로서로 어기면서 아뢰야식을 다스리
게 되는 것이니, 이를 무루계로서 모든 희론을 여읜 것이라고 한다."[55]

　　'안립(安立)'이란 언어를 사용하여 이름과 모양[名相]을 구분하
는 것을 말한다. '변계자성(遍計自性)'은 '변계소집성(遍計所執性)'
이라고도 하는데, 마음 밖에 별도로 실체가 존재한다고 인식하여
보편적으로 분별하고 헤아리며 허망하게 집착하는 성품[妄執性]을
가리킨다. '습기(習氣)'란 아뢰야식 속에 감추어져 있는 습성이나
기질을 가리키는데, 사상과 행위 등을 일으키는 능력을 갖추고 있
는 것으로 종자의 다른 이름이기도 하다. '변행(遍行)'은 인식 작용
이 발생할 때 보편성이 있는 심리활동을 말한다. '조중(粗重)'은 습
기가 '이미 훈습하여 결과를 이루어[已習成果]' 존속하고 있는 상
태를 말한다. '소연연(所緣緣)'은 인연이 되는 조건을 말한다. 앞의
연(緣)은 인식, 뒤의 연(緣)은 조건이 된다. 따라서 소연(所緣)은
인식작용과 공능이며, 소연연(所緣緣)은 인식의 대상을 가리킨다.

---

55) 『大正藏』30, p.589ab, "復次, 我當略說安立種子. 云何略說安立種子? 謂於阿賴耶
識中, 一切諸法遍計自性, 妄執習氣, 是名安立種子. 然此習氣是實物有, 是世俗有,
望彼諸法不可定說異不異相, 猶如眞如, 卽此亦名遍行粗重." 問: "若此習氣攝一切
種子, 復名遍行粗重者, 諸出世間法從何種子生? 若言粗重自性種子爲種子生, 不應
道理." 答: "諸出世間法從眞如所緣緣種子生, 非彼習氣積集種子所生." 問: "若非習
氣積集種子所生者. 何因緣故建立三種般涅槃法種性差別補特伽羅, 及建立不般涅槃
法種性補特伽羅? 所以者何? 一切皆有眞如所緣緣故." 答: "由有障無障差別故. 若
於通達眞如所緣緣中, 有畢竟障種子者, 建立爲不般涅槃法種性補特伽羅, 若不爾者,
建立爲般涅槃法種性補特伽羅. 若有畢竟所知障種子布在所依, 非煩惱障種子者, 於
彼一分建立聲聞種性補特伽羅, 一分建立獨覺種性補特伽羅, 若不爾者, 建立如來種
性補特伽羅, 是故無過. 若出世間諸法生已卽便隨轉, 當知由轉依力所任持故. 然此
轉依與阿賴耶識互相違反, 對治阿賴耶識, 名無漏界, 離諸戲論."

대상도 인식이 발생하는 전제 조건의 하나이므로 '연(緣)'이라고 하는 것이다. '반열반(般涅槃)'의 '반(般)'은 범어의 음역이다. '반열반(般涅槃)'은 곧 완전한 열반, 완전한 적멸(寂滅)을 의미한다. '장(障)'은 장애로서 번뇌의 다른 이름인데, 크게 번뇌장(煩惱障)과 소지장(所知障)의 두 가지로 나눈다. '전의(轉依)'는 염법(染法)을 버리고 정법(淨法)에 의지하는 것이다.

위의 경문은 네 단계의 의미를 담고 있다. 첫째, 아뢰야식은 '종자식(種子識)'이고, 종자는 아뢰야식이 일체의 사물을 실제로 존재한다고 보편적으로 헤아린 후에 형성된 번뇌장과 소지장의[粗重]의 습기이다. 둘째, 일체의 생사 번뇌 속에서 해탈해 나온 수행 법문은 모두 위에서 기술한 습기종자에서 생기는 것이 아니고 진여종자에서 생기는 것이다. 셋째, 둘째 의미에서 파생되어 나온 문제인데, 출세간법이 모두 진여종자에 의해 생기는 것이라면, 왜 열반종성에 차별이 있으며, 심지어 열반종성이 결핍되었거나 적은 중생이 있는 것인가? 그에 대한 대답은 번뇌장의 종자가 있고 없는 것에 따라 형성된다는 것이다. 만약 심리적으로 극단적이고 엄중한 미혹과 집착이 있어서 시종 아뢰야식에 의지하면 이런 종류의 해탈에 장애가 되는 번뇌 종자는 열반의 종성을 증명할 수 없다는 것이다. 만약 번뇌장의 종자가 없고 단지 알고 이해하는 데 있어서 미혹하고 집착하는 소지장의 종자만 있다면, 이는 성문(聲聞)종성과 독각(獨覺)종성이다. 만약 소지장의 종자도 없다면 여래종성이다. 넷째, 생사의 번뇌로부터 해탈해 나오는 모든 법문의 수행을 설명하고 있다. 모두 염법(染法)을 버리고 정법(淨法)의 작용에 의지하는 것을 갖추고 있는데, 이것은 아뢰야식과 상반된다는 것이다.

종합하면, 이 네 가지 단계의 중심사상은 아뢰야식 종자와 진여 종자는 염정(染淨)의 성질에 있어서 근본적으로 대립되어 있다는 것이다. 종자의 분류, 진여 종자의 유무(有無), 번뇌장·소지장의 두 장애(障碍)의 유무·존재·단절을 확정한 것은 중생의 종성 차이의 근원을 형성한다는 것이다.

2. 오종성설(五種性說)

유가행파의 오종성설을 서술하기 전에, 먼저 『대반야바라밀다경(大般若波羅密多經)』과 『법화경(法華經)』 속의 관련 설법을 간략하게 소개하겠다. 『대반야바라밀다경』 권593에는 유정(有情)을 "성문승으로 종성이 결정되어 있는 자[聲聞乘性決定者]", "독각승으로 종성이 결정되어 있는 자[獨覺乘性決定者]", "무상승으로 종성이 결정되어 있는 자[無上乘性決定者]" 및 "비록 마지막으로 정성이생에 들어갔지만 삼승의 종성으로 결정되어 있는 자"[56]로 분류하고 있다. '무상승의 종성[無上乘性]'은 여래종성에 해당된다. 나머지 삼승결정자(三乘決定者)와 부정자(不定者)의 양대 종류가 사성(四性)이며, 무성자(無性者)와 함께 오성(五性)이 된다. 『법화경』 권3의 「약초유품(藥草喩品)」은 초목의 크기에 중생의 근성(根性)이 다름을 비유하고 있다.

인간이나 천신이나 전륜성왕, 제석천왕, 범천왕이 되는 것은 작은 약

---

56) 『大正藏』 7, p.1066ab, "雖末已入正性離生而於三乘性決定者"

초이며, 무루법을 알아서 열반을 얻을 수 있고 여섯 가지 신통을 일으켜 삼명을 얻어서, 홀로 산림에 거처하며 항상 선정을 행하여 연각을 증득하는 것은 중간 약초이며, 세존이 계신 곳을 찾아서, 나는 반드시 불을 이루리라 하고 정진과 선정을 수행하는 것은 최상의 약초이다. 또 불자들이 불도에 전념하고 항상 자비를 행하고 스스로 부처될 것을 알고 절대로 의심이 없으면 작은 나무라고 하고, 신통에 안주하여 불퇴전의 법륜을 굴려 무량한 백천억 중생을 제도하면 이와 같은 보살을 큰 나무라고 한다.57)

이것이 그 유명한 '삼초이목(三草二木)'의 비유이다. 작은 풀에 인(人)과 천(天)의 이승(二乘)을 비유하고, 중간의 풀에 성문(聲聞), 연각(緣覺)의 이승을 비유하고, 큰(최상의) 풀, 작은 나무, 큰 나무에 보살승(菩薩乘)을 비유하였다. 이와 같은 비유로써 삼승(三乘)과 오승(五乘)을 구별하였는데, 그 의도는 '일승교(一乘敎)'를 설명하는 것이었다.

『법화경』은 "부처님이 말씀하신 법은 큰 구름이 한 가지의 맛의 비를 내려 인간과 꽃을 적셔 각각 열매를 얻게 하는 것과 같다."58)고 한다. 부처가 중생을 교화하는 것은 마치 빗물이 삼초이목(三草二木)을 축축이 적시이 똑같이 키워내는 것처럼, 부처는 지혜와 방편(方便)으로써 한 가지 모습과 한 가지 맛으로 법을 설하여 평등하게 중생을 교화하지만, 중생은 그 근성(根性)으로 말미암아 받는 것이 날라 서로 다른 도과(道果)를 얻게 되는 것이다.

『법화경』은 여기에서 진일보하여, "오로지 일승법이 있을 뿐 둘

---

57) 『大正藏』9, p.20ab, "或處人天, 轉輪聖王, 釋梵諸王, 是小藥草; 知無漏法, 能得涅槃, 起六神通, 乃得三明, 獨處山林, 常行禪定, 得緣覺證, 是中藥草; 求世尊處, 我當作佛, 行精進定, 是上藥草. 又諸佛子, 專心佛道, 常行慈悲, 自知作佛, 決定無疑, 是名小樹; 安住神通, 轉不退論, 度無量億, 百千衆生, 如是菩薩, 名爲大樹."

58) 『大正藏』9, p.20b, "佛所說法, 譬如大雲, 以一味雨, 潤於人華, 各得成實."

도 아니고 셋도 아니다."59), "무수한 법문이 있으나 실제로는 일승 뿐이다."60)라고 한다. 불은 비록 삼승과 오승을 시설하여 중생을 교화하였지만, 동일한 법의 비[法雨]로써 중생을 이롭게 적셨으니, 불의 교설은 궁극적 진리인 일승(一乘)이다. 진리는 보편적으로 존재하기 때문에 불성도 역시 보편적으로 존재한다. 이것은 일체의 중생이 모두 불성을 지니고 있어서 다 성불할 수 있다는 교설이다. 이와 같이 일체의 중생이 모두 성불할 수 있다는 교설을 강조하는 것을 일러 일승교(一乘教)라고 한다.

유가행파의 대표적인 경전인 『해심밀경(解深密經)』과 『유가사지론(瑜伽師地論)』은 종성에 대하여 모두 명확한 논술을 하고 있다. 『해심밀경』 권2 「무자성상품(無自性相品)」에서는, "일체 성문과 독각과 보살이 모두 이 하나인 묘하고 청정한 도를 같이하며, 모두 이 하나인 구경의 청정함을 같이하여, 다시 제2의 것이 없다. 내가 이에 의지한 까닭에 비밀한 뜻으로 오직 일승이 있을 뿐이라고 한다. 일체의 유정계 가운데는 여러 종류의 유정 종성이 없지 않으니, 혹 둔근의 성품이 있고, 중근의 성품이 있고, 이근의 성품이 있어서 유정이 차별된다."61)라고 하였다. 이 말은 성문 · 독각 · 보살의 삼승(三乘)이 모두 만물에 집착하지 않고 만물을 실제 존재하는 것으로 여기지 않아서 '묘청정도(妙清淨道)'에 부합되므로 오직 일승이 있다고 말한 것이다.

---

59) 「방편품(方便品)」『법화경(法華經)』 권1, 『大正藏』 9, p.8a, "唯有一乘法, 無二亦無三."

60) 『大正藏』 9, p.9b, "無數諸法門, 其實爲一乘."

61) 『大正藏』 16, p.695a, "一切聲聞, 獨覺, 菩薩皆共此一妙清淨道, 皆同此一究竟清淨, 更無第二. 我依此故, 密意說言唯有一乘, 非於一切有情界中無有種種有情種性, 或鈍根性, 或中根性, 或利根性有情差別."

그렇다고 해서 유정 중생에게 결코 종성의 차별이 없다는 것은 아니다. 『해심밀경』은 성문을 두 가지로 나누었다. 일향취적(一向趣寂)성문과 회향보리(廻向菩提)성문이 그것이다. 일향취적성문은 개인의 회신멸지(灰身滅智)와 공무(空無)로 돌아갈 것을 추구하여 정성성문(定性聲聞)으로 인식되었다. 회향보리성문은 이미 번뇌장을 해탈하고 나아가 보리로 전향하여 소지장의 해탈을 바란다. 그것은 필요한 인연의 조건을 보고 정해져야 실현되는 것이므로 불확정성을 띠고 있어서 부정성(不定性)의 성문이라고 한다. 결론적으로 말하면, 이 경은 종성이 없는 자[無性者] 이외에 다시 삼승(三乘)을 결정된 자와 결정되지 않은 자의 사성(四性)으로 나누고 있다.

『유가사지론』 권37에 의하면, "성숙해야 할 보특가라에는 대략 네 가지 종류가 있다. 첫째는 성문종성에 머무르는 이로써 성문승에 대하여 성숙해야 할 보특가라이다. 둘째는 독각종성에 머무르는 이로써 독각승에 대하여 성숙해야 할 보특가라이다. 셋째는 불 종성에 머무르는 이로써 무상승에 대하여 성숙해야 할 보특가라이다. 넷째는 종성이 없는 데에 머무르는 이로써 착한 길[善趣]에 머무름에 대하여 성숙하여야 할 보특가라이다."[62] 이것은 중생의 종성을 삼승(三乘)과 종성이 없는 자[無性者]의 사성(四性)으로 나눈 것이다.

오성(五性)을 결정성(決定性)의 삼승(三乘)·부정성(不定性)·무성(無性)으로 종합하여 말한 경론(經論)으로는 『능가경(楞伽經)』·『불지경론(佛地經論)』·『장엄경론(莊嚴經論)』이 있다. 예컨대, 『입

---

62) 『大正藏』 30, p.496a, "謂所成熟補特伽羅略有四種· 一者住聲聞種性, 於聲聞乘應可成熟補特伽羅; 二者住獨覺種性, 於獨覺乘應可成熟補特伽羅, 三者住佛種性, 於無上乘應可成熟補特伽羅, 四者住無種性, 於住善趣應可成熟補特伽羅."

능가경(入楞伽經)』 권2는 다섯 가지의 성을 성문승종성(聲聞乘種性)·연각승종성(緣覺乘種性)·여래승종성(如來乘種性), 부정종성(不定種性)·무종성(無種性)으로 말한다.63) 『불지경론(佛地經論)』 권2에서도 다음과 같이 말하였다.

> 비롯함이 없는 옛날부터 유정에는 다섯 가지 종성이 있었다. 첫째는 성문종성, 둘째는 독각종성, 셋째는 여래종성, 넷째는 부정종성, 다섯째는 출세할 공덕이 없는 종성이다. 다른 경론에서 그 상을 자세히 설명하였듯이, 앞의 네 종성은 분별하여 건립하였다. 비록 시간이 한정되어 있지는 않으나 마침내 열반한다는 것이 약속되어 있는데, 여러 부처의 자비가 교묘한 방편이 되기 때문이다. 다섯째 종성은 출세할 공덕의 인이 없기 때문에 끝내 열반의 기약을 얻지 못한다.64)

이것은 앞의 네 가지 종성이 모두 세간을 벗어날 공덕이 있어서 모두 멸도를 얻어 각기 다른 열반의 경지에 들어갈 수 있으나, 다섯째 종성은 세간을 벗어날 공덕의 인이 없기 때문에 멸도를 얻지 못하고 해탈도 얻지 못한다는 것이다. 다섯 종성을 구체적으로 구별하면 다음과 같다.

먼저 성문종성은 불이 육성으로 하는 가르침을 직접 듣고 깨달음을 이루므로 성문이라 한다. 성문은 아라한과(阿羅漢果)가 번뇌에 오염되어 있지 않은 무루(無漏)종자라는 것을 증명할 수 있다. 또 오로지 성문의 인(因)을 배우고 익히는 데 전념하여 번뇌장만

---

63) 『大正藏』 16, pp.525c - 527b.
64) 『大正藏』 26, p.298a, "無始時來, 一切有情有五種性: 一聲聞種性, 二獨覺種性, 三如來種性, 四不定種性, 五無有出世功德種性. 如餘經論廣說其相, 分別建立前四種性, 雖無時限, 然有畢竟得滅度期, 諸佛慈悲巧方便故. 第五種性無有出世功德因故, 畢竟無有得滅度期."

단절하며, 아공(我空)의 이치를 관찰하여 아라한과의 증득을 구하지만, 진일보하이 불도를 추구하지 않으므로 성문종성이라고 한다.

독각종성은 연각종성이라고도 한다. 독자적으로 불교의 십이인연의 도리를 관찰하여 도를 깨달았기 때문에 독각 혹은 연각이라고 한다. 독각은 비롯함이 없는 스스로의 깨달음을 갖추고 있어서 벽지불과(辟支佛果)[65]의 무루종자를 증득할 수 있다. 오로지 독각의 인을 전문적으로 수습하여 번뇌장만 단절하며, 아공(我空)의 이치를 관찰하여 독각과의 증득을 구하지만 불도를 구하기 위하여 더 나아가지 않기 때문에 독각종성이라고 한다.

여래종성은 여래승종성(如來乘種性)을 말한다. 여래승(如來乘)의 인(因)을 보살승(菩薩乘)이라고도 하기 때문에 보살승종성이라고도 한다. 보살은 불과의 무루종자를 증득할 수 있으며, 번뇌장과 소지장의 두 장애를 단절하고, 아공과 법공의 두 가지 공(空)의 묘한 이치를 증득하고, 자비와 지혜 둘 다를 사용하여 원수와 친한 이도 동등하게 보고, 자리이타를 실천함으로써 보살승 혹은 불과를 증득할 수 있도록 정해져 있다.

부정종성은 삼승이 정해져 있지 않는 종성[三乘不定性]이라고도 한다. 위에서 서술한 삼승의 종성과는 달리 일정한 종자를 갖추고 있는데, 성문·연각·보살 삼승의 무루종자를 갖추고 있다. 그리고 수행도 일정하지 않아서 삼승으로 획정되어 있지 않은 부류이다. 그들의 인(因)이 만약 성문과 가까우면 성문법을 수습(修習)하고, 독각과 가까우면 독각법을 수습하고, 보살과 가깝다면 보살법을 수

---

65) 벽지불(辟支佛). 범어의 음역이고, 원래의 의미는 '고독한 불'이며, 독각, 연각으로 한역(漢譯)되었다.

행하기 때문에 결국 어떤 종류의 과위(果位)에 도달할지 아직 확정할 수 없기 때문에 부정종성이라고 하는 것이다.

　무종성은 세간을 벗어날 공덕이 없는 종성이어서 약칭하여 무성(無性)이라고 한다. '무종(無種)'이란 선근(善根)의 종자가 없는 것 즉 삼승의 무루종자가 결여되어 있다는 것을 의미한다. 이 종성은 무루종자를 갖추고 있지 않아서, 불법을 믿지 않고 교화와 제도를 받지 않으며, 번뇌장과 소지장의 두 가지 장애를 단절하지 않고, 해탈을 구하지 않아서 생사의 윤회에 빠진다. 비록 세간의 선업을 수습하여 인간이나 천신의 유루과보(有漏果報)는 얻을 수 있어도 영원히 성불할 수 없기 때문에 무종성이라고 하며, 일천제(一闡提)라고도 하고 무성천제(無性闡提) 혹은 인천승의 종성[人天乘性]이라고도 한다.

　유가행파는 성문종성과 연각종성이 개인적인 생사 괴로움의 중압감에서 벗어나 자아의 해탈을 위한 도를 수습하는 것은 단지 그 자신만을 위한 것일 뿐 중생을 구제하는 것이 아니라고 보았다. 따라서 이 두 종성은 모두 불의 종자를 가지고 있지 않고, 성불을 할 수 없기 때문에 '이승정성(二乘定性)'이라고 불렀다. 성문승·독각승과 보살승을 합쳐 '삼승(三乘)'이라고 불렀는데, 이에 따라 삼승은 각자 상응하는 지위인 아라한·벽지불·보살(혹은 불)의 과위에 도달할 수 있는 것으로 정해져 있어서 '삼승정성(三乘定性)'이라고 한다.

　다섯 가지 종성 중에서 정성성문(定性聲聞)·정성독각(定性獨覺)·무성(無性)의 삼자는 모두 불종의 인(因)이 없어서 성불할 수 없기 때문에 '삼무(三無)'라고 한다. 정성보살(定性菩薩)과 부정종성(不定種性) 중에서 불종(佛種)을 갖춘 자는 불종의 인(因)이 갖추어져 있고 성불할 수 있는 것이 정해져 있기 때문에 '이유(二 有)'라고 부른다. 말하자면, 삼승의 종성은 선천적으로 결정되어 있 는 것이고, 부정종성은 변화하는 도중에 있으며, 무성은 이미 결정 되어 있는 것도 아니고 결정되지 않은 것도 아니지만, 세간을 벗어 날 공덕이 없는 것이 확정되어 있는 종성이다. 다섯 가지 종성 중 에서 무종성과 상대적으로 말해서 앞의 네 가지 종성은 유종성이 라고 하는 것이다. 또 불성을 갖추고 있어서 불과를 이룰 수 있는 것은 단지 여래종성과 부정종성 중의 일부 불종을 갖추고 있는 두 부류뿐이다. 오직 이 두 부류만이 불성을 갖추고 있으며, 기타 종 성은 모두 불성이 없어서 성불할 수 없다.

　유가행파의 전적(典籍)들은 천제(闡提)를 따로 분류하기도 하였 는데, 통상적으로 대비천제(大悲闡提)와 무성천제(無性闡提)의 두 종류로 구분하였다. 이른바 대비천제란 대비의 큰 서원을 세워서 모든 중생이 성불할 수 있도록 중생을 제도하는 일에 자신을 영원 히 바치면서도 자신은 열반에 들거나 성불하려 하지 않는 자를 가 리킨다. 무성천제는 무루종자를 갖추지 못하고 오직 유루종자뿐인 불성이 없는 자를 말한다. 10권본 『입능가경(入楞伽經)』 권2는 유 성천제를 다시 두 종류로 나누고 있다.[66] 첫째는 단선천제(斷善闡 提)인데, 이 선근을 단절한 중생은 성불하기 어렵다. 그러나 만약 불의 위신력과 가피를 얻고 보리심을 낸다면 이 또한 열반해탈의 경지에 도달할 수 있다. 다음은 대비천제(大悲闡提)이다. 이는 보 살의 종자를 갖추고 있으며, 모든 중생을 가엾이 여겨 모든 중생이 열반에 들어갈 수 있도록 돕기를 빌원하고, 일체의 중생이 열반에

66) 『大正藏』 16, p.527b.

들지 않으면 자신도 열반에 들지 않는다. 이 종류는 사실상 보살정성 혹은 부정종성이다.

　유가행파는 여래장 계열의 '일성개성(一性皆成)'설에 찬성하지 않고 '오성각별(五性各別)'설을 주장하였다. 뒷사람들에 의해 개괄된 '일성오성이(一性五性異)'는 심성학설에 있어서 인도 대승불교 내부의 중대한 분기점이라고 볼 수 있다. 인성론의 시각에서 보면, '일성개성(一性皆成)'설은 인류의 본성은 서로 동일하여 모두 불성을 지니고 있어서 성불할 수 있다는 것을 긍정한 것이다. 이것은 인간의 선량함과 존엄함을 고양한 것이며, 인류에 대한 박애와 존중을 구현한 것이다. 이렇게 농후한 인도주의 사상이 제대로 발양된다면, 앞으로 사람들이 서로 존중하고 경애하며 단결하고 협조하는 정신을 배양하는 데 도움이 될 것이고, 인류가 함께 인생의 가치와 인격의 경지를 드높이기 위하여 노력하게 될 것이다. '일성개성(一性皆成)'설이 인류가 공통적으로 가지고 있는 선량한 본성과 이상주의적 색채를 지니고 있다고 한다면, '오성각별(五性各別)'설은 현실에 직면하여 인류를 관찰하고, 인간과 인간의 외재적인 차이와 본성의 차이를 긍정함으로써 수행을 실천하고 자아를 개조할 것을 더욱 부각시켰고, 자아의 중요성을 제고했다고 할 것이다.

제4절 여래장설과 아뢰야식설의 조화

여래장설과 아뢰야식설은 원래 청정심성(淸淨心性) 또는 잡염심성(雜染心性)을 근본으로 하여 서로 대립되는 심성학설인데, 나중에 이 두 학설을 조화시킨 사상이 출현하였다. 즉 아뢰야식은 물들어 있으면서도 청정함이 있으니, 여래장과 아뢰야식은 단지 그 명칭이 다를 뿐 실제로는 차별이 없다고 생각하고, 염(染)과 정(淨)의 두 학설을 종합하여 융통시킨 것이다. 『능가경(楞伽經)』과 『밀엄경(密嚴經)』이 여래장과 아뢰야식을 동등하게 바라본 내표석인 저작이다. 유가행파는 또한 여래장 사상을 수용하여 유식설(唯識說)의 테두리 안에서 논술함으로써 여래장 사상이 날이 갈수록 독자적인 독립성을 상실하게 하였다.

『능가경(楞伽經)』의 한역본은 모두 네 종류가 있는데, 현존하는 것은 남조시기 송대(宋代)의 구나발타라(求那跋陀羅)에 의해 번역된 4권본 『능가아발다라보경(楞伽阿跋多羅寶經)』, 북위의 보리류지 보살이 번역한 10권본 『입능가경(入楞伽經)』과 당나라의 실차난타(實叉難陀)가 번역한 7권본 『대승입능가경(大乘入楞伽經)』의 세 종류가 있다. 『능가경(楞伽經)』은 "경계란 존재하지 않는다. 오로시 자신의 마음으로 보는 것일 뿐이다. '나는 깨닫지 못했다'고 하는 것도 오직 자기의 마음일 뿐이다. 바깥의 사물을 보고, 실제로는 없는 것을 있다고 여기니, 지혜는 경계를 제대로 보지 못하는 것이다."67)라고 하여, 세상의 만물은 모두 마음이 만드는 것이며,

---

67) 「불심품(佛心品)」, 『입능가경(入楞伽經)』 권5, 『大正藏』 16, p.546c, "境界是無, 惟

사람들이 인식하는 대상은 외계에 있는 것이 아니라 안의 마음에 있다고 생각하였다.

　중생들의 미망의 근원은 세계의 만물이 자기 마음이 나타난 것임을 알지 못하는 데에 있다. 만약 자기 마음의 본성과 작용을 이해하고 깨달을 수 있다면, 취하는 주체와 취해지는 객체의 대립을 없앨 수 있으며, 그렇게 되면 곧 차별이 없는 경지에 도달할 수 있게 된다. 이 경은 또 여래장과 아뢰야식을 통일시켰으나, 다른 번역본은 다른 견해를 보이고 있다. 4권본『능가경』은 여래장과 식장(識藏, 아뢰야식의 다른 번역)을 내용은 같고 이름만 다른 심식(心識)으로 보았으며, 또 여러 차례에 걸쳐서 여래장식장(如來藏識藏)이라고 이어서 사용하였다. 경에는 "여래의 장은 선과 불선의 원인이다. 모든 취(6趣)의 생을 두루 만들 수 있다. ……비롯함이 없었던 때로부터 허위와 악습에 훈습되었기에 식장이라고 한 것이다."68)라고 하였다. 여기서 '취생(趣生)'은 중생이 자기가 만든 원인에 의해 6취에 태어나는 것을 의미한다. 즉 여래장은 악습에 훈습된 중생의 내적 요인으로 발생하는 것으로서 식장(識藏)이라고도 부른다는 것이다. 또 "만약 식장이라는 이름이 없다면 여래장은 생멸이 없을 것이다."69), "자성은 때가 묻지 않아서 끝까지 청정하고 그 나머지 여러 식은 생하기도 하고 멸하기도 한다."70), "이 여래장식장은 ……자

自心見. 我說不覺, 惟是自心. 見諸外物, 以爲有無, 是故智慧不見境界"

68)『능가아발다라보경(楞伽阿跋多羅寶經)』권4, 『大正藏』16, p.510b, "如來之藏是善不善因, 能遍興造一切趣生. ……爲無始虛僞惡習所熏, 名爲識藏."

69)『능가아발다라보경(楞伽阿跋多羅寶經)』권4, 『大正藏』16, p.510b, "若無識藏名如來藏者則無生滅"

70)『능가아발다라보경(楞伽阿跋多羅寶經)』권4, 『大正藏』16, p.510b, "自性無垢, 畢竟淸淨, 其諸餘識有生有滅"

성이 청정함에도 불구하고 객진에 뒤덮여 있기 때문에 청정하지 않은 것처럼 보인다."[71]고 하였다. 이것은 여래장식장의 본성은 청정하여 생겨나지도 멸하지도 않지만, 객진으로 오염되어 생멸도 있고 청정하지 않은 것도 있다는 것이다. 다시 말해서, 인간 마음의 본성에서 말하는 것은 여래장이고, 인간 마음의 현실에서 말하는 것은 식장이다. 전자는 본성이 아직 훈습되지 않았고 객진에 물들지 않은 것을 말하는 것이고, 후자는 본성이 악습에 훈습되어 객진으로 오염된 것을 말하는 것이므로, 실제로는 양자는 동일한 것이다. 10권본 『입능가경』 역본의 견해는 다소 다르다. 이 경은 권7 「불성품」에서 "여래의 장은 선과 불선의 인인이 되므로 육노와 더불어 생사의 인연을 짓게 되나. ……아리야식은 여래장이라고 하며, 무명 7식과 함께 갖추어져 있다."[72]라고 하였다. 이것은 여래장이 중생의 생사인연이고, 아리야식(阿梨耶識)과 무명 7식이 함께 갖추어져 있기 때문에 여래장과 아리야식은 상통하므로 아리야식을 여래장이라고 할 수 있다는 것이다.

또 다른 한편으로는 "여래장식은 아리야식 중에 있지 않으므로, 일곱 종류의 식은 생멸이 있지만 여래장식은 불생불멸한다."[73] "만약 여래장식에 아리야식이라는 이름이 없다면, 아리야식을 벗어나면 생멸이 없으며, 모든 범부와 성인이 그 아리야식에 의지하기 때문에 생멸이 있게 된다."[74]라고 하였다. 이것은 여래장과 아리야식

---

71) 『능가아발다라보경(楞伽阿跋多羅寶經)』 권4, 『大正藏』 16, p.510c, "此如來藏識藏, ……雖自性淸淨, 客塵所覆故, 猶見不淨."

72) 『大正藏』 16, p.556bc, "如來之藏是善不善因, 故能與六道作生死因緣. ……阿梨耶識者名如來藏, 而與無明七識共俱."

73) 『大正藏』 16, p.556c, "如來藏識不在阿梨耶識中, 是故十種識有生有滅, 如來藏識不生不滅."

은 다른 것으로서, 여래장은 불생불멸하는 것인데 반해 아리야식에 의지하게 되면 생멸이 있다는 것이다. 그러므로 '여래장은 아리야식 속에 있지 않는 것'이다. 이 경은 또 '여래장식아리야식경계(如來藏識阿梨耶識境界)'는 '이종법(二種法)'이라고 강조하였다. 이 두 종류의 식의 경계는 오직 불과 보살만 식별할 수 있을 뿐 기타 범부와 성인은 알 수 없는 것이라고 한다. 이 때문에 10권본『입능가경』은 염(染)과 정(淨)의 두 마음이 있다고 생각하였으나, 4권본『능가경』은 단지 한 마음 즉 자성청정심만을 말하고 있다.

『대승밀엄경(大乘密嚴經)』의 역본은 당대(唐代)의 일조(日照, 地婆訶羅)와 불공삼장(不空三藏)이 번역한 두 종류가 있는데, 오늘날 통용되고 있는 것은 일조의 역본이다. 경문의 요지는 모든 현상은 전부 심식(心識)이 변한 것이라는 원리를 설명하는 것이다. 그중 여래장의 불생불멸을 강조하고 있고, 또 아뢰야식은 염과 정으로 이분된다는 점을 부각시켜, 미혹과 깨달음의 각기 다른 인연에 따라 범인과 성인의 구별이 있다고 하였다.『대승밀엄경』은 여래장심에 관하여, "여래는 상주하며 항상 변함이 없다. 염불관행을 수행하는 경지를 여래장이라고 한다. 이는 허공처럼 괴멸하지 않기에 열반계라고 하고 또 법계라고도 한다."75)고 하였다. 이것은 여래장이 염불관행(念佛觀行)을 수행하는 경지이며, 항상한 것이고, 불변하는 것이고, 견고하여 흔들리지도 않는다는 것이다.『대승밀엄경(大乘密嚴經)』도 마음과 아뢰야식의 작용을 매우 중시하였다.

---

74)『大正藏』16, pp.556c‐557a, "若如來藏阿梨耶識名爲無者, 離阿梨耶識無生無滅, 一切凡夫及諸聖人, 依彼阿梨耶識故有生有滅."

75)『大正藏』16, p.724c, "如來常住, 恒不變易. 是修念佛觀行之境, 名如來藏. 猶如虛空, 不可壞滅. 名涅槃界, 亦名法界."

경문(經文)에서 "내외의 모든 경계는 마음이 행하는 것이다. ……
일체가 모두 의식의 경계이며 아뢰야식에 의하여 이렇게 분별하는
것이다. 비유하자면 어떤 사람이 햇빛 속에 구슬을 놓아두거나 나
무를 문지르거나 부싯돌을 쳐서 불을 피울 수 있다. 그런데 이 불
은 구슬이나 부싯돌에서 생겨난 것도 아니고 사람이 만든 것도 아
니다. 심·의·식도 이와 마찬가지여서 6근과 6경과 하려는 의지
[作意]가 화합하여 생기는 것이다."76)라고 하였다. 이것은 중생이
주체인 내외의 경계는 모두 의식의 경계이며, 아뢰야식에 의하여
분별이 된다는 것이다. 예를 들면 태양 아래서 보배구슬로 빛을 모
으거나 나무를 마찰하거나 부싯돌을 쳐서 불을 피우면, 이 불은 인
연이 화합하여 생긴 것이다.

심(心)·의(意)·식(識)도 이와 마찬가지로 인연이 화합하여 생
기는 것이어서, 결국 아뢰야식이 변하여 나타난 것으로 귀결되는
것이다. 경문에서는 또 이렇게도 말한다. "일체 중생의 아뢰야식은
본래부터 있는 것이며, 원만하고 청정하고 세간을 초월하여 열반과
동일하다. 비유하자면, 밝은 달이 여러 국토에 나타날 때 세상 사람
들은 달이 있고 차고 기우는 것을 보지만 달의 체성은 늘거나 줄지
않는다. 장식도 역시 이렇다. 모든 중생계 속에 두루 나타나도 본성
은 언제나 원만하고 깨끗하며 늘지도 않고 줄지도 않는다. ……아
뢰야식은 언제나 일체의 염정법과 더불어 의지처가 된다."77) 이것

---

76) 『大正藏』 16, p.737c, "內外境界, 心之所行. ……一切皆是意識境界, 依阿賴耶如是
分別. 譬如有人置珠日中, 或以鑽燧而生於火, 此火非是珠燧所生, 亦非人作. 心, 意,
識亦復如是, 根境作意, 相合而生."

77) 『大正藏』 16, p.737c～738a, "一切衆生阿賴耶識, 本來而有, 圓滿清淨, 出過於世,
同於涅槃. 譬如明月現衆國上, 世間之人見有分盈, 而月體性未嘗增減, 藏識亦爾, 普
現一切衆生界中, 性品圓潔, 不增不減. ……阿賴耶識恒與一切染淨之法而作所依."

은 마치 달이 구름에 가려 있을 때는 그 원만함이 결여되지만 달 그 자체는 결코 증감이 없는 것처럼, 아뢰야식의 체성은 청정하고 늘지도 않고 줄지도 않는 것이어서, 아뢰야식은 정법과 염법의 공동 근거가 된다. 말하자면, 아뢰야식에는 염(染) 정(淨)의 두 부분이 다 있다는 것이다. 이 점이 여래장과 아뢰야식을 조화하는 데 이론적 근거를 제공하였다.

『대승밀엄경(大乘密嚴經)』은 중생의 본성과 수행이라는 두 가지 방면에서 여래장과 아뢰야식을 통일하였다.

> 심성이 본래 청정하다는 것은 생각하여 알 수 있는 것이 아니다. 이는 모든 여래의 미묘함이 감추어져 있는 것이어서 마치 광석에 금이 있는 것과 같다. ……아뢰야식은 비록 여러 심법과 모든 염정종자에 훈습되어 함께 머물고 있지만, 그 성은 항상 밝고 깨끗하다. 여래종성도 이와 같다고 알아야 한다. 결정되어 있기도 하고 결정되어 있지 않기도 하는 구별은 있지만 체성은 언제나 청정하다. 마치 바다는 언제나 그대로 머물러 있지만 파도와 조류에 의해 움직이는 것처럼 아뢰야식도 이와 같다. 여러 지위에서 점진적으로 수행하여 상중하의 구별은 있지만 모든 잡염을 버리면 밝음이 드러나는 것이다.[78]

이것은 중생의 심성이 본래 청정한 것이 마치 광산에 황금이 감추어져 있는 것과 같다는 것이다. 비록 아뢰야식이 다른 심식과 염정종자와 함께 머물고 있더라도 그 본성은 의연하게 항상 밝고 깨끗하다는 것이다. 여래장(여래종성)도 역시 마찬가지여서 설령 결정종성과 부정종성의 차별은 있어도 그 체성은 항상 청정하다는 것이

---

78) 『大正藏』16, p.727b, "心性本淨不可思議, 是諸如來微妙之藏, 如金在鑛. ……阿賴耶識, 雖與能熏及諸心法, 乃至一切染淨種子而同止住, 性恒明潔. 如來種性應知亦然. 定不定別, 體常清淨, 如海常住, 波潮轉移. 阿賴耶識亦復如是. 諸地漸修, 下中上別, 捨諸雜染, 而得明現."

다. 중생이 점진적으로 수행과정을 거치면, 아뢰야식은 잡염(雜染)을 제거하여 밝고 깨끗한 본성을 드러낼 수 있다.『대승밀엄경(大乘密嚴經)』은 이렇게 여래장설과 아뢰야식설을 통일시켰다.『밀엄경』과 『능가경』이 여래장과 아뢰야식을 조화시킨 것은 인도불교의 심성본정과 심성본부정이라는 양대 심성학설을 융합한 것을 의미한다. 그러나 인도불교 심성사상의 발전은 여기에서 기본적으로 그 종지부를 찍었다.

위에서 서술한 것을 종합하면, 인도불교 심성사상의 요점은 다음과 같이 정리할 수 있다.

첫째, 인도불교 심성사상의 출발점과 목석은 인생해탈의 근거를 확립하기 위한 것이었다. 불교 창립의 종지는 인생해탈의 방법을 찾고 구하는 것이었다. 불교는 인생이 번뇌와 고통으로 충만되어 있는 까닭은 다른 것이 아니라 중생이라는 주체의 탐욕과 무지(無知)에서 비롯되는 것이며, 탐욕과 무지는 먼저 내심의 활동에서 나타나는 것이다. 만약 해탈을 하려고 한다면 심리활동의 측면에서 이 양자를 극복하고 소멸하는 것이 필요하다. 동시에 중생도 내재석으로 해탈할 수 있는 가능성을 갖추고 있는데, 그 심리 속에는 탐욕과 무지를 극복하고 제거할 수 있는 잠재력과 요소를 지니고 있기 때문에, 다른 탐욕과 무지의 속성이나 본질과는 다르다. 이런 청정한 심성의 본질이 해탈의 근거가 된다.

둘째, 인도불교 심성사상의 변천 과정은 대체로 두 가지 큰 단계를 거쳤다. 하나는 소승의 단계이다. 주요한 것으로는 중생을 구성하는 생명적인 요소와 인식의 조건에서 심리활동을 탐구하고 토론한 것이다. 번뇌와의 상호관계 각노에서 인간 마음의 성질 문제를 설명하고, 아울러 번뇌와 서로 다른 내심의 본성 즉 심성본정을 제시함으로써 인생해탈을 위한 근거를 제공하는 데에 최대한 노력하였다. 또 다른 하나는 대승의 단계이다. 대승불교는 해탈의 이상을 파악함에 있어서 소승불교의 번뇌소멸과 생사초월에서 진일보하여 불과를 성취하는 것으로 제고하였다. 또한 성불의 각도에서 심성문제를 고찰함으로써 성불의 속성과 근거를 논술한 여래장과 불성사상을 형성하였고, 중생은 일체 행위를 발생하는 잠재적 공능을 지니고 있다는 아뢰야식 사상을 명백히 설명하였다. 이 두 사상은 모두 성불과의 관계를 설명하기 위한 것이었다.

셋째, 인도불교 심성사상의 주류는 심성청정설이다. 중생의 자기 마음은 번뇌와 같은 부류가 아닌 청정한 본성으로 존재하고 있다. 이 사상은 소승불교가 제창한 이래 줄곧 변하지 않았다. 그것은 훗날 대승불교의 여래장설과 불성설에 의해 계승되고 발전되었으며, 불교 심성론 전체를 주도하는 사상이 되었다. 불교는 바로 이것을 중생해탈과 성불의 내재적 근거로 삼았던 것이다.

넷째, 불성과 중생의 관계는 곧 불성의 보편성 문제이며, 이것은 인도불교의 심성사상에서 논쟁했던 중대한 문제이다. 다수 종파는 일체의 중생이 모두 청정한 본성 또는 불성을 갖추고 있다고 주장하였고, 소수 종파만이 일부 중생이 청정한 본성 혹은 불성을 갖추고 있지 못하다고 생각하였다. 이것은 실제로는 불교 각 종파가 현실적으로 중생을 다르게 본 관점이며, 그들의 성불의 이상에 대한 다른 견해이기도 하였다.

인도불교의 심성사상은 중국불교 심성사상의 직접적인 근원이다. 그런데 사회 · 역사 · 문화적인 배경의 차이는 중국의 불교학자들이

심성학설에 새로운 창조를 불러일으키게 하여 인도불교 심성사상
이 새로운 발전을 하도록 촉진하였다.

제10장 중국불교 심성론 철학의 범주

중국불교학자는 인도불교 심성론의 개념·범주·명제와 사상을 계승하고 발전시켜 나감으로써 분명한 민족적 특색을 지닌 복잡하고 방대한 불교 심성론 체계를 구성하였다. 만약 총체적인 입장에서 중국불교 심성론 사상을 분석하고 파악하고자 한다면, 가장 확실한 방법 중의 하나가 심성론 체계 속의 범주들을 찾아 그 함의와 실질을 논하고, 범주 간의 상호관계를 규명해 내는 것이라고 본다. 이는 곧 심성론 체계의 사상적 요소 및 그 상호관계에 대한 연구를 통하여 체계 전반의 구조와 내용을 파악하는 것이다.

중국불교의 심성론은 심(心)과 성(性)의 양대 범주를 기점(基点)으로 하여 여러 방면으로 전개되었다. 즉 심의 내재적·외재적 전개, 성의 내재적·외재적 전개 및 심(心)과 성(性)이 연결되어 전개된 것이다. 이러한 바퀴살 모양의 전개가 심성론의 각 방면과 관련됨으로써 심성론은 서로 다른 여러 단계의 범주와 그물 구조로 교차되어 짜였다.

심과 성은 하나인가, 아니면 둘인가? 이는 불교 내부에서 오랫동안 연구되고 거론되어 왔던 문제의 하나인데, 대략 두 가지 정도의 견해로 귀결된다. 먼저, 심과 성은 서로 구별되면서도 연계되는 개념, 즉 심은 성을 싣는 체(體)이며, 성은 심의 본질이라고 생각하는 것이다. 또 하나의 관점은 심과 성은 서로 통한다는 것으로서, 심은 본심을 가리키고, 성은 본성을 뜻하며, 본심과 본성은 하나이면서 둘이고, 둘이면서 하나인 개념이며, 중생이 본래 지니고 있는 불변의 진실한 심성을 가리킨다는 것이다.

따라서 '마음을 밝히는 것[明心]'과 '본성을 보는 것[見性]'은 전적으로 같은 일이 된다. 심을 이야기하는 것은 곧 성을 말하는 것이며, 성을 말한다는 것은 심을 이야기하는 것이다. 이 두 가지 견해에도 공통점이 있는데 그것은 바로 심성연실(心性連說)이다. 심성은 심의 본성을 말하는 것인가, 아니면 심이 곧 본성을 의미하는가에 관하여, 보다 정교하고 세밀한 관찰과 구별이 요구된다. 서술의 편의상, 먼저 나누기 어려운 심성을 심과 성의 두 방면으로 나누어 서술한 후 다시 종합하여 논술함으로써 심성론 범주체계의 기본적인 면모를 전개하고자 한다.

제1절 '심(心)' 범주의 전개와 그 관련성

중국불교철학에 있어서 '심(心)'은 대단히 중요한 범주로서 주체성의 상징이고 불과(佛果)를 성취하는 관건이 된다. 많은 중국불교학자는 심이 사물의 공능과 작용을 인식하고 구별하지만 심은 마작(麻雀)의 패(牌)도 아니며 거울도 아닌, 인생(특히 불성)이 진정한 책임

자라고 생각하였다. 이로 인해 심이 곧 성이며, 심과 성은 합일된다고 생각하였다. 사람들은 마땅히 자신의 심령세계를 되돌아보고, 자아의 깨달음을 구하고, 자아의 내재적 초월을 실현하며, 자신의 이상적인 인격을 성취해야 한다. 앞으로 우리는 심의 범주를 전개해 가면서 심의 의미·성질·종류·가치·공능을 제시하려고 한다.

불교에서 일반적으로 말하는 '심(心)'은 대략 다음과 같은 몇 가지의 의미를 가리킨다. (1) '육단심(肉團心)', 즉 물질적인 마음, 심장(心臟)이다. (2) 육체(육신)에 상대하여 말하는 '연려심(緣慮心)', 즉 사고작용을 갖추고 있는 마음으로서 주요한 것으로는 정신활동 중의 의식기능을 가리킨다. (3) '집기심(集起心)', 즉 적집되어 있던 종자(種子)가 일으키는 현행의 제팔식(第八識)을 가리킨다. (4) '여래장심(如來藏心)', 즉 중생으로부터 우주만물에 이르기까지 모두 갖추고 있는 진실한 본성의 진심(眞心)이다.[79] 일부 교파는 중생이 이러한 자기 불신(佛身)의 자성진실심(自性眞實心)을 드러낼 수 있다고 생각하였다.

이 밖에 '심'은 때로는 핵심과 중심을 의미하기도 하였다. 불교의 중요경전인 『반야심경(般若心經)』이 상징하는 '심'은 반야개공을 취한 마음의 정수(精髓)라는 뜻이다. 이상의 심과 관련한 네 개 항의 의미 중 첫 번째 항은 철학적 의미가 없으며, 불교에서도 비교적 드물게 사용한다. 나머지 세 개 항은 철학적 의의를 가지고 있으며, 불교의 심성론과 직접 상관이 있다. 또 첫째 둘째 항의 구별은 상대적인 것인데, 불교는 일반적으로 심을 심리와 생리의 두 성분이 조성한 복합체로 보고 있으며, 의식 및 그 '근(根)'도 역시 요즘 말하

---

79) 『선원제전집도서(禪源諸詮集都序)』 권상1, 『大正藏』 48, p.401c.

고 있는 심뇌세포의 합성체에 해당된다. 불교에서 심을 논하는 목적의 하나는 중생이 심을 영원한 실체라고 보는 것을 치유함으로써 심은 독립된 실체가 아니라는 점을 제시하여 신아(神我)관념을 타파하려는 것이다. 그러나 불교는 다시 심의 공능과 작용은 무궁무진한 방면으로 확대될 수 있다고 강조함으로써 인간의 수명이 다한 이후에도 연장된다고 하여 심이 실체적인 의의를 지니게 하였다.

인도불교는 통상적으로 '심'의 구조를 심왕(心王)과 심소(心所, 心數)의 두 방면으로 나누었다. '심왕'은 육식(六識) 혹은 팔식(八識)의 식체(識體)를 말하고, '심소'는 심왕에 속해 있는 여러 가지 복잡한 작용을 뜻한다. 심왕은 정신의 주체이며, 심소는 정신의 작용이다. 심왕은 총체적으로 대상을 파악하고, 종합적인 정신의 주체활동을 갖추고 있으며, 심소는 대상의 정체(整體) 혹은 부분을 취하는 비교적 미세한 정신작용이다. 심왕과 심소의 관계를 보면, 심소는 심왕에 종속되고 그 작용도 심왕과 상응하며, 동시에 존재한다. 양자가 어떻게 상응하며, 그 같고 다른 관계는 어떤가에 대해서는 대·소승불교의 학설이 각각 다르다. 중국의 양무제 소연(蕭衍)은 심을 체용(體用)의 두 방면으로 나누어, 심의 체는 변하지도 달라지지도 않으나 심의 용은 변화하고 생멸(生滅)하는 것이리고 하였다.[80]

인도불교는 여러 가지 다른 정황에 근거하여 심을 각각 다르게 분류하였다. 예를 들면, 이심(二心)·삼심(三心)·사심(四心)·오심(五心)·팔심(八心) 나아가 육십심(六十心) 등으로 나누었다. 이 안에서 다시 다른 각도에 착안하여 새로운 분류를 하기도 하였다.

---

80) 「입신명성불의기(立神明成佛義記)」, 『홍명집(弘明集)』 권9.

그중에서 가장 중요하고 가장 일반적인 분류는 심을 진심(眞心)과 망심(妄心)으로 나눈 것인데, 이는 중국의 불교학자들이 가장 중시한 분류이기도 하다.

진심과 망심은 정심(淨心)과 염심(染心), 청정심(淸淨心)과 번뇌심(煩惱心)이라고도 한다. 이른바 진심이란 자성이 청정하고 언제나 변하지 않는 마음이며, 망심이란 허망하고 부실하며 생멸 변화하는 마음이다. 진(眞)과 망(妄)의 이심(二心)에 대한 중국불교의 각 종파별 견해도 완전히 동일한 것은 아니다. 예컨대, 지론사(地論師)는 제팔아뢰야식(第八阿賴耶識)을 진식(眞識, 眞心)으로 보았고, 섭론사(攝論師)는 이전의 팔식(八識)을 망심으로 여기고 새로 제구식(第九識)의 아마라식(阿摩羅識)을 만들어 이를 진심이라고 생각하였으며, 능가사(楞伽師)는 위의 두 대립된 견해를 다시 회통시켰다.

그리고 『대승기신론(大乘起信論)』은 일심(一心)이 염(染)과 정(淨)의 둘로 나누어진다는 관점을 제시하고, 또한 인간의 마음은 진(眞) 혹은 망(妄)을 일정 부분씩 가지고 있다고도 하였다. 진심과 망심에 대하여 불교의 여러 종파들은 서로 다른 의미의 내용을 부여하기도 하였는데, 예를 들면 진심은 번뇌가 없는 것, 혹은 탐욕과 집착을 하지 않는 것, 혹은 꾀함이 없는 것 등이라고 하였다. 망심에 대해서는 번뇌 혹은 탐욕과 집착 혹은 도모하는 것 등이라고 하였다. 진심과 망심은 '성불(成佛)'할 수 있는가 없는가, 또 어떻게 성불하는가 하는 것과 직접 관계있는 것이기 때문에 불교학자들은 한결같이 이 문제에 대하여 지대한 관심을 보였다.

진심에는 청정심(淸淨心) 이외에도 보리심(菩提心)·여래장(如來

藏) 등과 같은 동일한 의미의 명칭이 있다. 보리(菩提)는 세간의 번뇌를 단절하고 열반의 지혜를 성취한 것이며, 보리심은 성불의 종자(種子)이다. 여래장은 모든 중생의 번뇌의 몸속에 감추어져 있는 그 자체가 본래 청정한 여래(佛)를 가리킨다. 여래장은 비록 번뇌 속에 포함되어 있어도 번뇌에 오염되지 않으며, 본래의 청정함과 영원불변하는 본성을 갖추고 있다.

중국불교학자들의 절대다수는 진심이 곧 인심(人心)이고, 이것이 성불의 근거이며 만유(萬有)의 본원이라고 생각하였기 때문에 진심을 무엇보다도 가장 중시하였다. 선종의 자심(自心)·본심(本心)·평상심(平常心)과 불심 등의 여러 학설이 불교 진심설(眞心說)의 변형된 형태인 것과 마찬가지이다. 이른바 자심이란 중생 자신의 마음을 말한다. 본심은 중생의 자심이 본래 이와 같으며, 본래 청정함을 말하는 것이다. 평상심은 중생의 목전의 마음이 본래 깨달음이며, 이렇게 구체적이면서도 평범한 평상의 마음이 바로 불심이라는 것이다. 불심이란 마음 그대로가 불이라는 의미이다. 선종의 이러한 사상은 불교 심성론의 중대한 변혁이면서 발전이라고 할 수 있다.

이상은 심 자체의 내용과 관련하여 전개된 중요한 범주들이다. 불전의 설명에 의하면, 마음이 밖으로 향하여 전개된 것과 관계된 것으로 중요한 것은 네 가지가 있다. 첫째는 정신영역의 내부, 즉 심과 의(意)·식(識)·신(神)의 관계이다. 둘째는 심과 외계 만물, 즉 심과 물(物)의 관계이다. 셋째는 심과 만물의 이치(理, 본질, 본성)와의 관계이다. 넷째는 심과 불의 관계이다.

먼저 심과 의(意)·식(識)의 관계에 대해 살펴보면, 위에서 언급한 소승불교의 설일체유부(說一切有部)는 심(心)·의(意)·식(識)

삼자는 같은 뜻을 가진 다른 이름으로서 결코 본질적인 차이가 없다고 생각하였다. 나중에 팔식설(八識說)을 제창한 대승 유식종(唯識宗)은 이를 구분하여, '심(心)'은 제팔식(第八識, 阿賴耶識)으로서 일체 만물을 낳는 근본식(根本識)이고, '식(識)'은 전육식(前六識)이며, '의(意)'는 제칠식(第七識)만을 의미하는 것으로서 심과 의·식은 서로 다르다고 하였다. 심과 의·식의 관계에서, 심은 정신의 주체이며, 의와 식은 정신의 두 가지 다른 작용이다. 의·식은 모두 심의 주체에 종속된다. 의와 식의 차이를 살펴보면, 의(意)는 사유하고 헤아리는 작용을 하여 기억·계략·집착 등에 치중함으로써 아집을 특징으로 하고, 식(識)은 외계 대상을 분석하고 분류하는 인지작용을 갖추고 있어서 요별을 특징으로 한다. 이러한 식에는 다시 광의와 협의의 구별이 있는데, 오직 전육식(前六識)만을 가리키는 것이 있고, 제팔식을 가리키는 것도 있으며, 또 전반적인 심리활동을 모두 지칭하는 '만법유식(萬法唯識)'과 같은 넓은 의미의 식(識)도 있다.

다음은 심과 신(神)의 관계이다. 중국불교학자들 대부분은 일관되게 신불멸론을 주장해 왔다. 특히 동진 이래 발생한 신멸(神滅)과 신불멸(神不滅)의 논쟁 이후에는 더욱 명확하고 견고해졌다. 그들은 정신과 심은 분리될 수 없다고 생각하였기 때문에 언제나 심(心)과 신(神)을 연결하여 사용하였다. 만약 분리해서 사용한 경우에 이는 심을 신과 같은 뜻으로 사용한 것이거나 신을 심의 별명으로 여긴 것이었다. 예컨대, '묘신(妙神)'·'묘식(妙識)'·'신식(神識)'·'식신(識神)' 등이 있는데, 그것은 모두 미묘한 마음을 가리키는 것이다. 또 『종경록(宗鏡錄)』에서 말한 '식정(識精)'처럼 인식하여 아는 총명 즉 중생의 진심[81]을 가리키는 것도 있다. 중국의 불교학자들은 불멸의 '신(神)'은 바로 신묘한 마음으로 보고, 이것을 중생 성불의 주체로 여겼다.

그 다음은 심과 물(物)의 관계이다. 일반적으로 인도불교는 연기론에 근거하여, 심과 물은 서로 보완하면서 이루어지는 관계여서, 그 어느 한쪽도 단독으로 존재할 수 없고, 또 심과 물은 둘 다 공하여 자성이 없다고 생각하여, 이원론과 공론의 경향을 띠고 있었다. 대승불교의 유식종은 여기에서 사고를 전환하여 "오직 식이 변한 것일 뿐[唯識所變]"임을 강조하였다. 이것은 물질도 의식이 변화하여 나타난 것이라고 생각한 것이다. 이른바 '유식'에는 두 가지 중요한 의미가 있다. 하나는 떠나지 않음[不離], 즉 만물은 의식을 떠나서 존재하지 않는다는 것이다. 다른 하나는 생겨난 것[所生], 즉 인간이 보는 온갖 만물은 모두 주관적인 망념이 만들어낸 온갖 차별이며 각종 경계의 모습이라고 생각하는 유심론적 입장을 표현한 것이다. 이 밖에 불교는 비록 심 혹은 의식이 유일한 존재라는 주장을 하지는 않더라도, 불교에서 필요로 하는 종교적 실천과 방법론 등의 특징으로 말미암아 심의 주체성 · 근원성 · 결정성의 의의를 특별히 강조함으로써 종종 유심론의 경향을 보여 왔다.

일반적으로 중국불교의 주류학자는 인심과 진심이 만유의 본원이라고 강조함으로써 심의 작용을 부각시켰다. 예를 들면, 천태종 사람들은 '심구삼천(心具三千)'설[82]을 주장하였다. '삼천(三千)'은

---

81) 『종경록』 권3에서는, "비롯함이 없는 때부터 보리 열반은 본래 청정체이며, 즉 너의 지금 이니, 기식과 분별이 홀연히하면 여러 인연이 생겨남 수 있다."라고 하였다(『大正藏』 48, p.430b).

82) 본 책 제26장 · 제3절 · 제5에 자세한 설명이 있다.

넓게는 우주만물을 가리키며, 중생은 일상 중 찰나의 마음속에서 우주 만물을 드러낼 수 있고, 만물이 자신의 마음속에 포섭되어 있음을 강조하고, 심의 주체성과 포용성의 공능을 고양하였다. 선문(禪門)에서도 마음이 '사물과 나는 근원이 같다[物我同根]'는 것의 근원이며, 무한하고 광대한 만물은 모두 자기 마음의 밖에 있는 것이 아니라고 생각하였다. 이러한 측면에서, '마음 밖에는 아무것도 없다[心外無物].' 혹은 '마음 그대로가 세계이다[心卽世界].'라고 할 수 있는 것이다.

중국불교의 주류학자들이 말하는 심이란 만물본체의 의미를 가지고 있을 뿐만 아니라 개인이 가지고 있는 자기 마음의 각성·총명·도덕적 의식도 가리키는 것이다. 아울러 만물은 이러한 마음을 떠나 존재할 수 없으며, 이러한 마음도 역시 만물을 떠나 존재할 수 없는 것이라고 생각하고, '사물과 나는 둘이 아니고 하나이다[物我一如].', '사물과 나는 차별이 없다[物我無差].'고 하면서, 마음과 사물의 일체성을 뚜렷하게 강조하였다.

다음은 심(心)과 이(理)의 관계이다. '이(理)'는 만물의 본질·본체·도리·진리를 가리킨다. 사고하는 마음[思考心]의 본질에서 출발하여, 심과 이의 본질은 동일한 것인가 아닌가 하는 문제를 추리하여 연역해 낼 수 있다. 중국의 유식종은 마음과 만물의 본질이 결코 동일하지 않기 때문에, 마음은 이(理)와 완전하게 동등한 것은 아니라고 생각하였다. 심과 이는 같지도 않고 다르지도 않은 관계이기 때문에 양자는 구별이 되면서도 또한 상호 관련이 있는 관계라는 것이다. 천태·화엄·선의 여러 종파도 중생의 마음과 우주만물은 모두 여실한 본성과 본질을 함유하고 있다고 생각함으로써, 심과 이는 동등하며 나아가 중생은 마땅히 본원으로 돌아가 해탈을 구해야 한다고 제창하였다. 이것은 천태·화엄·선의 삼종과 유식종이 나누어지는 주요 분기점이 되었으며 중국불교 심성학설에서 중대한 쟁론이 된 문제였다.

끝으로 심과 불의 관계이다. 일반적으로 말할 때, 인도불교는 중생의 마음은 본질이 청정하고, 성불의 가능성을 갖추고 있으며, 마음에 의하여 성불을 한다고 말해 왔다. 그러나 대승 유식종은 일부 사람(一闡提)은 선근(善根)을 단절하여 영원히 성불할 수 없다고 생각하였다. 중국불교의 다수 종파는 중생이 모두 성불할 수 있다고 생긱하였고, 『화엄경』의 "미음과 부치와 중생, 이 삼자는 차별이 없다."[83]는 관념을 적극 선양하였다. 천태·화엄과 선 등의 종파는 이러한 사상을 제창하여 부처의 마음과 범부의 마음은 동일함을 강조하고, '현재 몸 그대로의 성불[卽身成佛]'을 주장하였다. 선종이 주장하는 '마음 그대로가 바로 불[卽心卽佛]'이라는 것은 중생심이든 불심이든 그 심체(心體)는 다르지 않기 때문에 마음이 곧 불이라고 생각한 것이다. 만약 마음 그대로가 불이라는 도리를 이해하지 못하고, 자기 마음이 불이라는 것을 인식하지 못한다면, 이는 마치 말을 타고 말을 찾는 것처럼 성불하기 어렵다고 생각하였다.

송나라 이래로 중국의 불교학자는 마음으로써 유·불·도 삼교를 수통시켰고, 마음이 유·불·도의 기초가 될 수 있으므로 삼가동도(三家同道)의 근거가 된다는 것을 강조하였다.

---

83) 『대방광불화엄경(大方廣佛華嚴經)』 권10, 『大正藏』 9, p.465c, "心佛及衆生是三無差別."

제2절 '성(性)' 범주의 전개와 관련성

불교에서 말하는 '성(性)'은 대부분 체(體)를 의미하며, 본래 갖추고 있는 변화하지 않는 실체·본질을 말한다. 예를 들면, '법성(法性)'은 사물의 실체·본질이며, '심성(心性)'은 마음의 실체·본성이다. '성(性)'은 통상적으로 '상(相, 형상)'과 상대적으로 쓰이는 것이지만 때로는 상과 호용(互用)되기도 한다. 예를 들면, '제법실상(諸法實相)'은 곧 모든 법의 실성(實性)이다. 소위 성은 일반적으로 세 가지의 의미를 가지고 있다. 첫째는 변하지도 않고 고쳐지지도 않는 성질, 다시 말해서 본래부터 갖추고 있고, 인연에 의하여 발생하거나 소멸되지 않고 스스로 존재하는 본성이다. 둘째는 사물들이 각각 지니고 있는 성, 즉 '성분(性分)'을 말하고, 셋째는 절대적인 진리, 즉 진실하여 허망하지 않은 이성을 의미한다. 이밖에도 불전(佛典)에서 말하는 성은 때로는 덕(德)을 의미하기도 한다. 예를 들면, 선·악·무기(無記)의 삼성(三性)에서 말하는 성(性)은 덕성을 가리키는 말이다. 성(性)은 남녀의 애욕을 말하기도 한다. 불교에서는 이를 수행을 방해하는 행위로 생각하기 때문에 출가한 신도는 '음계(淫戒)'를 지니도록 하는 제도를 두고 있으며, 재가 신도에게는 '불사음계(不邪淫戒)'의 규정이 있다.

우리가 여기에서 논하고자 하는 '성'은 불교에서 일반적으로 말하는 '체(體)'라는 의미의 것이다. 위에서 언급한 바와 같이, 불교철학에 있어서 심과 성은 한꺼번에 일어나는 긴밀한 관계에 있으며, 여기에서 말하는 성은 마음의 성과 마음의 본성·본질을 가리키는 것이 주가 된다. 중국불교 특히 선종의 관점에 의하면, 중생의 본성은 생명의 진정한 주체이며 중생의 진정한 자아이다. 심성은 중생을 떠나 존재할 수 없으면서도 독립된 절대적 실체로 간주되기도 한다. 심성은 인간이 인간다운 근거이며, 또 인간 성불의 진정한 원인이기도 하다. 지금부터 우리는 중생의 본성을 중심으로 성 범주에 대해 논술을 전개하려고 한다.

(1) 심성과 법성

성은 만물 자체의 본성이다. 먼저 법성부터 말하자면, 앞에서 서술한 바와 같이 법성은 사물의 변함없는 본질을 의미한다. 심성은 중생심의 본성이며, 이는 사실상 법성의 일종이라고 할 수 있다. 심성은 비록 법성을 기초로 하고 있지만 법성과 다른 점도 있다. 법성은 만물의 본성이고 본원이며, 심성은 중생의 본성이고 본체이며 성불의 진정한 원인(佛性)이기도 하다. 불교에서 중점적으로 논술하고 있는 것이 심성이긴 하지만 종종 법성에 대해서도 언급하고 있으며, 일부 불교학자는 심성으로써 법성을 대신하기도 하였다.

(2) 범성과 불성

불교는 우주에 범인과 성인의 두 종류가 존재하고 있으며 그들의 본성은 각각 다르다고 생각한다. 범(凡)은 평범과 범용을 의미하며 범부(凡夫)를 가리킨다. 불교에서는 통상적으로 육도윤회 중에서 아직 불법을 얻지 못한 유정(有情)중생을 말한다. 성(聖)은 성자를 말하며, 부처로 대표되는 득도자를 의미한다. 범성(凡性)은 중생이 범부가 되게 하는 본성을 말한다. 범성(凡性)의 내용과 규정에 대한 인도 부파불교의 내부 견해는 일치하지 않으며, 대승의 유가행파는 번뇌와 사견으로 아직 진리를 증득하지 못한 것을 범성으로 여기고, 번뇌와 사견을 영원히 단절하는 것만이 성자가 될 수 있는 길이라고 생각하였다. 불성에는 두 종류의 의미가 있다. 하나는 불타의 본성이고, 또 하나는 중생의 성불 가능성·속성·원인·종자를 가리키는 것인데, 이러한 측면에서 불성은 여래(불)를 잉태하여 양육하는 태장(胎藏)과 같다고 여겨 '여래장'이라고도 한다. 불성과 여래장은 우주에 두루 존재하는 본체와 만물의 본원으로 인식되어 본체론과 본원론의 의의도 지니고 있다.

중국불교의 여러 종파가 불성의 내용과 분류 문제에 대해 진행한 논변이 심성론 체계의 중요한 내용을 구성하게 되었다. 북본(北本) 『열반경(涅槃經)』 권7에 의하면, 일체의 중생은 모두 불성을 가지고 있으나, 범부는 번뇌로 뒤덮여 있어서 나타내지 못할 뿐이며, 번뇌를 단절하여 없애기만 하면 불성이 나타난다고 하였다. 또 천태종 사람들은 북본(北本) 『열반경(涅槃經)』 권28의 설법에 근거하여, 모든 중생은 삼인불성(三因佛性)[84]을 갖추고 있지 않은 이가 없다고 한다. 삼인불성은 정인불성(正因佛性) - 사물 실상의 이체(理體), 요인불성(了因佛性) - 비추는 지혜, 연인불성(緣因佛性) - 선근(善根)의 공덕과 내외의 조건을 말한다. 이와 관련하여 중국불교의 주류파는 '범성일여(凡聖一如)' 즉 '불범일체(佛凡一體)'의 관념을 매우 중시하여, 범부와 성인의 본성과 생명의 본질은 결코 차별이 없는데, 단지 의식활동에 있어서 미혹과 깨달음의 차이가

---

84) 본 책의 제12장, 제2절에서 상세히 설명함.

있을 뿐이라고 생각하였다. 이 외에도 중국의 유식종은 이불성설(二佛性說)[85]을 주장하였다. 하나는 중생이 의지하는 이체(理體)를 이불성(理佛性)이라고 하고, 또 하나는 중생의 제팔식 중 무루종자(無漏種子)를 행불성(行佛性)이라고 하였다. 이러한 불성은 어떤 중생은 갖추고 있지만 어떤 중생은 갖추고 있지 못한데, 갖추고 있지 못한 자는 영원히 성불할 수 없다.

(3) 성정(性淨)과 성각(性覺)

불교는 중생의 심성에 대해 정(淨)·각(覺)의 두 가지 설을 세우고 있다. 인도불교는 성정설(性淨說)의 경향을 띠고 있는 반면 중국불교는 성각설(性覺說)에 기울어져 있다. 심성본정(心性本淨)은 사람의 심체(心體)는 본래는 적정(寂靜)·적멸(寂滅)한 것이며, 나중에 일어나는 번뇌가 비록 심성을 덮고 가릴 수는 있어도 그것이 마음의 본성은 아니라는 것이다. 성정(性淨)은 일반적으로 다시 두 가지로 나누어진다. 하나는 심성이 본래 적정하여 잡염이 없는 것이고, 또 하나는 수행을 실천하여 모든 번뇌에서 멀리 벗어나 적정(寂淨)을 얻는 것이다. 성정설은 초기불교에서 비롯되었으나 강력하게 주장하기 시작한 것은 부파불교 중의 대중부(大衆部)에 의해서이며, 이것이 나중에 대승불교의 불성설과 여래상설을 이루는 원천이 되었다. 심성본각(心性本覺)은 사람의 마음의 체는 본래 지혜가 광명(光明)하고 진실한 각지이며 미혹한 망념이 없는 것임을 가리킨다. 이러한 설에 대해서는 『대승기신론(大乘起信論)』에 체계

---

85) 본 책의 제14장, 제2절에서 상세히 언급함.

적으로 설명되어 있다. 성정(性淨)은 번뇌에 대하여 상대적으로 말하는 것이며, 각성은 우치(愚癡)와 상대하여 말하는 것으로서 성불의 깨달음과 직접 관련되어 있다. 성정설에서 성각설에 이르는 이론은 성불의 문제에 있어서 새로운 학설이 나오게 하였다.

(4) 성선과 성악

이것은 성정(性淨)과 성염(性染)이라고도 하는데, 불교가 심성에 대해서 만든 또 하나의 도덕적 가치판단이다. 불교에서는 심신을 어지럽히고 안녕을 얻지 못하게 하는 번뇌를 악이라고 하고, 해탈을 얻기 위해서는 반드시 번뇌를 끊어 없애고 보리를 증득해야 한다고 생각하였다. 번뇌와 보리는 중생의 마음속에 있는 하나의 커다란 모순이다. 중국불교의 다수 종파는 중생의 성선설을 견지하고 있었으나, 천태종에서는 중생과 불은 선과 악을 함께 갖추고 있으며, 선악은 천연적인 성덕이기 때문에 부처도 성악은 끊지 못하고 일천제도 성선은 끊지 않은 것이라고 주장하였다. 또한 천태종은 선악을 각각 두 가지 종류로 나누었는데, 성선·수선(性善修善)과 성악·수악(性惡修惡)이 그것이다. 성선(性善)과 성악(性惡)은 중생 고유의 본성을 말하며, 수선(修善)과 수악(修惡)은 후천적인 사상과 행위의 선악이다. 성악설은 천태종의 중요한 사상적 특색을 이루었다.

(5) 성유(性有)와 성무(性無)

성은 불성을 의미하고, 성유(性有)는 불성이 있다는 것이고, 성무(性無)는 불성이 없다는 의미이다. 이것은 불성의 범위와 관련된 문제이며, 불교 특히 중국불교 내부에서 오랜 논쟁을 야기한 문제이기도 하다. 논쟁의 초점은 첫째, 중생은 모두 불성을 가지고 있는가 하는 것이다. 일반적으로 긍정적인 입장을 피력하였으나, 일부 사람들은 불성이 없다고 생각하였다. 둘째, 정식(情識)이 없는 목석(木石)에도 불성이 있는가 하는 것이다. 만물에 불성이 있다는 주장도 있었으나 '무정유성(無情有性)'설에 반대하는 견해도 있었다.

(6) 성본유(性本有)와 성시유(性始有)

이것은 불성의 형성과 관련된 문제이다. 일체의 중생은 모두 불성을 가지고 있다는 주장은 교파 내부에서 오랫동안 논쟁하였던 중요한 문제 중의 하나였다. 본유설(本有說)은 불성이 중생의 출생과 동시에 갖추어지는 본래 고유한 것으로서 상주하고 불변하는 것이라고 주장한다. 시유설(始有說)은 불성이 수행과정을 거친 이후에 생겨나는 것, 즉 후천적인 수행을 한 후에 비로소 가지게 되는 것이라고 본다. 이러한 논쟁은 중생 불성의 형성문제와 직접 관련되어 있을 뿐만 아니라 성불의 원인과 수행방법과 성불의 경계 등 일련의 문제에 대한 견해가 나누어지게 하는 데에도 영향을 미쳤다.

(7) 성의 체(體)·상(相)·용(用)

불교는 통상적으로 성을 체와 용의 두 방면으로 나눈다. 그런데 『대승기신론(大乘起信論)』은 중생 심성의 내재적 구조와 공능에 대하여 새로운 학설을 제시했는데, 중생이 자심(自心)은 세 가지 방면을 포함하고 있다고 생각하였다. 첫째는 본체(體), 둘째는 나타

난 형상 · 공덕과 특징(相), 셋째는 작용(用)이다. 『대승기신론』은
이 셋은 무한하고 광대하기 때문에 체대(體大) · 상대(相大) · 용대
(用大)의 '삼대(三大)'설로 설명하였다.

(8) 성(性)과 정(情)

정은 정서 · 정감을 의미한다. 인간이 외계를 접촉하여 사물에 대
한 느낌이 있을 때 생기는 충동성을 띠고 있는 심리적 반응이며 흔
히 칠정(七情)을 가리킨다. 칠정에 대한 불교의 해석은 여러 가지
가 있지만, 대부분 희(喜) · 노(怒) · 애(哀) · 낙(樂) · 애(愛) · 오(惡)
· 욕(欲)을 가리킨다. 칠정에 포함되어 있는 욕(欲)은 욕망을 의미
하는데, 사실 정(情)과 욕(欲)은 병립되는 두 개의 개념이다. 욕에
는 사욕(四欲) · 오욕(五欲) 혹은 육욕(六欲)설이 있다. 예를 들면
오욕(五欲)은 '재(財) · 색(色) · 명(名) · 식(食) · 수(睡)', 즉 금전욕
· 성욕 · 명예욕 · 음식욕 · 수면욕을 가리킨다. 성(性)과 정(情)은
심리현상이며, 심성론의 두 가지 중요한 범주이기도 하다.

불교에서 성은 본성이며, 본래의 적정(寂靜)이나 본래의 깨달음
으로 생각한다. 정은 마음이 느낀 것으로 인하여 일어나는 표현이
고, 시비의 주인이며, 이해(利害)의 뿌리이다. 성과 정은 상호 구별
이 되면서도 연계되어 있다. 중국의 불교학자 중에는 이미 발생한
것은 정이고 아직 발생하지 않은 것은 성으로 보고, 정은 성이 가
로막혀 통하지 않는 심리적 현상이지 결코 성의 본질을 나타내는
것은 아니라고 생각하였다. 불교는 어떻게 감정을 조절하고, 정서
를 통제하며, 욕망을 제어할 것인가는 일종의 생활예술과 심리평형

술(平衡術)에 그치지 않고, 수행하여 성불하는 것과 직접 관계있는 큰 문제라고 생각하였다. 일반적으로 불교는 욕망을 줄이고, 정욕을 절제하며, 심지어 정욕을 철저히 없앨 것을 주장하고, 정의 근(根)을 단절하여 도를 듣고 성을 볼 것[聞道見性]을 강조한다.

(9) 성(性)과 이(理)

이것은 위에서 언급한 '심(心)과 이(理)'의 문제와 밀접한 관련이 있다. 이(理)는 법성·본질을 말하는 것이다. 또한 본성에 부합되고, 순리대로 통하여 장애가 없고, 만물과 연루되어 있는 진리(眞理)·이성(理性)·이지(理智)가 아니다. 심의 본성으로 말할 때, 성과 이가 서로 같거나 다르다는 문제는 중국불교의 각 종파가 토론하였던 중요한 문제이며, 유학에서도 역시 연구하고 토론하였던 큰 문제였다. 축도생(竺道生)은 일찍이 중생이 이(理)를 보는 것과 심성이 드러나는 것은 일치한다는 견해를 피력하였다. 중국불교학자는 정(情)과 이(理)를 분별함으로써 성이 막히느냐 통하느냐의 양단으로 삼았으며, 천리(天理)와 인정(人情)의 대립, 이(理)와 정(情)의 구성을 심성의 심층적인 모순으로 불렀다. 중국불교의 일부 학자들도 유가학자들과 마찬가지로 "이치를 궁구하고 성을 다할 것[窮理盡性]"[86]을 강조하였으며, 전리가 인성(欲)보다 뛰어나다고 주장하였다.

---

86) 『주유마힐경(注維摩詰經)』 권5, 『大正藏』 38, p.375a.

(10) 성구(性具)

성은 인간의 진실한 본성을 말한다. 구(具)는 갖추고 있다, 충분히 갖추고 있다는 의미이다. 앞에서 말한 천태종의 '심구삼천(心具三千)'설과 부처와 중생은 선악을 함께 갖추고 있다('性具善惡')는 설이 바로 '성구'사상이다. 천태종 사람들은 인간의 본성이 인과(因果)·미오(迷悟)·선악 등등을 피차 서로 뒤섞지 않은 채 원만하게 갖추고 있다고 생각하였는데, 이것을 '성구'라고 하였다. 따라서 천태종은 수행과정에 있는 중생의 본성이 불계의 선법(善法)을 갖추고 있으면서도 기타 구계(九界)의 악법도 가지고 있는 육범사성(六凡四聖)을 함께 갖추고 있기 때문에, 불(佛)과 중생은 결코 근본적인 차별은 없다고 생각하였다.

(11) 성기(性起)

성은 진실한 본성 즉 불의 본성을 말한다. 기(起)란 일어난다는 의미이다. 화엄종 사람들은 불과(佛果)의 경계에서 진실한 본성이 생긴다고 말한다. 성불의 경지에서 일체의 사물은 모두 성을 따라 일어난다는 것이다. 다시 말해서 일체의 사물은 불의 진실한 본성에 수순하여 드러나고, 아울러 중생의 조건과 능력에 순응하여 작용을 일으킨다고 생각하였다. 또 중생의 마음에는 본래부터 깨달음의 본성이 있어서 바로 그 자리에서 만상(萬象)을 드러낼 수 있는데, 이것도 성기라고 하였다.

성구설과 성기설은 천태종과 화엄종이 각각 제시한 독특한 학설이다. 이들은 심성의 공능과 작용에 대해 중점적으로 말하였는데,

우주론 · 경계론과 인식론에 두루 속하는 내용이다.

제3절 합론

위에서 논술한 바와 같이, 불교는 심성을 존재의 범주로 보고 있으며, 동시에 체계적인 전개와 논술을 하고 있어서 거대한 이론적 의의를 갖추고 있다. 그것은 무엇이 인간의 본질이며, 무엇이 성불의 근원인가 하는 문제에 대해 설명함으로써 불교의 성불이론의 기초를 다졌다. 또한 심성이론은 불교에 도덕 주체론의 입장을 확립해 주었고, 중생은 자신의 심령세계로 돌아가 최고의 이상인격을 성취할 것을 제창하였는데, 여기에는 종교의 실천적인 의의도 들어 있다.

불교의 마음 범주에 대한 논술은 세 가지 중요한 방면에 걸쳐 전개되었다. 첫째는 지위 · 공능 · 작용과 구조적 각도에서 마음을 심왕(心王)과 심소(心所)의 두 방면으로 나눈 것이며, 아울러 이론적으로는 마음의 체(體)와 용(用)의 두 가지 측면 혹은 체(體) · 상(相) · 용(用)의 세 가지 측면으로 개괄한 것이다. 둘째는 성질로부터 심의 실체에 대한 가치판단과 가치분류를 하여, 심을 진심과 망심의 두 종류 혹은 정분(淨分)과 염분(染分)의 두 부분으로 나눈 것이다. 정심(淨心)과 염심(染心), 청정심 · 보리심 · 여래장 등과 상응하는 것들은 취한 각도가 다를 뿐 실질적으로는 서로 동일한 개념이다. 진심에서 다시 자심 · 본심 · 평상심 등의 개념이 파생되어 나왔고, 동시에 불교사상에 심각한 변화가 조래되었나. 아뢰야식(阿賴耶識)의 진망(眞妄) 문제에 있어서는 진심(眞心)과 망심(妄心)이 서로 관련되어 불교 내부에서도 장기적인 논쟁이 있었다. 셋째, 마음과 정신현상·객관사물·불(佛) 삼자의 관계에서 전개된 것이다. 심과 의·식 양자의 관계는 체와 용의 관계로 인식되어 왔다. 중국불교학자의 관점에 의하면, 신(神)과 심(心)은 같은 의미의 범주이고, 신묘(神妙)·묘식(妙識)·신식(神識)·식신(識神)·식정(識精)이란 개념을 즐겨 사용함으로써 미묘한 심을 표현하였다. 심(心)과 물(物)의 관계에 있어서 주요한 것으로는 마음과 사물은 둘이 아니다[心物不二]라는 것과 오직 마음이 변한 것일 뿐[唯心所變]이라는 명제가 있다. 심과 물의 관계에서 비롯되어 다시 심과 물리(物理)가 파생되어 나왔는데, 이는 곧 사물에 포함되어 있는 도리(道理)의 관계이며, 중국불교학자 다수는 마음과 사물이 동등하다는 경향을 띠고 있었다. 성불의 주체로서의 마음과 불과(佛果)와 불의 경계의 관계는 매우 중요한 문제이며, 중국불교의 주류 종파는 마음과 불은 둘이 아니다[心佛不二], 마음 그대로가 바로 불이다[卽心卽佛]라는 관점을 견지하고 있었다.

불교가 심성의 성 범주에 대해 제시한 설명은 더욱 다채롭고 풍부하다. 분류에 있어서는 성을 범성(凡性)과 불성(佛性)으로 나누고, 불성에 치중하여 여러 방면으로 상세한 설명을 진행하였다. 불성은 중생 성불의 내재적인 속성으로 인식되었을 뿐만 아니라 우주만물의 본원으로도 승화되었다. 성질에 있어서는 성을 선(善)·악(惡)·무기(無記, 中性)의 세 가지로 분류하였으며, 성악과 성선의 대립에 주안점을 두고 논술하였다.

총체적으로 불교는 인간의 본성은 선하다는 것을 긍정하였으며,

이에 따라 심성본정(心性本淨)과 심성본각(心性本覺)설이 있었다. 이것이 바로 성정(性淨, 寂)과 성각(性覺)의 학설로서 불교 심성론의 기초를 이루었다. 중국불교의 천태종은 성악사상에 대해 발전을 이루어 성구선악설(性具善惡說)을 제시하였다.

불교 각 종파는 불성 존재의 범주와 형성문제에 대하여 의견상 일치하지 않은 정도가 매우 컸다. 그 논쟁은 중생이 모두 불성을 지니고 있는가, 동물 이외의 목석과 같은 사물에도 역시 불성이 존재하는가, 불성은 어떻게 갖추어지는가 하는 문제에 초점을 두었는데, 이로 말미암아 다시 성유(性有)와 성무(性無), 본유(本有)와 본무(本無)의 대립된 개념이 출현하였다. 중국의 불교학자는 성의 체(體) · 상(相) · 용(用)이라는 세 가지 요소의 내재적 구조를 확정하였을 뿐만 아니라 성(性)과 정(情), 성(性)과 이(理)의 관계에 대해서도 중국화한 설명을 함으로써 천리인정(天理人情)과 궁리진성(窮理盡性)과 같은 견해를 제기하였다. 아울러 중국의 불교 종파들은 성의 공능과 작용도 매우 중시하였다. 천태종과 화엄종은 불교의 이상경계론 및 우주론과 연계하여 성구설(性具說)과 성기설(性起說)을 각각 제시하였고, 선종은 견성(見性)을 불의 경지를 이루는 학설로 제시하였는데, 이 모든 것은 중국불교 심성론의 이론적 특색을 표현한 것이다.

이러한 중국불교의 심성론 범주에 대한 논술에 근거하여 심성론의 범주망을 그림으로 나타내면 다음 그림과 같다. 도면 중의 부호 중 직선은 직접적으로 전개되고 파생된 것이며, 곡선은 직접 연계되어 있음을 나타내고, 화살표는 양자가 서로 통하거나 서로 동일함을 표시한 것이다.

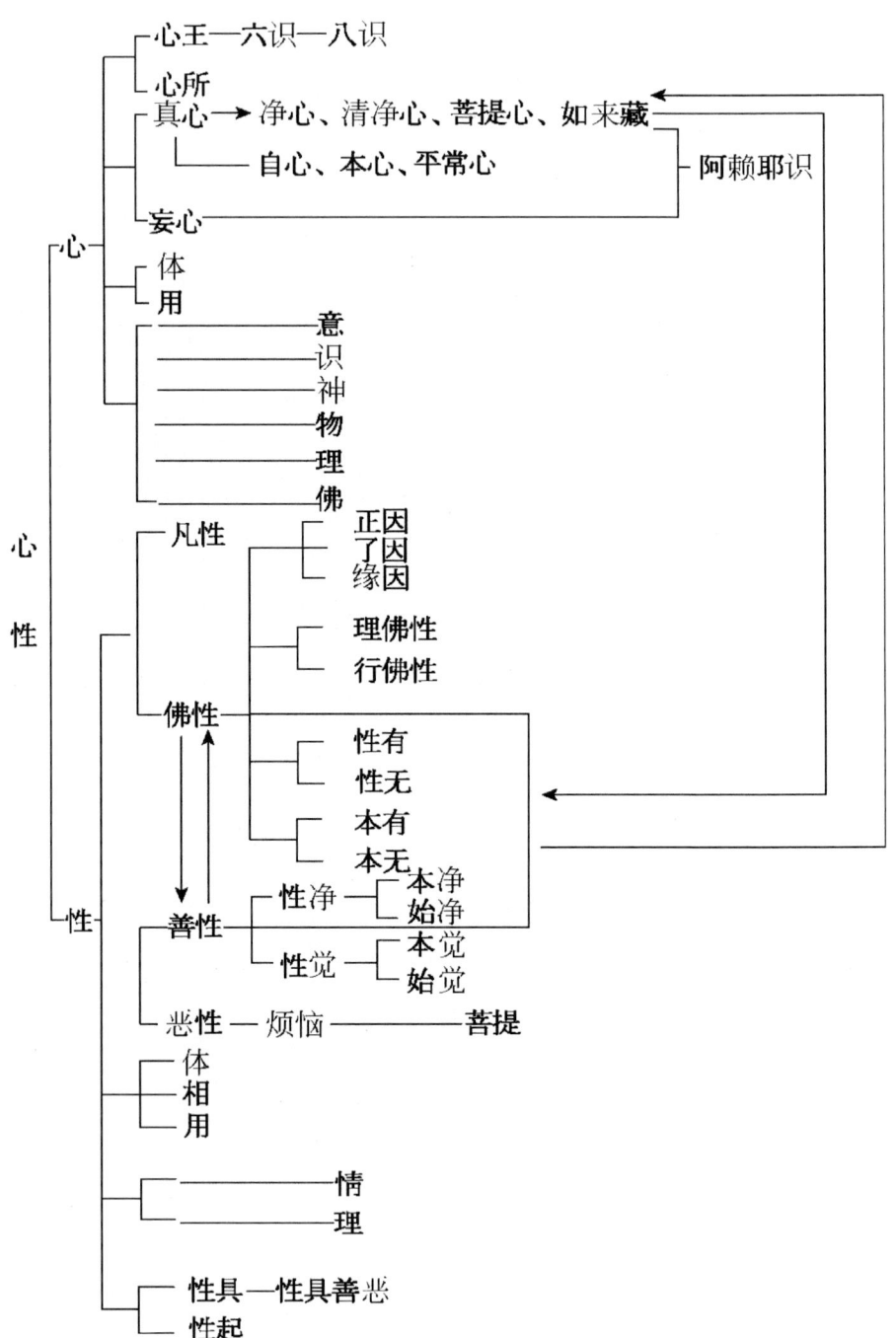

중국불교 심성론 체계의 망에서, 심(心)·성(性)·진심(眞心)·
망심(妄心)·아뢰야식(阿賴耶識)·평상심(平常心)·불성(佛性)·
선(善)·악(惡)·염(染)·정(淨)·각(覺)·정(情)·이(理)는 모두
중요하면서도 기본 범주라고 할 수 있다. 소위 기본 범주라는 것은
철학사상의 체계에서 결정적이고 궁극적인 지위를 지니고 있는 것
이고, 또한 기타 개념, 범주, 명제, 사상의 근거와 지렛대가 되는
것이다. 위에서 말한 범주로써 불교 심성론의 체계 전반에 대해서
파악하는 것은 의심의 여지없이 중요한 의의가 있을 것이다.

이러한 기본 범주와 기타 범주들은 불교 심성론 체계를 구성하
는 요소로서, 중생이 수행하여 득도(得道)하고 해탈을 체득하는 데
있어서 반드시 파악해야 하는 중요한 조건이다. 그래서 모두 독특
한 가치규정과 공능작용, 즉 일반적 철학범주와는 다른 그 자신만
의 특수한 성격을 가지고 있다. 이들 범주들은 아래와 같은 하나의
특성 혹은 다중적인 특성을 가지고 있다.

(1) 도덕성

심성은 인간의 심과 성의 관계를 말하는 것이고, 도덕은 인간의
행위규범에 관한 것이어서 양자는 같지 않다. 그런데 불교의 심성
에 관한 범주는 모두 선명한 도덕주의적 경향을 띠고 있어서 선악
의 노덕관념을 심성 판단의 표준으로 삼아 악을 제거하고 선을 따
르는[去惡從善] 도덕주의 방법을 심성수행의 과정으로 삼고 있다.
불교가 심을 진심(眞心)과 망심(妄心)으로 나눈 기본적 분류에서
말하는 그 진망(眞妄)은 바로 선악이며, 정염(淨染)도 역시 선악을

의미한다. 진망(眞妄) · 염정(染淨) · 선악(善惡)은 모두 가치에 대해 말하는 것이다. 불교는 성선과 성악으로 기본적인 분류를 하고, 이 기초 위에서 약간의 중요한 범주를 파생시켰다. 불성은 사실 성선(性善)을 형상화하고 이상화한 하나의 표현이고 설명이다.

(2) 절대성

불교는 성불이라는 이상적 욕구를 논증하고 실현시키기 위하여 심성의 긍정적인 성분에 절대적이고 영원한 속성을 부여하였다. 중국불교의 주류파는 진심(眞心) · 선성(善性) · 불성(佛性) · 본각(本覺)은 중생이 본래 가지고 있고, 절대 변하지 않으며, 고쳐지지 않는 것이라고 강조함으로써 중생이 모두 성불할 수 있다는 이론에 견실한 초석을 제공하였다.

(3) 상대성

성불이라는 이상적인 욕구를 논증하고 실현하기 위하여, 불교는 다시 심성 중에서 부정적 성분에 상대적이고 가변적인 속성을 부여하였다. 망심(妄心) · 악성(惡性) · 번뇌는 모두 진심 · 선성 · 보리에 대하여 상대적으로 분별하여 말하는 것이므로 변화시키고 해소할 수 있다고 생각하여, 정(正)으로써 부(負)를 극복하고, 선으로써 악을 그치게 하는 방법을 사용하여 극복하려 하였다. 심지어 선종은 단지 번뇌는 본래 공(空)이라는 것만을 체득하고자 하였다. 이는 하나의 번뇌가 일어났을 때 바로 관찰하여 깨닫고, 정견(正見)으로써 그것이 인연으로 생겨났음을 관조(觀照)하여, 그것은 본래 실체가 없고 본래 청정하기 때문에, 번뇌도 보리로 전환할 수 있다고 생각하였다.

(4) 자연성

자연성이란 자연에 순응하여 자유자재하다는 의미이다. 선종에서 말하는 자심(自心)·본심 특히 평상심은 모두 본심과 본성에 순응하여 자연적으로 발로하는 것이라는 의미를 가지고 있으며, 인간 마음이 본래 시작되었던 상태 그대로 자연히 드러난 것이 바로 불성이고 불이라고 여겼다.

중국불교 심성론의 범주체계도 역시 하나의 방대한 구조와 공능 체계를 가지고 있다. 그것의 기본 범주와 기타 범주들 상호 간에는 복잡한 관계가 존재하고 있다. 중요한 것으로는 다음과 같은 것이 있다.

① 논리성

앞에서 언급한 바와 같이, 심성론은 심과 성의 양대 범주를 중심으로 내재적인 것과 외재적인 것의 양 방면으로 각각 전개되었다. 그런 후에 심과 성은 다시 연결되어 전개되고, 파생·추연·추리 등을 통하여 서로 다른 단계의 범주를 논리적으로 전개하면서 심성론의 범주체계를 구성하였다.

② 상호 해석성

심과 성이 존재하고 있는 범주가 때로는 뜻이 다르고 때로는 뜻이 같은 등의 복잡한 정황으로 인하여, 심과 성에서 파생되어 나온 범주 중에서 어떤 것은 내재적 의미에 있어서 상호 해석되고 통용될 수 있는 것도 있었다. 예를 들면, 진심은 청정심·보리심·여래장과 상호 해석되는 관계를 갖추고 있을 뿐만 아니라 불성과도 상호 해석되는 관계를 가지고 있다.

③ 대립성

불교의 종지는 중생이 수행하여 성불하도록 교화하는 데 있다. 중생은 본래 불이 아니기 때문에 불과는 대립되는 양극을 구성하고 있다. 중생은 성불할 수 있기 때문에 또한 불과 양극의 통일을 구성하고도 있다. 이것은 중생 심성의 이중성과 대립성을 결정하는 것, 즉 긍정적인 면[正]과 부정적인 면[負], 위로 향하는 것과 아래로 향하는 것이다. 예컨대, 중생의 심성 중의 진(眞)과 망(妄)·염(染)과 정(淨)·선과 악·자성과 번뇌 등 심성의 대립성이 나타난 것이다.

④ 원융성

위에서 말한 바와 같이, 불교는 중생과 불의 통일성을 긍정한다. 중국불교 특히 선종은 이 통일성을 극치로 이끌어 올려 마음 그대로가 바로 불[卽心卽佛]이라고 주장하였다. 이것은 실질적으로 대립된 범주의 모순을 해소하여 융합하고, 중생의 돈오성불과 현신성불을 위한 심성론의 근거를 제공한 것이다.

제11장 남북조시대의 불교 3대 심성론 사조

남북조시대의 중국불교학자는 성불의 주체문제에 관심을 가지고, 동시에 이에 상응하는 심성론 문제를 불학연구의 우선 대상으로 올리고, 불성론(佛性論)·아뢰야식(阿賴耶識)·진심본각설(眞心本覺說)의 3대 심성론 사조를 형성하였다.

제1절 불성학설의 탐색과 분기(分岐)

인도불교의 『대반열반경』은 불성사상을 천명한 주요 경전 중의 하나이다. 이 경전이 중국에 전래되기 이전인 동진후기에 반야학을 신봉했던 일부 불교학자들은 이미 자발적으로 불성사상을 내놓고 있었다. 혜원(慧遠)의 열반상주 개념은 인도불교의 불성상주 사상과 유사하다.[87] 구마라집(鳩摩羅什)의 제자 승예(僧叡)는 그의 서

---

87) 「석혜원전(釋慧遠傳)」, 『고승전(高僧傳)』 권6, 『大正藏』 50, p.360a 참조.

서 『유의(喩疑)』에서, "장안(長安)에서 직접 구마라집으로부터 '모든 중생이 다 불성을 가지고 있다는 것은 인정하지만, 단지 경문(經文)의 근거를 볼 수 없어서 더 이상의 자세한 서술은 할 수 없다.'고 하는 말을 들은 적이 있었다."고 하였다.[88]

구마라집의 제자 축도생은 천부적으로 자질이 영민하고 이해력이 매우 높았다. 그는 열반불성설(涅槃佛性說)을 중점적으로 다루어 그 시대 불교에 일대 새로운 바람을 일으켰다. 『대반열반경』의 번역 출판과 축도생의 지도에 힘입어 남북조시대에는 무수한 열반사(涅槃師)의 학설이 출현하였다. 이들 열반사의 학설은 한결같이 '불성(佛性)' 이론이 핵심을 이루고 있었으며, 성불의 원인과 근거

---

88) 『유의(喩疑)』에서는 "나집공 시절에는 『대반니원문』이 없었으나, 『법신경』이 이미 있어서 불의 법신이 열반임을 밝혔는데, 오늘날 출간된 것과 일치한다. 만약 나집공이 이것을 들었다면, 부처는 진아를 가지고 있고, 일체의 중생은 모두 불성을 지니고 있으니, 밝은 태양이 흉금을 밝히고, 감로가 그 사지를 적시는 것처럼 의심할 것이 없었을 것이다. 그것을 어떻게 아는가? 질문: '불의 진정한 주인도 허망하거늘 공덕을 아무리 쌓은들 누가 미혹함이 없는 근본이 되겠는가?' 이런 말도 있다. '불이 만약 허망하다면, 누가 참된 자인가? 만약 허망하다면, 공덕을 쌓은 주인은 누구인가?' 그것을 탐색해 보니, 지금 불에게 참된 업이 있고, 중생에게는 진정한 성품이 있다고 말하노니, 비록 경전에서 그에 대한 논증을 보지는 못했으나, 그것을 평가하여 헤아려 보니 괴리되는 것은 없다. 어떤 승려가 묻기를, '이분은 경전보다 먼저 일체의 중생은 앞으로 모두 불이 될 것이라고 이야기하였는데, 여기서 '앞으로(當)'는 무엇을 말하는가?' 답하길, '『법화』는 불지견을 열어, 일체에는 모두 불성이 있다고 하였다. 만약 불성이 있다면, 다시 무엇 때문에 모두 불이 되지는 못하는가? 이 『법화』에서 밝힌 것은 둘도 아니고 셋도 아닌 오로지 불승(佛乘)만 있음을 밝힌 것이지 일체의 중생이 앞으로 모두 불이 된다고 말한 것은 아니다. 모두 불이 되는 것을 내가 아직 볼 수는 없지만 될 수 없는 것이라고도 말할 수 없다.' 만약 이를 듣고 바르게 말한다면 진정으로 그 핵심을 알게 될 것이니, 이를 듣고 알게 되면 반드시 깊이 믿게 될 것이다."[『喩疑』云: "什公時雖未有『大般泥洹文』, 已有『法身經』, 明佛法身而是泥洹, 與今所出, 若合符契. 此公若得聞此, 佛有眞我, 一切衆生, 皆有佛性, 便當應如白日郎其胸襟, 甘露潤其四體, 無所疑也. 何以知之? 每至若問: '佛之眞主亦復虛妄, 積功累德, 誰爲不惑之本?' 或時有言: '佛若虛妄, 誰爲眞者? 若是虛妄, 積功累德, 誰爲其主?' 如其所探, 今言佛有眞業, 衆生有眞性, 雖未見其經證, 明評量意, 便爲不乖. 而亦曾問: '此土先有經言, 一切衆生皆當作佛, 此當云何?' 答言: '『法華』開佛知見, 一切亦可皆有爲佛性. 若有佛性, 復何爲不得皆作佛耶? 但此『法華』所明, 明其唯有佛乘, 無二無三, 不明一切衆生皆當作佛. 皆當作佛, 我未見之, 亦不抑言無也.' 若得聞此正言, 眞是會其心府, 故知聞之必深信受."](『출삼장기집(出三藏記集)』, p.236, 북경, 중화서국, 1995년)

에 대해 광범위하고 깊게 탐구하고 토론하였기 때문에 불성이론은 엄청난 발전을 하게 되었다. 불성에 관한 탐구와 토론은 다음과 같은 세 가지 문제를 중심으로 진행되었다. (1) 불성의 의미는 무엇인가? (2) 중생은 모두 불성을 지니고 있는가? (3) 불성은 태어날 때부터 본래 갖추고 있는 것인가, 아니면 후천적으로 가지게 되는 것인가? 이제 이러한 점들에 대한 탐구와 토론을 간략하게 설명하겠다.

1. 불성의 의미

수대(隋代)의 길장(吉藏)은 『대승현론(大乘玄論)』 권3에서 수나라 이전에 열한 개의 학파가 불성에 대해 언급했다고 하였다. 또 길장의 동문이었던 혜균(慧均)은 『대승사론현의(大乘四論玄義)』 권7에서 근본설(根本說)의 삼가(三家)와 지말설(枝末說)의 십가(十家)를 합쳐 모두 십삼가(十三家)가 불성을 논하였다고 한다.[89] 이 이외에 삼가설(三家說)·육사설(六師說) 등이 있다. 이러한 견해들은 비록 다소 차이는 있어도 대부분 비슷하다. 여기서는 길장의 귀납적 견해를 중심으로[90] 각각의 설을 살펴보겠다.

(1) 중생을 정인(正因) 불성으로 삼는다. '정인'은 결정적인 작용을 하는 원인[主因]을 말한다. 『대반열반경』에 의하면 일체의 중생은 모두 불성을 가지고 있다고 하기 때문에, 중생이 정인불성이라

---

89) 『속장경(續藏經)』 제1집·제74소·제1책, pp.46-47.
90) 길장이 진술한 것, 『大正藏』 45, p.35bc.

고 하는 것이다. 길장이 말하는 불성은 모두 정인불성을 가리킨다. 정인(正因)에 상대되는 것은 연인(緣因)이며. 연인(緣因)은 두 번째로 중요한 원인으로서 밖에 있는 조건, 즉 보조적인 원인에 해당된다.『열반경』은 중생의 보시 · 지계 등의 모든 수행이 연인(緣因)이라고 생각하였다.

(2) 육법을 불성으로 삼는다. 육법은 색(色) · 수(受) · 상(想) · 행(行) · 식(識)의 오음(五陰, 實)과 그것으로 구성된 가명의 사람(假)이다. 실제적으로 육법은 중생 중에서도 사람을 말한다. 육법을 불성으로 삼는다는 것은 곧 사람을 불성으로 삼는다는 뜻이기도 하다.

(3) 심(心, 識)을 불성으로 삼는다.『열반경』은 '심식(心識)'은 나무나 돌(木石)과 같은 무정의 물체와는 다르며, 심(心, 識)이 있는 것은 반드시 무상보리를 얻을 수 있다고 생각하였다. 그러므로 심(心, 識)이 곧 불성인 것이다. 중생은 정식(情識)이 없는 목석과는 달리 심(心, 識)이 있으며, 중생의 정신 실체와 그 작용이 성불의 주된 원인이 된다.

(4) 명전불후(冥傳不朽)를 불성으로 삼는다. '명전불후(冥傳不朽)'는 '식신(識神)'을 가리켜 하는 말이다. 식신은 중생의 불멸의 정신과 영혼이다. 식신은 윤회의 주체로서 소멸되지 않는다. 이러한 불멸의 식신도 성불의 정인(正因)이며 불성이다.

(5) 피고구락(避苦求樂)을 불성으로 삼는다. 이는 심(心, 識)이 불성이라는 사상에서 나왔다. 심은 괴로움에서 벗어나 즐거움을 추구하려는 본성과 작용을 가지고 있다. 심은 윤회를 계속하는 도중에 끊임없이 억압과 고통을 만들기도 하고 열반을 즐겨 추구하는 작용을 하기도 한다. 이렇게 열반을 추구하는 것이 바로 불성이다.

(6) 진신(眞神)을 불성으로 삼는다. 진신은 식신(識神)의 본체를 가리켜 하는 말이다. 진신은 성불의 기초가 된다.

(7) 아뢰야식의 자성청정심(自性淸淨心)을 불성으로 삼는다. 자성청정심은 여래장과 같다. 이 설은 중생이 세간에서 벗어나 해탈하고 열반을 증득하고자 한다면 반드시 아뢰야식의 자성청정심에 의지해야 한다고 생각한다. 그러므로 자성청정심이 바로 불성이다.

(8) 미래의 과보[當果]를 불성으로 삼는다. 당(當)은 미래에 올 것[當來], 있어야 할 것[當有]이라는 의미를 지니고 있다. 당과(當果)는 앞으로 있을 불과(佛果)라는 의미이다. 이것은 중생이 미래에 성불할 수 있다는 각도에서 불성을 말하는 것이다.

(9) 불을 증득하는 이치[得佛之理]를 불성으로 삼는다. 이는 일체의 중생은 본래 불을 증득할 수 있는 이치를 지니고 있다고 생각한 것으로서, 이것이 불성이다.

(10) 진여(眞如)를 불성으로 삼는다. 진여는 바로 진여불리(眞如佛理)이기도 하며, 이는 중생이 구유하고 있는 본성청정의 이체(理體)를 말한다.

(11) 제일의공(第一義空)을 불성으로 삼는다. 제일의(弟一義)는 세속적인 상식에 대하여 상대적으로 말하는 것이므로 가장 탁월한 의리(義理)를 의미한다. 제일의공은 사물의 실상 내지 궁극적 열반을 공으로 삼는다. 이는 북지(北地)의 마차연사(摩訶衍師)의 주장이다.

길장은 또 위에서 설명한 11가를 세 종류로 분류하였다. (1), (2) 양가는 중생 혹은 인간을 불성으로 삼는다 (3)에서 (7)가는 심식(心識)을 불성으로 삼는다. (8)에서 (11)가는 이(理)를 불성으로 삼고 있다. 이 세 종류의 불성설의 입론(立論) 시각은 현저히 다르다.

첫 번째 종류는 정식(情識)이 없는 목석으로 구별하는 것 이외에 불성을 직접적인 성불의 주체로 삼고 있어서 내용에 큰 차이가 없다. 그러나 중생 혹은 인간을 불성으로 삼는 관점은 중국의 불교학자가 인간의 주체적 지위를 고양한 전통문화의 입장을 반영한 것으로서 이후의 불교사상 발전에 중대한 영향을 끼쳤다.

두 번째 종류와 세 번째 종류는 각각 주관(心)과 객관(理, 즉 외경의 측면)의 측면에서 이론을 세운 것으로서 중국불교학자가 불성문제에 대하여 탐구하고 토론하는 데 있어서 의견이 갈라지고 곤혹스러워 했음을 반영한 것이다. 불성은 결국 중생을 가리키는 것인가, 아니면 심체(心體)나 이(理)를 가리키는 것인가, 이 세 종류의 견해는 실제로 큰 차이가 있다. 이러한 견해들은 훗날 중국불교 종파의 여러 분야에 직접적인 영향을 가져왔다.

주의해야 할 점은 후자의 두 종류 견해가 표명한 중국불교학자의 창조성과 그 창조성은 중국 고유의 사상문화와 밀접한 관련이 있다는 것이다. 불성의 의미에 대한 축도생과 양 무제 소연(蕭衍)의 견해를 대표로 하여 이를 분류할 수 있다.

축도생은 중국불교사에서 가장 먼저 불성론을 선양한 학자이다. 그는 중국의 전통적인 천인합일(天人合一)의 사유방식과 위·진시대 현학(玄學)의 체용(體用) 관념의 영향 아래서 불교의 반야실상 본체론과 열반불성 심성론을 결합하여, 실상의 본체가 불신이고 중생이 실상으로 돌아가는 것을 체증하는 것이 곧 불이라고 강조하였다. 그리고 실상의 본체는 중생의 심성[心性, 本性]에 존재하는데 이것이 바로 불성이며, 중생이 실상에 부합되고 불과를 성취하는 내재적 근거가 된다고 생각하였다. 도생이 말하는 불성의 주요 함의에는 세 가지가 있다.

첫째는 선성(善性)·본성(本性)이다. 그는 "선성이라는 것은 이(理)와 오묘하게 계합하는 것을 선이라 하고, 근본으로 돌아가는 것을 성(性)이라고 한다."[91]고 하였다. 이 말은 이와 오묘하게 계합하고 근본으로 돌아가는 것[理妙反本]이 바로 선성이라는 것이다. 이러한 선성은 일반적으로 말하는 선과는 다르며, 모든 사물의 실상을 비추어 철저하게 아는[了知照見, 신비로운 직각] 일종의 지혜이다. 이러한 선성이 바로 본성이며 이는 본래 갖추고 있는 것이다.

둘째는 이(理)이다. '이(理)'는 사물의 실상에 부합되는 진리를 말하며, 또한 상주하여 불멸하는 법신의 본체이기도 하다. 도생은 "이(理)를 따르기 때문에 불과가 이루어지니, 이(理)는 불의 인이다."[92]라고 하였다. 불의 인이 바로 불성이라는 것이다.

셋째는 법·자연이다. 도생은 "무릇 법을 체득한다는 것은 자연에 부합하는 것이다. 일체 제불도 그렇지 않은 분은 없다. 그래서 법이 불성이 되는 것이다."[93]라고 하였다. 법은 사물을 의미한다. 일체 사물의 진실한 본래 모습을 깨달아 무생무멸(無生無滅)의 자연상태에 계합하는 것, 그것이 바로 불(佛)이다. 따라서 법이 불성이고, 자연이 불성인 것이다.

소위 성불이란 자아와 만물을 동등하게 여겨 차별을 망각하고, 만유(萬有)는 공과 더불어 끝이 없어서 티끌만 한 분별도 없는 경

---

91) 『대반열반경집해(大般涅槃經集解)』 권51, 『大正藏』 37, p.531c, "善性者, 理妙爲善, 反本爲性也."

92) 『대반열반경집해(大般涅槃經集解)』 권54, 『大正藏』 37, p.547c, "從理故成佛果, 理爲佛因也."

93) 『대반열반경집해(大般涅槃經集解)』 권54, 『大正藏』, p.549ab, "大體法者, 冥合自然. 一切諸佛, 莫不體然, 所以法爲佛性也."

계에 도달하는 것이다. 축도생은 "대승의 깨달음이란 본래 가까이는 삶과 죽음을 버리지도 않고 멀리는 다시 그것을 구하지도 않는 것이다."94)라고 하였다. "법을 체득하는 것이 불이며, 법을 떠나서 불은 있을 수 없다."95) 이 말은 진리는 깊고 고요하여 변하지 않고, 중생이 진리를 깨닫고자 하면, 인간 마음의 참된 본성은 자연 그대로 걸림이 없으므로 이와 같이 생사(生死) 가운데 있어도 바로 깨달아 성불할 수 있다는 뜻이다. 그러므로 열반과 생사는 둘이 아니고, 양자의 이치는 결코 다르지 않으며, 불은 정토(淨土)에 있지 않고 중생이 바로 불이라는 것이다. 따라서 이것은 중생의 주관적이고 이상적인 정신세계를 위하여 객관적으로 열반을 파악하여 정립하고, 피안의 세계에 대하여 추구하는 것을 배제한 것이다.

위에서 살펴본 것처럼 축도생이 말하는 불성은 '주(主)'와 '객(客)'이 상호 결합하는 각도에서 정의한 것으로서 불성은 우주만물의 실상이고 본체일 뿐 아니라 그 실상과 본체를 깨달아 증득하는 중생의 선성(善性)이 바로 혜해(慧解)이다. 중국사상사에 있어서 축도생의 불성론은 반야학의 '공(空)'으로써 열반학의 '유(有)'를 회의하는 관점을 부정하면서도 불성상주와 영혼불멸을 서로 혼동하는 관점도 부정하고 있다.

특히 중요한 것은 축도생의 불성론은 반야의 실상 본체와 상호 결합하고 있을 뿐 아니라 또한 중국 고유철학의 본체관념을 수용하고, 심성론과 본체론을 상호 결합하여 중국의 전통 철학사상의

---

94) 『주유마힐경(注維摩詰經)』 권7, 『大正藏』 38, p.392a, "大乘之悟, 本不近捨生死遠更求之也."

95) 『주유마힐경(注維摩詰經)』 권7, 『大正藏』 38, p.398a, "以體法爲佛, 不可離法有佛也."

틀 속에 넣어 심성론에서 불성론을 향한 사상적 통로를 열었고, 또한 불교의 심성론과 불성론이 중국철학의 토양에 뿌리내리게 함으로써 거대한 영향을 발생시킨 것이다.

길장이 열기한 11가의 불성론 중에서 가장 중국 민족적인 특색을 지닌 것은 (6)가 즉 양무제가 주창한 진신불성설(眞神佛性說)이다. 양무제는 「입신명성불의기(立身明成佛義記)」(『홍명집(弘明集)』권9에 보임) 등의 문장을 지었으며, 이 설에 대해 집중적으로 설명하고 있다. 이른바 진신(眞神)이란 신명(神明)이라고도 하며, 목석과는 다른 중생의 본성 곧 정신을 말한다. 양무제는 현학적인 체용(體用)관념을 운용하여 정신을 해석하고 있는데, 정신은 성(性)과 용(用)의 두 방면을 지니고 있으며, 신(神)의 작용은 흥함과 폐함이 있으나, 신의 본성은 언제나 불멸한다고 생각하였다. 이 불멸하는 신의 본성이 불성이며 성불의 주인(主因)과 주체가 된다.

사실 양무제가 말하는 불성이란 소멸되지 아니하는 영혼을 의미한다. 따라서 양무제는 중국 고유의 영혼관념을 활용하여 불교의 성불학설을 해석하고, 중국의 신불멸론 관념을 성불학설의 사유 테두리 속에 넣어 대승불교의 불성론과 융합함으로써 인도 초기불교의 면목을 심각하게 변화시켰다. 양무제가 말하는 신(神)은 중생의 응보윤회의 주체일 뿐만 아니라 윤회를 초월한 성불의 주체이다. 이는 곧 불멸의 신을 활용하여 중생 내세의 두 가지 다른 추세를 파악한 것으로서 통일되고 주체적인 설명으로 돌아간 것이다. 그러므로 이것은 중국불교의 중생 주체 전화설(轉化說)에 비교적 선명하고 주밀한 이론적 해설을 제공하였을 뿐 아니라 중국불교의 중요한 이론적 지주가 되었다고 해야 마땅할 것이다.

2. 불성의 유무

　불성은 중생들이 보편적으로 갖추고 있는 것인가? 아니면 일부분의 중생만 갖추고 있는 것인가? 이는 불교사에 있어서 성유(性有) 또는 성무(性無)의 문제로 귀결된 문제이기도 하고 불성의 보편성 문제이기도 하다. 불교 내부에서도 이 문제로 매우 오랫동안 논쟁을 하였다. 축도생의 시대의 법현(法顯, ?-약 422)은 6권본『대반니원경(大般泥洹經)』을 번역하였다. 경에서는 '일천제(一闡提)'는 신심(信心)이 없고, 선근(善根)을 단절하였으며, 불성이 없는 사람이어서 성불을 할 수 없다고 하였다. 이러한 관점은 당시 불교계에서는 상식이었다. 축도생은 '뜻을 얻으면 상을 버리고 말을 잊는다[得意忘象忘言].'는 사상적 방법에 근거하여 당시의 불교 교조주의자들을 비평하고, 문구에 구속되지 않고 가장 먼저 과감하게 '일천제'인에게도 불성이 있고 성불할 수 있다는 관점을 제시하였다. 축도생의 이런 독특한 관점은 여러 견해를 거스르는 것이어서 당시의 많은 승려들로부터 힐난을 받았으며, 그가 거주하던 사찰로부터 축출되는 처분을 받아야 했다. 나중에 담무참(曇無讖)이 번역한 대본(大本) 40권『대반열반경』에서는 '일천제'에게도 불성이 있으며 성불할 수 있다고 하였다. 축도생의 주장은 다시 많은 승려들로부터 널리 찬양을 받기에 이르렀다.

　축도생이 제시한 '일천제'에게도 불성이 있다는 것은 일체의 중생은 한 사람도 빠짐없이 불성을 갖추고 있다는 관점으로서 그의 불성 이론의 철저한 표현이다. 그는 반야실상학과 열반불성학에 대한 깊은 연구에 근거하여 독창적으로 '불성아(佛性我)'의 관점을 제시하였다. 이는 일체의 중생은 모두 '불성'이라는 실재하는 자체(自體)를 가지고 있다는 것을 강조한 것이다. 주목할 만한 것은 그가 중국 고유의 문화관념을 잘 활용하여 자신의 관점을 논증하고 지탱하고 있다는 것이다. 일본 사문종(沙門宗)의 법사들이 편찬한 『일승불성혜일초(一乘佛性慧日抄)』에 인용된 『명승전(名僧傳)』에 다음과 같이 나타나 있다.

> 생(축도생)이 말하기를, "음양의 2기를 받은 중생은 모두 열반정인이다. 삼계에 태어난 것은 모두 미혹한 업의 과보이다. 일천제도 생명을 가지고 있는 종류인데 어찌 이들만 불성이 없겠는가? 이 경은 제도를 다하지 못할 따름이다."[96]

'이의(二儀)'는 음양을 말하며 '품기이의자(稟氣二儀者)'는 중생을 가리킨다. 여기서 말하는 '이 경'은 6권 『대반니원경(大般泥洹經)』이다. 축도생은 중국의 품기론을 수용하여 불성론과 '일천제'도 불성을 갖추고 있다는 관점을 지지하고, 공개적으로 『대반니원경』 이론의 철저하지 못함을 비판하였다. 이것은 중국과 인도 두 나라의 이질적인 사상과 문화가 마찰하거나 합류하는 점을 반영한 것이다. 축도생은 생명을 지니고 있는 종류 즉 '음양을 품고 있는 모든 중생[稟氣二儀]'은 다 불성을 지니고 있으며, 모두 이상적인 인격을 성취할 근서를 갖추고 있다고 보았다. "일천제는 신근을 갖추지 못하고 비록 선근은 단절하였더라도 오히려 불성의 일은 있다."[97] 이는

---

96) 『大正藏』70, p.173c, "生日: 稟氣二儀者, 皆是涅槃正因. 三界受生, 蓋有惑果. 闡提是含生之類, 何得偏無佛性? 蓋此經度未盡耳."

97) 「명승전초(名僧傳抄)」, 『명승전설처(名僧傳說處)』 부록, 『속장경(續藏經)』 제1집·제2편을(乙)·제7조·제1책, p.15, "一闡提者, 不具信根, 雖斷善猶有佛性事."

설령 선근과 선행을 단절한 사람일지라도 그에게는 성불의 심층적인 근거가 존재하므로 수행하여 성불할 수 있다고 본 것이다. "일체중생은 불(佛) 아닌 것이 없으며, 또한 모두가 열반이다."98)

축도생은 중국 고유문화에 대한 깊고 넓은 소양에 바탕을 두고 인도 불교문화에 대해 독특한 이해를 하고 있었다. 그가 '일천제'도 불성을 가지고 있다는 관점, 즉 일체의 중생은 모두 불성을 갖추고 있다는 관점을 제시한 것은 중국불교철학사에 있어서 중대한 이론적 의의가 있다. 그것은 인간의 본성은 동일한 것인가 아닌가와 관계있으며, 또 악한 사람도 성불로 전화(轉化)할 수 있는가 없는가 하는 것과도 관계있는 문제이다. 이 점에 대하여 축도생은 사람마다 모두 동일한 불성을 갖추고 있으며, 악한 사람도 똑같이 성불할 수 있다고 강조함으로써 긍정적인 설명을 하였다. 이러한 관점은 불교의 발전수요와 근본적인 이익에도 부합되었을 뿐 아니라 세속 사회의 각기 다른 사람들의 심리적 수요와 종교적 희망과도 부합되었다. 축도생이 말하는 불성이야말로 외국에서 들어온 불교가 중국에서 심성론을 중심으로 새로운 경로로 나아가는 것을 촉진시켰으며, 이후의 불교 심성론 발전사에 있어서 시종 주도적 지위를 차지하면서 가장 큰 영향력을 발휘한 불교 주류(主流)의 기본적 관점이 되었다.

---

98) 『묘법연화경소(妙法蓮華經疏)』, 『속장경(續藏經)』 제1집 · 제2편을(乙) · 제23조 · 제4책, p.408, "一切衆生, 莫不是佛, 亦皆泥洹."

3. 불성의 본유(本有)와 시유(始有)

대본 『대반열반경』이 전래된 이후로 불교계에는 "일체의 중생은 모두 불성을 가지고 있다[一切衆生悉有佛性]."는 사상이 보편화되어 있었다. 그 후에는 다시 불성의 본유(本有)와 시유(始有) 논쟁이 출현하였다. 본유(本有)는 중생은 태어날 때부터 본래 불성을 지니고 있다는 것이다. 시유(始有)는 중생이 수행을 하면 당연히 불성을 가지게 된다는 것으로서 원인이 있으면 당연히 결과가 있다는 의미의 '당연한 결과[當果]'라고도 한다. 이러한 불성형성에 관한 논쟁은 불성의 정의를 설명하고, 선후의 시간적 한계와 이로 인해 발생하는 수행방법과 과정 등의 문제에까지 이르러 매우 중요한 문제로 인식되었다. 논쟁은 수백 년에 걸쳐 지속되어 당나라 대에 이르러서도 여전히 정해진 설이 없었다. 현장(玄奘)이 법을 구하러 서쪽의 인도로 간 중요한 동기 중의 하나도 바로 이 어려운 문제의 해답을 찾기 위한 것이었다.

불성의 본유와 시유에 관한 대립은 축도생의 『불성당유론(佛性當有論)』과도 직접 관련이 있다. 일부 학자는 이 『불성당유론』을 확대하여 인유당과(因有當果)의 학설을 세우기도 하였다. 이 학설은 인(因)으로 말미암아 장래에 성불할 가능성이 있다고 추정하는 당과불성을 주장하였다. 불성은 본래 있는 것인가, 아니면 비로소 있게 되는 것인가에 대한 직접적인 언급은 없다. 후에 사람들은 당과불성설(當果佛性說)에 근거하여 불성시유(佛性始有)의 의미를 세우기도 하였고, 또 축도생의 주장을 시유설로 귀결시켰다. 축도생의 『불성당유론』은 이미 산실(散失)되고 없기 때문에 여기서 말하는 '당유' 두 글자는 도대체 어떻게 해석해야 할지 이 역시 변별하기 어렵다. 축도생은 불성이 선성(善性)·이(理)·법(法)·자연 등의 범주와 동일하다고 파악하여, 불성은 항상 존재하여 멸하지 않고, '일천제'인 사람이 비록 선근을 단절하였더라도 여전히 불성은 지니고 있다고 본 것에 근거하여 축도생은 불성본유론자라고 말해야 마땅할 것이다. 축도생의 사상체계와 연계하여 다시 분석해 보면, '당유'는 아마 일부분의 사람들은 불성을 가지고 있지 않다는 관점에 대하여, 일체의 중생은 모두 당연히 불성을 가지고 있으며, 반드시 모두 성불할 수 있다는 것으로서, 결코 불과를 성취하는 시간을 말하는 시유(始有)가 아니다.

남북조시기에 본유설 혹은 시유설을 지지한 불교의 대표 인물은 사서(史書)에 기재된 사람만 해도 한둘이 아니다. 여기서 우리는 두 가지 학설의 기본적 함의와 중요한 차이에 대해서만 중점적으로 논술하고자 한다. 본유설의 입론(立論) 중에는 중요한 것이 세 가지가 있다. 첫째는 생사 가운데에 진신의 본성[眞身之性]은 본래 있는 것이다. 둘째는 중생은 성불의 이치를 본래 갖추고 있다. 셋째는 중생이 구유하고 있는 본성이다. 이 셋은 모두 실체(實體) 혹은 본체(本體)라는 의의를 가지고 있으며, 그 특징은 천연적인 것으로 조작된 것이 아니며, 상주하여 끊임이 없다는 것이다. 불전(佛典)에서는 항상 빈여보장(貧女寶藏)과 설산향약(雪山香藥) 등에 비유하고 있는데, 가난한 여성의 집에 황금보물이 감추어져 있고, 설산에 향기로운 약초가 있다는 비유이다. 이것은 단지 그것을 발견했느냐 하지 못했느냐의 차이일 뿐 중생은 본래 불성을 가지고 있다는 것이다.

시유설의 중요한 입론은 당과설(當果說)이며, 이는 불과를 성취한 각도에서 불성을 말한 것이다. 구체적으로 보면 첫째 중생은 본래 온갖 것에 염오되어 있어서 청정하지 못하며, 청정한 불성을 갖추게 되는 것은 나중의 일로서 그때 비로소 갖추어 가지게 된다는 것이다. 둘째는 위의 것과 한 가지 점에 있어서 서로 밀접한 관계가 있다. 중생은 궁극적으로 아직 불이 아니며 불과를 성취한 것도 아니고 단지 미래에 불과를 얻게 되어 있는 것을 일컬어 불성이 있다고 말하는 것이므로 중생의 불성은 '시유'라는 것이다. '시유론'을 견지하는 논자들은 항상 "암말을 팔 때 장차 낳을 망아지의 가격은 따지지 않는다[賣騍値, 不索駒値]."와 참깨는 기름이 아니라는 것 등의 비유로 인(因)은 과(果)와 다르므로 불성은 시유하는 것이라고 설명한다.

본유(本有)와 시유(始有)의 양설은 불성 범주의 내적 함의에 대한 정의에 있어서는 실질적인 차이는 없다. 다른 점이 있다면 그것은 양자의 불성에 대한 입론의 각도라고 할 수 있다. 본유론은 중생의 성불을 내인(內因)의 각도에 중점을 두고 입론하여 중생은 모두 정인불성(正因佛性)을 갖추고 있다고 강조하였다.

그러나 시유론은 중생의 성불을 정과(正果)의 각도에 중점을 두고 입론하여 중생은 오로지 성불의 과위에 도달했을 때 비로소 불성이 갖추어진다고 강조하였다. 본유와 시유 양설의 대립은 또 중생의 본체와 본성에 대한 관점의 차이와도 관계가 있다. 대체로 성식(淨識)을 중생의 본체로 주장하는 자들은 대부분 본유설을 지지하였고, 염정합식(染淨合識)을 본체로 본 자들은 대부분 시유설을 견지하였다. 본유론과 시유론의 대립은 불성과 중생의 관계에 대하

여 다른 견해를 표출한 것일 뿐만 아니라 수행실천의 방식에도 중
대한 차이를 야기하였다.

　불성은 본유의 것인가 아니면 시유의 것인가? 대승경전에 전해
내려오는 견해는 일치하지 않으며 심지어 동일한 『열반경』에서조차
설법에 많은 차이가 있다. 남북조시기에 일부 불교학자는 두 설법
간의 모순을 봉합하기 위하여 분석의 각도를 전환하고 조화의 수
단을 운용하여 양자를 통일시켰다. 성실론사(成實論師)들이 "본유
가 당연하다."고 설법하고, 중생은 반드시 성불할 수 있다는 이치
를 말하면서 불성은 본유(本有)라고 하고, 성불은 미래에 올 것이
지만 현재 오는 것은 아니므로 불성은 시유(始有)라고 한 것을 그
예로 들 수 있다. 지론사(地論師)들은 내부적으로 아뢰야식(阿賴耶
識)에 대한 관점이 일치하지 않아서 불성의 본유와 시유에 대해서
도 견해가 나누어졌다. 나중에 어떤 지론사 학자들은 불성을 이성
(理性)과 행성(行性)으로 나누기도 하였다. '이(理)'는 묘리(妙理)
와 본체를 가리킨다. '행(行)'은 수행과 실천을 말한다. 이불성(理
佛性)이 조작된 것이 아니고 본유의 것이라면, 행불성(行佛性)은
수행에 의하여 이루어진 시유라고 여겨졌다. 이상의 것은 모두 불
성은 본유이고 또 시유이며, 또한 본유이면서도 시유라는 조화로운
견해이다.

　불성의 본유·시유 논쟁을 철학적인 면에서 사유하고 고찰하면,
실질적으로 중요한 것은 인성·인간의 본성·인간의 선성은 선천
적으로 갖추고 있는 것인가 아니면 후천적으로 갖추게 되는 것인
가 하는 문제에 대한 것이다. 이 역시 사상계에서 오랫동안 끊임없
이 논쟁해 온 커다란 난제이다. 착안의 각도가 다르고 대상이 다르

기 때문에 인류 문명사에서 장시간에 걸쳐 이 문제에 대해 탐구하고 토론을 진행해 왔지만 여러 가지 다른 학설이 분분하기만 하다. 불교의 이러한 인성문제에 관한 논쟁은 바로 이 문제에 대한 사상계 논쟁의 중요한 부분을 구성하고 있다.

제2절 아뢰야식⁹⁹⁾에 대한 다른 견해와 쟁론

남북조시대에 대승유가행파의 전적들이 많이 번역되어 나왔다. 그중 진제(眞諦)가 번역한 무착(無著)의 『섭대승론(攝大乘論)』과 세친(世親)의 『논석(論釋)』이 불교학에 가장 큰 영향력을 발휘하였다. 『섭대승론』은 고대 인도의 『대승아비달마경(大乘阿毘達磨經)』 「섭대승품(攝大乘品)」의 해석에서 도움을 얻어 유가행파의 관점을 설명하고, 아뢰야식이 만물로 변화하여 나타날 수 있다는 사상 즉 일체 만유는 모두가 아뢰야식에서 연기한다는 사상을 선양하였다. 또 보리류지(菩提流支) 등이 번역한 『십지경론(十地經論)』은 세친의 『화엄경』 「십지품(十地品)」을 주석한 것이다. 이를 번역 출간한 후의 영향도 매우 깊고 광범위하였다. 이 품(品)에서는 "삼계는 허망하다. 단지 한 마음이 만든 것일 뿐이다."¹⁰⁰⁾라고 주장하고 있다. 여기서 심(心)은 안(眼)·이(耳)·비(鼻)·설(舌)·신(身)·의(意)

---

99) 남북조시기의 번역문에서는 "阿梨(黎)耶識"을 많이 사용하였으나 인용문을 제외하고는 "阿賴耶識"으로 통일하여 사용한다.

100) 「십지품(十地品)」 『대방광불화엄경(大方廣佛華嚴經)』 『大正藏』 9, p.558c, "三界虛妄, 但是一心作."

의 육식(六識)을 가리키며, 세친(世親)은 '심'을 인간의 근본의식 즉 아뢰야식으로 해석하였다. 그는 제팔(第八) 아뢰야식이 중생이 해탈을 얻는 관건이 되는 조건이며, 기타 식(識)이 아닌 아뢰야식 처(處)에서 해탈을 구하여야 한다고 강조하였다. 아뢰야식은 유가 행파의 근본관념과 기본 범주로서 중국학자들 중에서도 특히 지론 사와 섭론사들이 중시하였다. 아울러 아뢰야식은 구경 청정의 진식 (眞識)인가, 아니면 염오된 망식(妄識)인가에 대한 논쟁이 전개되 었다. 이 논쟁은 불성문제의 탐구와 토론과도 밀접한 관계가 있는 것으로서 불교 사상계에서 중대한 논쟁거리가 되었다.

1. 아뢰야식의 진망 구별

길장(吉藏)은 지론사와 섭론사의 심식론(心識論)에 대해 다음과 같이 평하였다.

> 또 옛 지론사들은 칠식은 허망하고 팔식이 진실하다고 여겼다. 섭대
> 승사(즉 섭론사)는 팔식은 허망하고 구식이 진실하다고 하였다. 또
> 팔식에는 두 가지의 의미가 있으니, 하나는 망이요 둘은 진이라고도
> 하였다. 해탈본성의 이치가 있는 것은 진이요, 과보식이 있는 것은
> 망(妄)의 용이라는 것이다. 『기신론』은 생멸과 생멸이 없는 것이 합
> 쳐진 것이 아뢰야식의 본체라고 하였다. 『능가경』에도 두 문장이 있
> 다. 하나는 아뢰야식이 여래장이라고 하고, 또 하나는 여래장이 아뢰
> 야식이 아니라고 한다.101)

---

101) 『중관론소(中觀論疏)』 권7, 『大正藏』 42, p.104c, "又舊地論師以七識爲虛妄, 八識 爲眞實. 攝大乘師以八識爲妄, 九識爲眞實. 又云: 八識有二義: 一妄, 二眞. 有解性 義是眞, 有果報識是妄用. 『起信論』生滅無生滅合作梨耶體. 『楞伽經』亦有二文: 一

이 글의 뜻은 지론사들이 세친의 『십지경론』을 주요 근거로 하여, 아뢰야식은 진실하고 변함없는 청정한 식으로서 불성이나 여래장과 같다고 여겼다는 것이다. 아뢰야식은 번뇌에 염오되지 않으며 상주하며 불변하는 정신의 본체이나 전(前)7식은 허망하고 생멸하며 변화한다는 것이다. 아뢰야식이 발생시키는 전7식의 문제를 설명하기 위하여, 지론사는 다시 아뢰야식은 진(眞)과 망(妄)이 화합된 하나의 심체라고 하였다. 즉 청정하고 진실한 아뢰야식이 염오되고 허망한 무명과 번뇌에 뒤덮여 있다는 것이다. 그중에 청정하고 진실한 본성은 전7식과 만법을 발생시키는 근거가 되며, 무명과 번뇌는 단지 보조적인 조건일 뿐이다.

훗날 지론사들은 내부에서 다시 두 가지 관점이 출현하여 두 파로 분열되었다. 한 파는 아뢰야식의 진식 본질부분(진여, 법성)이 전7식과 만법을 생겨나게 한다고 주장하였는데, 역사에서는 이들을 남도지론사(南道地論師)라고 부른다. 또 한 파는 진망(眞妄)이 화합된 아뢰야식 전체가 전7식과 만법이 생겨나게 한다고 주장하였는데, 역사에서는 이들을 북도지론사(北道地論師)라고 한다. 섭론사의 관점은 아뢰야식을 망(妄)이라고 하고, 팔식(八識) 이외에 별도로 제9아마라식(阿摩羅識)을 건립하여 이를 진(眞)이라고 하고, 여래장이라 칭하였다. 지론사는 진여를 사물현상의 생성 원인으로 삼고 아뢰야식을 중생의 생멸 근기로 삼았다.

섭론사는 제구식(第九識)을 모든 사물과 현상의 본원으로 삼았으며, 제팔식(第八識)을 모든 번뇌의 근거로 보았다. 이것은 아뢰야식 문제에 있어서 유식학설(唯識學說) 두 파의 주장에 중요한

阿梨耶是如來藏, 云如來藏非阿梨耶."

차이가 나는 것과 동일하다.

섭론사가 세운 제9아마라식(阿摩羅識)은 무구식(無垢識) 혹은 정식(淨識)으로서 진여불성이다. 제구식(第九識)은 아뢰야식 중에서 순수하게 청정한 식(識)만을 분리하여 뽑아내 세운 것이다. 제9식은 진여와 진여를 관찰할 수 있는 바른 지혜[正智]가 결합된 것이다. 섭론사는 만약 중생이 아뢰야식 중의 순수하고 청정한 식(識)을 끊임없이 발전시킬 수 있다면, 아뢰야식 중의 망염식(妄染識)을 치유하고, 아마라식(阿摩羅識)을 증득하여 불이 될 수 있다고 생각하였다. 즉 아뢰야식의 미혹을 변화시켜 깨달음의 청정한 계위(階位)로 회귀한다고 생각하였다. 이러한 이유로 섭론사는 일체의 중생은 모두 불성을 지니고 있으며, 영원히 성불하지 못하는 중생은 없다고 말하였다.

섭론사는 『기신론』과 『능가경』의 영향도 받아서 아뢰야식을 진망의 통일체로 보고 진망화합설(眞妄和合說)을 주장하였다. 이른바 진(眞)은 '해성의(解性義)'를 가리키며, 해성은 해탈하는 본성을 의미하고, 불법·선성·불과를 만드는 인자(因子)이다. 소위 망(妄)이란 '과보식(果報識)'을 가리키며, 과보식은 중생 윤회의 주체를 말한다. 섭론사는 아뢰야식이 생사윤회와 불과성취라는 두 가지 모두를 이끄는 요소로 구성되어 있다고 생각하였다. 다시 말해서 아뢰야식은 비록 망식(妄識)이긴 하지만 망식 중에도 일부분은 순수하고 청정한 식(識)이 존재하고 있다는 것이다. 지론사는 아뢰야식의 본질은 진실한 것이고 허망한 번뇌는 후천적인 것이라고 하는데 비하여, 섭론사는 아뢰야식의 본질은 허망한 것이며, 순수하고 청정한 식은 제9식(여래장)이 흘러나와 잔존하여 내려온 것이라고 생각하였다. 이것은 두 파를 구별할 수 있는 또 하나의 중요한 관점이다. 그러나 북도지론사들도 진망화합의 아뢰야식 전체를 만법 생성의 원인으로 보았는데, 이것과 섭론사의 주장은 매우 비슷하다. 당나라 초기에 이르러 북도지론사파와 섭론사는 합류하여 하나가 되었다.

2. 아뢰야식과 불성

중국의 불교학자는 아뢰야식의 성질과 작용에 대하여 서로 다른 견해를 가지고 있었기 때문에 중생의 불성에 대한 관점에 있어서도 견해가 나누어져 당상설(當常說)과 현상설(現常說)의 대립을 형성하였다. '상(常)'은 불성의 다른 이름이고, '당(當)'은 당과(當果) 또는 미래과(未來果)를 의미하며, '현(現)'은 현과(現果) 또는 현세과(現世果)를 의미한다. 따라서 '당상(當常)'은 미래에 불성이 있는 것을 말하고, '현상(現常)'이란 현세에 불성이 갖추어져 있는 것을 말한다. '당상'과 '현상'의 논쟁은 바로 불성의 시유(始有)와 본유(本有)의 논쟁이기도 하고, 지론사 내부의 남도파와 북도파(派別)의 이론적 논쟁의 초점이기도 하였다.

당상설(當常說)은 북도지론사의 주장이다. 위에서 말한 바와 같이 이 파는 아뢰야식은 전칠식과 만법이 의지하는 것이며 전칠식과 만법을 생성하는 본원이다. 아뢰야식은 진망의 합식(合識)으로서 그것의 본질은 비록 불성이나 여래장과 그 어떤 차별도 없지만 불과를 성취할 수 있는 각종 공덕을 결코 갖추고 있지 않다. 이리한 공덕은 후천적인 수행을 통하여 지니게 되는 것이고, 중생의 불성은 중생이 일체의 공덕을 충분히 갖추고 성불한 후에 비로소 가지게 되는 당과(當果)로 나타나는 것으로서 후천적으로 비로소 가지게 되는 것[始有]이다.

남도지론사는 현상설을 주장하고 당상설에 반대하였다. 이 파 역시 아뢰야식의 본성은 곧 진여의 본성이고, 전7식과 만법이 의지하며 또한 전7식과 만법생성의 본원이라고 생각하였다. 그러나 아뢰야식의 본성, 즉 진여의 본성은 본래부터 불과를 이루는 일체의 공덕을 두루 갖추고 있는 것이지, 중생이 후천적인 수행을 통하여 비로소 갖추는 것이 아니라고 생각하였다. 중생의 불성은 태어나면서부터 갖추고 있는 현과(現果)로서 있는 것으로서 선천적으로 본래 있는 것[本有]이라고 한다.

위에서도 볼 수 있었듯이 아뢰야식은 중생의 근본식(根本識)으로서 결국 청정한 것인가 염오된 것인가, 그것과 일체의 현상과는 어떤 관계가 있는가, 불성과는 또 어떤 관계가 있는가, 번뇌와는 또 어떤 관계가 있는가, 이것은 확실히 원만하고 분명하게 말하기 쉽지 않은 문제이다. 그래서 각기 다른 파 사이에, 심지어 같은 파 내부에서조차 관점에 차이가 발생하는 것은 필연적이었다. 아뢰야식 관념의 유행은 중국의 불교학자가 단지 중생성불의 근거(불성)로부터 직접 성불의 문제까지 탐구하고 토론한 것만이 아니라, 중생의 근본의식으로부터 성불 문제까지를 탐구하고 토론한 표지이기도 하다. 이것은 두 견해로 구별되지만 상호보완적이다. 만약 전자가 중생성불의 가능성에 중점을 두고 설명하는 것이라면, 후자는 중생이 불을 성취하는 관건인 주체의 심층적인 의식을 어떻게 조정하고 개조하고 나타낼 수 있을 것인가에 중점을 두고 설명한 것이다. 이는 확실히 하나의 큰 문제로서 아뢰야식설이 당시와 후세의 중국불교사상에 끼친 영향은 적지 않았다.

제3절 진심본각(眞心本覺)의 제시와 찬양

진심본각설은 『대승기신론』이 제시한 것이다. 이 책은 인도의 마명보살(馬鳴菩薩)이 지었고 진제(眞諦)가 번역하였다. 그런데 이 책의 작자에 대해서는 여러 가지 다른 견해가 있다. 내용으로 볼 때, 글 속에서 논하고 있는 '여래장연기(如來藏緣起)' 등의 중요사상은 결코 마명(馬鳴)의 공(空)·무아(無我) 사상과 같은 종류가 아니며, 『마명보살전(馬鳴菩薩傳)』에도 그가 『대승기신론』을 저술하였다는 기록이 보이지 않는다. 또한 『대승기신론』 중의 번역어는 진제(眞諦)가 번역한 『섭대승론(攝大乘論)』과 『불성론(佛性論)』 등에 나오는 용어와도 일치되지 않으며, 번역한 시기와 장소에 내한 기록 역시 혼란스럽다. 이에 근거하여 수대(隋代) 이래로 많은 사람들이 끊임없이 의문을 제기하였고, 어떤 학자는 중국인이 저술한 것이라고도 하였는데, 우리도 이 견해에 찬성한다.

『대승기신론』의 출현과 전파는 결코 우연한 것이 아니다. 앞에서 서술한 바와 같이 남북조 시기의 열반사들은 불성설을 선양하였고, 지론사는 여래장신을 주장하였으며, 섭론사는 아뢰야식(藏識)설을 제창하였다. 이 밖에 능가사(楞伽師)는 『능가경』에 근거하여 여래장과 장식(藏識)의 대립된 두 설의 회통을 주장하였다.102) 이러한 관점들은 당시 중국불교학자들이 중생의 심성, 본성의 염정(染淨), 진실(眞實)에 대해 통일된 관점을 가지고 있지 못했다는 것을 나타내는 것이고, 이것은 불교의 의리를 통일하고 발전시키는 문제와도 큰 관련이 있다는 것은 의심할 필요가 없다.

『대승기신론』은 각 종파 특히 지론사와 섭론사의 모순을 조화하려 하였고, 여래장과 장식(藏識)의 동이(同異) 문제를 해결하려고 하였다. 『대승기신론』은 선관(禪觀)의 각도에서 심성(心性)과 관련된 여러 다른 학설을 종합하여, 일심이 만법을 생성한다는 '일심이문(一心二門)'설과 중생성불의 근원인 진심본각설(眞心本覺說)을 선양하고, 더 나아가 이론과 실천을 결합한 일련의 심성론 체계를 완성하였다. 『대승기신론』이 언급한 내용은 상당히 광범위하여서, 아래에서는 진심본각(眞心本覺) 사상을 중심으로 설명하고 일심이문(一心二門)설에 관해서는 우주론 부분에서 다시 서술하겠다.

『대승기신론』 작자는 오랜 세월에 걸쳐 내려온 옛것을 그대로 답습하면서도 오랫동안 공부해야 하는 점진적인 수행방법에 반대하고, "불은 그 이치를 깨달음으로 삼는다[佛者其義爲覺]."는 '깨달음[覺]'이라는 글자에 깊이 몰입하여, 심성의 단계별 작용과 기능을 향하여 지름길로 곧바로 들어가는 진심본각설을 제시하였다.

『대승기신론』은 아리(뢰)야식에 각(覺)과 불각(不覺)의 두 가지 면이 있으며, '각(覺)'은 '심성의 불생불멸'하는 면을 가리키고, 이

---

102) 『능가경(楞伽經)』은 "아리야식은 여래장이라고 한다[阿梨耶識名如來藏]."고 하고, 또 아리야식은 염(染)·정(淨)의 양면성을 지니고 있어서, 청정한 측면에서 진실하고 차별 없는 본체계(本體界)를 세우고, 염오된 측면에서 허망하게 분별하는 현상계가 만들어지는 것이라고 한다(『大正藏』16, pp.510-512, p.599bc에서 보임).

와 대립되는 '불각(不覺)'은 '심의 생멸'하는 면을 가리킨다고 한다. 각(覺)은 다시 본각(本覺)과 시각(始覺)의 두 종류로 나누어진다. '심성의 불생불멸'이란 인간 마음의 본래 상태인 심진여(心眞如) 혹은 여래장심(如來藏心)을 말한다. 심진여 혹은 여래장심은 차별을 초월한 절대존재로서 원래 본각(本覺)과 시각(始覺)의 구분이 없지만, 생멸문에서 볼 때 마음이 무지와 망념을 받아들여 오염됨에 따라 각종 차별 현상이 생겨나고, 이로 인해 아뢰야식 속에 다시 본각과 시각의 구별이 있게 된다는 것이다. 동시에 마음이 비록 무지와 망념으로 말미암아 각종 차별현상을 낳기는 하지만, 마음의 각체(覺體), 즉 세속의 차별된 심념(心念)에서 멀리 벗어난 청정한 본체는 결코 손상되지 아니하고 처음부터 끝까지 항상 본래의 각오(覺悟)와 각성(覺性) 즉 본각을 유지하고 있다. 본각은 아뢰야식 중의 여래장심(진여심)의 본성 즉 진심의 자성(自性)이며 실질적으로 진심본각을 가리키는 것이다. 진심본각설은 『대승기신론』의 근본사상 중의 하나이다.

'각(覺)'은 일반적으로 '깨닫다', '자각하다'를 의미한다. 『대승기신론』에서 말하는 본각은 본래각지(本來覺知)의 청정한 심체(心體)를 말한다. 이 각체는 망념에서 멀리 벗어나 있으며 작용이 밝고 맑다. 본문에서 이렇게 말하고 있다.

소위 말하는 깨달음[覺]의 의미는 마음의 체가 망념에서 벗어난 것을 이르는 것이다. 망념에서 벗어난 모습은 허공계와 같고, 미치지 않는 곳이 없다. 법계는 한 모습이고, 여래와 법신이 평등하니, 이 법신에 의하여 본각이라고 한다.[103]

이 글의 뜻은 이렇다. '각'은 모든 중생의 청정한 지성의 심체(心

體)이고, 망념에서 멀리 벗어나 있으며, 허공계와 마찬가지로 두루 미치지 않는 곳이 없으며, 일체의 현상은 모두 동일한 모습이다. 이것이 바로 '여래의 평등법신(如來平等法身)'이다. '법신'은 불법을 본체로 하며, 불법은 진여의 '이(理)'이며, 이(理)는 지혜의 결정(結晶)이다. 이러한 지혜의 결정을 '각(覺)'이라고 한다. 이것이 법신으로 말미암을 때는 '본각'이라고 부른다. 이러한 정의에서 볼 때 '각'은 지혜의 직각(直覺)이며, '이념(離念)'이며, '무념(無念)'이다. '염(念)'은 '마음의 움직임[心動]'이며, '이념(離念)'이란 마음의 동요가 일어나지 않는 것을 말한다. 본각은 중생의 망념을 떠난[離念] 깨달음[覺悟]의 본성·공능·경계이며, 불과를 이룬 지혜와 마음의 경계[心境]를 가리킨다.

『대승기신론』은 작용과 체성 즉 번뇌에 염오된다[隨染]거나 자성이 청정하다[性淨]고 보는 각도에 따라 본각을 다시 수염본각(隨染本覺)과 성정본각(性淨本覺)의 두 종류로 나눈다.

수염본각(隨染本覺)은 망념의 더러움에 의하여 오염되었으나 본각의 체상(體相)을 뚜렷하게 드러내는 것이다. 이러한 상(相)에는 지정상(智淨相)과 부사의업상(不思議業相)의 두 종이 있다. 지정상은 본각이 더러운 모습에서 청정한 모습으로 돌아가는 것으로서, 망념을 제거하여 청정함을 나타내는 기능을 지녀 '법신을 현현'하게 할 수 있는 일종의 순수하고 청정한 지혜이다. 부사의업상(不思議業相)은 망념을 다 없애어 본각의 성덕(性德)이 나타나 이타적인 작용(本覺業用)을 하는 모습을 보이며, 지정상에 의하여 불가사

---

103) 『大正藏』 32, p.576b, "所言覺義者, 謂心體離念. 離念相者, 等虛空界, 無所不遍, 法界一相, 卽是如來平等法身; 依此法身, 説名本覺."

의한 '온갖 뛰어나고 오묘한 경계[一切勝妙境界]'를 만들 수 있다.

성정본각(性情本覺)은 본각의 성덕으로서, 일체의 심념과 잡염에서 멀리 벗어나 본래 스스로 청정하여 무한한 작용을 할 수 있는 것을 말한다. 즉 중생 일심의 본체와 체상과 작용이라는 이 셋은 무한하고 광대하다는 것을 표현한 것이다. 『대승기신론』은 각(覺)을 거울에 비유하고 있는데, 거울의 네 가지 면을 빌려 성정본각(性情本覺)의 네 가지 대의를 잘 나타내고 있다.[104]

첫째는 여실공경(如實空鏡)이다. 이는 마치 거울의 면이 깨끗이 비어 있으면 어떠한 사물이 다가와도 비추지 못하는 것과 같다. 성정본각의 심체는 어떤 심념(心念)으로부터도 멀리 벗어나 있고 또 심과 상응하는 경계의 어떤 사물에서도 반드시 멀리 벗어나 있는 절대 청정무구(淸淨無垢)한 것이다. 둘째는 인훈습경(因熏習鏡)이다. '인(因)'은 내적 원인[內因]이고, '훈습(熏習)'은 경험이나 세력 등에 훈습되어 사람의 심식(心識)에 남게 되는 작용을 말한다. 이것은 마치 거울의 면이 비어 있지 않아서 현실 사물의 모습을 있는 그대로 비추는 것과 같다. 성정 본각의 심체는 상주하고 진실하며, 또 번뇌로부터 멀리 벗어난 청정법(淸淨法, '無漏')을 두루 갖추고 있으며, 그것을 '인(因)'으로 삼아 중생을 훈습할 수 있다. 이러한 내적 작용은 중생들이 생사를 싫어하고 열반을 좋아하게 만들 수 있다. 다시 말해서 본각(本覺)은 중생이 성불하게 하는 내재적인 구동력(驅動力)이다. 셋째는 법출리경(法出離鏡)이다. 거울 면의 티끌과 더러움을 떨고 닦아내어 거울을 맑고 깨끗하게 하는 것과 같다. 성성본각은 망념과 번뇌의 장애 속에서 완전히 벗어나고, 염

---

104) 『大正藏』 32, p.576c.

정 화합의 사상(事相)에서도 멀리 벗어나 청청하고 순수하고 밝다. 넷째는 연훈습경(緣熏習鏡)이다. 거울의 면이 이미 깨끗이 닦여 있어서 온갖 상을 다 비출 수 있는 것처럼 사람들을 수용하는 것을 말한다. 각체(覺體)가 이미 번뇌 등의 장애에 가려지지 않아 청정하고 맑고 밝아서 중생의 마음을 두루 비추어 때에 따라 나타낼 수 있다. 즉 중생들이 부지런히 선근(善根)을 닦도록 권하고 인도하여 시각(始覺)의 지혜가 일어나도록 하는 외연의 훈습력이다.

이상의 네 가지 거울 중 앞의 두 거울은 번뇌와 속박 가운데 숨겨져 있는('在纏') 본각을 나타내는 것으로서 그 자성은 처음부터 끝까지 청정하고 더러움이 없다. 뒤의 두 거울은 번뇌의 속박에서 해탈하여 나온('出纏') 본각을 나타낸 것으로서 번뇌와 더러움에서 벗어나 청정하고 순수하고 밝다. 이것은 앞에서 서술한 수염본각(隨染本覺)에 지정상(智淨相)과 부사의업상(不思議業相)이 있는 것과 같다. 네 가지 거울 중 둘째와 넷째 거울은 인훈(因熏)과 연훈(緣熏)을 설명하고 있다. 이는 본각이 깨달음[智體]으로 회귀하게 되는 내인(內因)과 외연(外緣)을 가리킨다. 말하자면 본각의 내재적 정훈(淨熏)이 인(因)이 되어 시각(始覺)을 일으킬 수 있으며, 동시에 본각은 시각을 일으킬 수 있는 외연의 훈력(外緣熏力)이기도 하다. 그러므로 본각은 중생이 본래 지니고 있는 것으로서 모든 세간의 경계를 다 포섭하는 본원(本原)이며, 중생을 염(染)에서 정(淨)으로 전환하고, 생사에서 벗어나 해탈 성불하게 하는 내인(內因)이고 외연(外緣)이라고 볼 수 있다.

본각과 상대적인 것이 시각(始覺)이다. 시각은 중생이 후천적인 수행을 통해 태초로부터 내려온 망념과 잡염을 점진적으로 제거하여 선천적으로 갖추고 있는 마음의 근원을 깨달아 청정한 본성으로 되돌아가기 시작하는 일종의 지혜이다. 만약 망념과 잡염을 다 끊어 없앨 수 있다면 시각과 본각은 서로 결합해 하나가 되어 '시본불이(始本不二)'의 큰 깨달음을 이루어 이른바 성불의 경계에 들어가는 것이다.

본각과 시각을 합하여 각(覺)이라고 하며, 각과 상대적인 것을 불각(不覺)이라고 한다. 앞에서 언급한 바와 같이 본각과 시각의 관계 속에 사실상 논리적으로 불각이 존재하고 있다. 불각이 있음으로써 비로소 시각이 있기 때문이다. 대승보살 수행의 여러 다른 단계에 부합하기 위하여 『대승기신론』은 다시 시각(始覺)을 여러 종류로 나누었다. 첫째는 불각(不覺)이다. 불각은 "진여와 법(현상)이 일치한다는 것을 여실하게 알지 못하고, (진여가 무명의 연을 만나 미혹한 현상을 일으키면) 마음이 일어나서 망념이 있게 되는 것을 깨닫지 못하는 것을 말한다."[105] 즉 불각은 미혹하여 진여를 상실함으로써 만법의 본체를 지각할 수 없는 것이다.

이것은 '염(念)' 즉 마음에 망념이 있는 것이라고 표현한다. '염(念)'은 바로 '불각(不覺)'이고 '무명(無明)'이다. 염·불각·무명, 이 셋은 의미가 같은 개념이다. 불각은 세 가지로 표현된다. 하나는 '마음의 동요[心動]'이다. 마음에 동요가 일어나면 '망념'이 생기고, 망념은 업(業)을 만들어, 고통을 발생시킨다. 둘은 '능견(能見)'으로서 경계를 분별하는 기능이다. 셋은 능견에 의하여 허망하게 드러나는 '경계(境界)'이다. 이를 기초로 다시 여러 가지 종류의 소삽하고 하열한 것들을 드러냄으로써 중생은 끊임없이 윤회를 되

---

105) 『大正藏』 32, p.577a, "謂不如實知眞如法一致, 不覺心起, 而有其念."

풀이하게 된다.

불각에도 혼미하여 진여를 잃게 하는 무명(무지)인 근본불각과 근본불각으로 생겨나는 허망한 집착인 지말불각(枝末不覺)의 두 종류가 있다.『대승기신론』은 중생이 지말불각에 의하여 미혹한 업[惑業]을 만들고, 그에 따라 생사유전(生死流轉)의 고통을 받게 된다고 한다. 만약 본각(本覺)의 내인(內因)과 외연(外緣)의 작용에 의지하여, 무명을 소멸하고, 망념도 없애고 상(相)도 없애게 되면, 불각(不覺)이 각(覺)으로 전환되어 해탈을 얻게 된다. 중생은 이렇게 서로 다른 운명을 가지고 있기 때문에 진여와 무명은 서로가 서로를 훈습하는 이론으로 여겨진다.『대승기신론』은 이렇게 말한다.

> 진여의 청정한 법은 사실 오염되지 않는다. 단지 무명에 훈습되기 때문에 청정한 작용이 있는 것이다.[106]

즉, 진여는 무명의 훈습을 받기 때문에 잡염(雜染)의 형상이 생기게 되며, 이것이 중생이 생사에 유전하는 원인이 된다. 또 무명은 진여의 훈습을 받아 청정한 작용을 하는데, 이것은 중생이 생사에서 벗어나는 원인이 된다. 중생이 평범함을 초월하여 성인이 되는 것은 진여가 무명을 훈습하여 불각(不覺)을 없애 버리고 본각(本覺)을 드러내는 전화(轉化)과정이다.

요약하자면,『대승기신론』의 진심본각설의 핵심은 중생 심성의 본질(본각) 및 그것과 중생성불의 관계를 설명하는 것이다. 또 인간의 마음은 만법의 본원이고 본체이며, 그 본성은 '본각'임을 강조한

---

106)『大正藏』32, p.578a, "眞如淨法, 實無於染, 但以無明而熏習故, 則有淨用."

것이다. 이 마음은 중생이 성불하지 않았을 때는 망념과 번뇌에 뒤덮여 나타나지 않으나, 그 각성은 결코 그 어떤 침해도 받지 않는다. 그래서 일단 망념과 번뇌가 소멸되기만 하면 곧 진심본각의 원래 면모를 회복하여 성불의 경계에 들어가게 된다. 여기서 『대승기신론』은 일종의 새로운 심론(心論)이라 할 수 있는 진심본각설을 제시하였고, 이 학설은 다시 우주만법의 본원론과 본체론의 기초 위에 한층 다중적인 철학적 의의를 건립하였다.

이러한 『대승기신론』의 진심본각설은 중국불교사상의 독창성과 성숙성을 보여 줄 뿐 아니라 중국과 인도의 불학이 심성론에서 본질적인 분기점을 이루고 있음을 보여 준다.[107] 인도불학은 대부분 심성본정설(心性本淨說)을 지지하고, 번뇌를 소멸하는 데 치중하여 심성본정을 논하면서 본정은 적멸(寂滅)하고 적정(寂淨)한 것이라고 생각하였다. 성정(性淨)설은 '성적(性寂)'설이라고도 한다. 『대승기신론』은 진심본각설을 이용하여 심성본정을 설명하였으므로 '성각(性覺)'설이라고 할 수 있다. 성적설이 번뇌와 고통을 소멸하는 데 치우쳐 있다면, 성각설은 지혜와 각지(覺知)의 개발을 중시한다. 또 성적설이 오랜 세월에 걸친 수행을 중시한다면, 성각설은 심성의 본원으로 돌아가는 것을 강조한다. 성적설이 중생의 성불을 위한 가능성과 당연성을 제공하는 것이라면, 성각설은 중생의 성불을 위한 현실성과 이미 그러한 성질[已然性]임을 논증하였다. 이 모든 것은 중생의 수행과 성불의 근원과 과정에 대한 각기 다른 관점과 특징을 나타낸 것이다.

---

107) 여징(呂澂) 선생이 가장 먼저 이 점을 제시하고 상소하였나. 「중국불학의 심성 관련 기본 사상 시론(試論中國佛學有關心性的基本思想)」, 『여징불학론저선집(呂澂佛學論著選集)』(三), pp.1413 - 1424 참조, 제남(濟南), 제노서사(齊魯書社), 1991년.

『대승기신론』은 수・당시대 불교의 주류종파에 비교적 광범위하고 심원한 영향을 끼친 불학저서이다. 『기신론』의 진심본각설은 중국고유의 "돌이켜서 모든 것을 자기 자신에게서 구한다[反求諸己]." 는 사상과 일치될 뿐 아니라 천태종・화엄종・선종 등 여러 종파의 이론적 초석(礎石)의 하나이다. 또 정토종에 의해 널리 전파되었고, 당대(唐代) 이래 중국화한 불교사상의 핵심이론을 형성하였으며 중국불학의 진전에 영향을 끼쳤다. 진심본각설은 나중에도 다시 끊임없이 발전하여, 원각설(圓覺說)・무정유성설(無情有性說)・즉심즉불설(卽心卽佛說) 등으로 이어져 중국불교 철학사상의 중요한 내용을 이루었다.

제12장 천태종의 성구선악설(性具善惡說)

천태종은 남조(南朝)불교와 북조(北朝)불교의 서로 다른 학풍을 종합하여 이론과 실천을 함께 중시할 것을 제창하였다. 그 학설의 핵심은 우주만물의 여실한 상태와 본래 상태를 탐구하고 토론하는 데 중점을 둔 실상론이다. 이 이론은 모든 현상은 실재하는 이체(理體)이고, 모든 현상의 당체(當體)가 바로 실상이며, 각기 다른 만물의 형상은 만물의 사성(自性)의 체상(體相)을 나타내는 것이라고 생각하였다. 천태종은 스스로 원교(圓敎)라고 자처하며, 모든 현상은 본래부터 온갖 성능(性能)을 원만하게 구족하고 있다고 생각하였다. 즉 하나하나의 현상은 모두 대립적인 본성을 갖추고 있으며, 그 하나하나는 피차가 모두 완벽하게 갖추어져 있어서 서로 뒤섞이지 않는다고 보았다. 천태종이 세운 '원융삼제(圓融三諦)'와 '일념삼천(一念三千)'설은 실성이 지니고 있는 의미를 구체적으로 설명하는 것이다. (뒤에 상세히 설명)

천태종 사람들은 실상론의 기초 위에서 더 나아가 어떻게 실상을 인식하고 체증할 것인가 하는 문제에 대해서 연구하고 토론하여 새로운 사상노선을 제시하였다. 즉 만법과 진리는 분리할 수 없고, 진리와 심성은 분리할 수 없으며, 만물과 심성도 분리할 수 없다고 생각하였다. 아울러 만법의 법성·진리의 중도·심성의 불성, 이 삼자를 동등하다고 파악함으로써 불성은 중생의 본성일 뿐 아니라 만법의 본성임을 강조하였다. 또 불성과 진리는 똑같이 만법을 갖추고 있으며, 심(心, 불성)이 바로 이(理, 진리)이고, 심(불법)이 바로 법(만법)임을 강조하고, 심성의 내용·성질과 범위 등 일련의 문제에 대해 논술하여, '삼법무차(三法無差)', '삼인불성(三因佛性)', '성구선악(性具善惡)', '불성중도(佛性中道)', '무정유성(無情有性)' 등의 학설을 형성하였다.

이러한 학설은 하나의 공통된 특징을 가지고 있다. 모두 불교 실천주체의 자각적 깨달음과 주체적인 심성의 현증(現證)을 중시한다는 것이다. 천태종의 심성론을 창립하고 발전시킨 학술활동 가운데, 혜사(慧思), 지의(智顗), 관정(灌頂), 담연(湛然), 지원(智圓), 지례(智禮) 등의 천태종 학자들이 뛰어난 공헌을 하였으며, 그중에서도 특히 천태종의 실질적인 창시자인 지의(智顗)가 최대의 공헌을 하였다. 지의가 제창한 성구선악설(性具善惡說)과 불성중도론(佛性中道論)은 이 종파의 심성론 학설 중에서도 심(心)의 내용이 가장 훌륭하다. 불성중도는 '중도불성(中道佛性)'이라고도 하며, 교화론(敎化論)·수증론(修證論)·존유론(存有論)·진리론(眞理論)·경계론(境界論) 등에 이르기까지 내용이 풍부하여 진리론적인 특징을 가지고 있는데, 중복을 줄이기 위해 "중국불교의 진리관"이라는 장(章)에서 '삼제원융(三諦圓融)'과 더불어 설명하려고 한다.

제1절 삼법무차(三法無差)

'삼법(三法)'은 심법·중생법·불법을 말한다. '삼법무차'는 심과 중생과 불의 관계를 말하는 것으로서, 삼자의 체성(體性)은 우주 만유에 모두 갖추어져 있고, 상호 포섭하고 원융하여 근본적으로는 차이가 없다고 생각하는 것이다. 다시 말해서 각각의 법은 나머지 다른 두 법과 원융 회통하여 피차간에 본질적인 차별이 없다는 것이다.

1. 마음에 차별이 없다[心無差]

이것은 일념(一念)의 심체(心體)는 각종 인과관계를 원융하게 회통하여 일체의 사물을 받아들이고, 우주의 모든 생명계인 '십계(十界)'—불(佛)·보살(菩薩)·연각(緣覺)·성문(聲聞)·천상(天上)·인간(人間)·수라(修羅)·축생(畜生)·아귀(餓鬼)·지옥(地獄)을 다 갖추고 있다는 것을 말한다. 동시에 일념의 심체는 또 일체 사물의 본래 형상, 즉 '십여시(十如是)'—상(相)·성(性)·체(體)·역(力)·작(作)·인(因)·연(緣)·과(果)·보(報)·본말구경(本末究竟)을 다 갖추고 있다는 것이다. 마음의 이러한 체성과 불과 중생 양자의 체성은 아무런 차별이 없는데, 이를 마음에 차별이 없다[心無差]고 하는 것이다. 천태종은 마음이 모든 사물을 구속하고 있다고 강조하고, 또 '삼도(三道)'와 '삼궤(三軌)'는 서로 융통된다는 이론을 활용하여 논증하고 있다. 지의(智顗)는 "무릇 마음이 있는 것에는 모두 삼도의 성상이 있으며, 이것이 바로 삼궤의 성상이다."[108]라고 하였다. '삼도(三道)'는 중생이 생사에 유전하게 되는 인과(因果)이며, 구체적으로 가리키는 것은 괴로움의 길[苦道], 즉 번뇌[惑]와 업(業)을 인(因)으로 하여 육도윤회를 불러들이는 과보이다. 혹도(惑道)는 번뇌도(煩惱道)라고도 하며, 사물의 이치에 미혹하여 번뇌로 혼란스러운 망령된 마음을 가리킨다. 업도(業道)는 허망한 마음으로 말미암아 생기는 신(身)·구(口)·의(意)의 삼업을 말한다. '삼궤(三軌)'는 세 가지의 궤범(軌範)을 의미한다.

지의(智顗)는 『묘법연화경(妙法蓮華經)』 제목의 '묘(妙)'자를 해석할 때 십묘설(十妙說)을 제시하였는데, 그중의 삼묘법(三妙法)이 바로 삼궤(三軌)이다. 진성궤(眞性軌)는 진실하고 변하지 않는 이성이며 진여의 실상('諦')이다. 관조궤(觀照軌)는 미망을 제거하고 진리를 나타나게 하는 지혜의 작용('智')이다. 자성궤(資成軌)는 관조작용을 돕는 수행('行')이다. 삼도와 삼궤는 상즉(相卽)하고 피차 상통하며 원만하고 오묘하여 자유자재하다. 예를 들면 진성궤는 고도(苦道)인데, 이것은 중생심이 고도에 대한 미혹으로 말미암아 법신에도 미혹한 것을 말한다. 만약 고도에서 벗어나면 법신이 있다는 것도 알지 못한다. 관조궤는 혹도(惑道)이며, 중생의 마음이 명(明, 般若)에 대한 미혹으로 말미암아 무명(無明, 無知)을 만드는 것을 말한다. 만약 무명이 바로 명(明)이라는 것을 이미 이해하고 있었다면, 명이 있다는 것을 알지 못할 것이다. 자성궤는 업도이며,

---

108) 『묘법연화경현의(妙法蓮華經玄義)』 권5, 『大正藏』 33, p.744c, "夫有心者, 皆有三道性相, 卽是三軌性相."

이것은 중생심에 악이 있어야 비로소 선(해탈)이 있으며, 악을 떠나면 이른바 선도 없다는 것을 설명하는 것이다. 요컨대 삼도가 바로 삼궤이며, 중생의 생사유전과 불교의 수행규범은 서로 같아서 분리될 수 없으며 원융무애하다는 것을 말한다. 지의(智顗)는 삼도가 삼궤라는 이 오묘한 종지는 십계 중의 하나하나의 계가 모두 갖추고 있는 것이며, 십계는 다시 중생심의 일념 속에 모두 갖추어져 있는 것이라고 강조하였다. 말하자면 불과 중생이 포함되어 있는 십계는 한 마음[一心] 속에 함께 있으며, 한 마음이 십계를 알 수 있기 때문에 마음·불·중생은 근본적으로 차별이 없다는 것이다.

2. 불과 중생은 차별이 없다[衆生無差]

이것은 불과 상대적인 중생도 각각 십계와 십여시(十如是)를 구족하고 있으며, 중생의 이러한 정황과 제불이 깨달은 것과 본심이 구족하고 있는 것은 체성(體性)의 측면에서 보면 차별이 없다는 것을 말한 것이다. 지의는 중생법 중의 심법에 대하여, "일법이 모든 법을 포섭함을 밝히고, 마음은 삼계에 차별이 없는 법임을 말하니, 오직 일심이 짓는 것이다."[109]라고 하였다. '일법[一法]'은 일심[一心]이다. 이것은 일심이 모든 법을 포섭한다는 말이다. 여기서 말하는 일심은 결국 중생심의 의식형태를 말하는 것이다. 일심이 모든 법을 수용한다는 것은 중생의 의식이 모든 법(십계, 십여시)을

---

109) 『묘법연화경현의(妙法蓮華經玄義)』 권2 상, 『大正藏』 33, p.693b, "明一法攝一體法, 謂心是三界無別法, 唯是一心作."

융합하고 수용한다는 것이다. 또 중생법이 일심이므로 이 일심 이외의 다른 법은 없다. 그러므로 중생법이 바로 심법이다. 중생법 중의 불법에 관해서 지의는, "경전에서 중생에게 불[覺]의 지견을 열어 보여 주고 깨달아 들어가게[開示悟入]한 것과 같다. 만약 중생에게 불지견(佛知見)이 없다면 어찌 논하였겠는가? 불의 지견은 중생에게 간직되어 있음을 알아야 한다."110)고 하였다. '불의 지견[佛之知見]'이란 불의 지능(知能)·각성(覺性)·불성(佛性)을 말한다. 그 뜻은 중생이 설명하여 보여 주는 것[開示]을 거쳐서 '불의 지견[佛之知見]'으로 깨달아 들어갈 수 있다는 것이고, 중생법 중에 '불의 지견'이 간직되어 있다는 것을 표명한 것이다. 이런 이유로 중생법이 바로 불법이라고 말할 수 있는 것이다.

3. 불무차(佛無差)

불이 십계(十界)와 십여시(十如是)를 다 깨쳐서 깨달음[覺]을 성취한 것은 자심의 본성을 깨달은 것이며 또한 중생의 미혹과 깨달음을 화합하여 회통한 것이기도 하다. 미혹[迷]과 깨달음[悟]은 비록 같지는 않지만 진실한 본체[眞體]는 결코 차별이 없다. 지의는 "불법을 널리 밝히는 것이니, 불에 어찌 다른 법이 있겠는가? 백계와 천여시도 불의 경계일 뿐이며, 오직 불과 불만이 이 이치의 구경이다."111)라고 하였다. '백계천여(百界千如)'는 불이 다시 십계

---

110) 『묘법연화경현의(妙法蓮華經玄義)』 권2 상, 『大正藏』 33, p.693a, "如經爲令衆生開示悟入佛(覺)之知見. 若衆生無佛知見, 何所論開? 當知佛之知見蘊在衆生也."

111) 『묘법연화경현의(妙法蓮華經玄義)』 권2 상, 『大正藏』 3, p.696a, "廣明佛法者, 佛豈

(十界)를 각각 구족하고 있어서 '백계(百界)'가 되는 것을 가리킨다. 백계의 각각의 계(界)는 다시 열 가지 종류의 사리(事理, '十如是')를 갖추고 있어서 모두 '천여(千如)'가 된다. 이것이 우주의 정체(整體)이며 불의 경계이다. 지의(智顗)는 중생의 일념심체(一念心體)가 미혹에서 깨달음으로 전환되면, 그 깨달음의 경계도 똑같이 백계천여시를 갖추게 된다고 생각하였다. 이로 인해 불·중생·심의 체성(體性)은 사실상 아무런 차별이 없다는 것이다.

천태종의 '삼법무차(三法無差)'설은 심·중생·불 이 셋은 각각 십계십여시와 백계천여시를 구족하고 있어서 평등성과 통일성의 원리를 갖추고 있다는 사실을 선양하였다. 다시 말해 우주의 생명과 우주만물의 체상(體相)에 대한 깨달음의 내용은 모두 동일하다는 것이다. '삼법무차'설은 또 미혹과 깨달음의 상대성 원리를 강조하여, 미혹과 깨달음의 양자는 상대적으로 말하는 것이며, 한 몸의 양면[一體兩面]으로서 피차 원융하여 회통되는 것이라고 생각하였다.

또 '삼법무차'설은 심·중생·불이라는 세 종류의 주체적인 깨달음의 작용을 부각시켰는데, 그중 심법의 작용이 특히 중요하여 심법은 중생과 불을 소통하고 화합하고 포섭하는 기초라고 말할 수 있다. 천태종은 심의 주체적 작용에 대하여 이상하리만큼 유난히 중시하였음을 알 수 있다.

有別法? 只百界千如是佛境界, 唯佛與佛究竟斯理."

제2절 삼인불성(三因佛性)

지의(智顗)는 북본(北本)『대반열반경』권28의 삼인불성(三因佛性) 사상에 근거하여, 성불에는 세 가지 종류의 인(因)이 있다고 강력하게 주장하였다. 즉 불성에는 정인(正因)·요인(了因)·연인(緣因)의 세 가지 인(因)이 갖추어져 있으며, 이 삼인불성을 가지고 있지 않은 중생은 하나도 없다는 것이다.112) '정(正)'은 중정(中正)으로서 그릇된 이치를 떠난 것이다. 지의는 중생이 본래 우주만유의 바른 이치[正理]를 갖추고 있어서 정인불성(正因佛性)을 세운다고 생각하였다. '요(了)'는 다 비춘다는 의미이다. 이것은 불의 이치[佛理]를 관찰하고 깨달아 얻게 되는 지혜로서, 지(智)와 이(理)는 상응하기 때문에 요인불성(了因佛性)을 세운 것이다. '연(緣)'은 도움이 되는 조건[緣助]이다. 즉 지혜를 생겨나게 할 수 있는 일체의 선행으로서 요인을 돕는 자량이 되어 정인의 본성을 개발하기 때문에 연인불성(緣因佛性)을 세운 것이다.

삼인불성은 다음과 같은 비유로 설명할 수 있다. 정인은 땅속에 매장되어 있어서 아직 파괴되지 않은 금광이고, 요인은 지하에 금광이 있는 길을 아는 것이며, 연인은 나중에 금광을 개발하여 금을 캐내는 것이다. 삼인불성은 각각 구별이 된다. 그중에서 정인은 선천적으로 본래 가지고 있는 것으로서 '성(性)'이라고 한다. 요인과 연인은 지혜와 선행을 하는 등의 후천적인 수행을 통해 얻어지는 것

---

112) 『금광명경현의(金光明經玄義)』권상(『大正藏』39 p.4a); 『마하지관(摩訶止觀)』권9 하(『大正藏』46, p.126c)에 자세히 보임.

으로서 '수(修)'라고 한다. 성(性)과 수(修)의 관계는 "수에서 성을 비추고, 성에서 수가 발생한다. 성을 보존하면 수가 완전해져 성을 이루고, 수를 일으키면 성이 완전해져 수를 이룬다." 그러므로 "수와 성은 둘이 아니다."[113) 그래서 불성(佛性)이라고 통칭한다.

또 요인과 연인은 각자 두 종류의 성분을 포함하고 있다. 하나는 선천적으로 가지고 있는 '종자(種子)'로서 '성덕(性德)'이라고 한다. 다른 하나는 후천적인 수행으로서 '수덕(修德)'이라고 한다. 그러므로 요인과 연인의 이인불성(二因佛性)은 선천적으로 본래 갖추고 있는 요소도 포함하고 있다. 다시 말해서 이것은 일체의 중생이 모두 삼인불성을 가지고 있다는 것을 말하는 것이다. 천태종에서는 또한 세 종류의 성덕(性德)이 '인(因)'의 계위에 있을 때는 서로 일종의 '부종불횡(不縱不橫)'의 관계이며, '과(果)'의 계위에 있을 때는 법신·해탈·반야로 분별되는데, 이를 합하여 '열반삼덕(涅槃三德)'이라고 부른다.

천태종은 실상의 이치[理]는 자성이 없는 것이므로 정인불성은 더럽지도 않고 깨끗하지도 않으며, 선하지도 않고 악하지도 않다고 말한다. 그런데 요인과 연인의 이인불성(二因佛性)은 더러움과 깨끗함이 있으며, 선과 악을 다 갖추고 있다고 한다. 『관음현의(觀音玄義)』 상권에 의하면, "문: 연·요의 이인불성은 성덕의 선함을 가지고 있으면서 성덕의 악함도 가지고 있는가? 답: 갖추고 있다."[114)고 하였다. 여기서 요·연의 이인(二因)은 악성도 가지고 있다는 것을

---

113) 『십불이문(十不二門)』, 『大正藏』 46, p.703b, "由修照性, 由性發修. 存性則全修成性, 起修則全性成修. 因此, 修成不二."

114) 『大正藏』 34, p.882c, "問: 緣、了二因有性德善, 亦有性德惡否? 答: 具."

알 수 있지만, 요·연의 이인과 정인도 고립되어 존재하는 것은 아니다. 회즉(懷則)은 다음과 같이 말했다.

> 만약 구계의 삼인에서 성염요인(性染了因)과 성악연인(性惡緣因)의 염과 악이 둘이 아니라면, 이는 악의 정인인데 어찌 수(修)에만 국한되겠는가? 불계의 삼인에서 성선연인(性善緣因)과 성정요인(性淨了因)의 선과 정이 둘이 아니라면 이는 선의 정인이다.115)

요(了)와 연(緣)의 이인(二因)은 둘이 아니므로 정인(正因)이고, 염(染)과 악(惡)도 둘이 아니니 악의 정인(正因)이며, 선(善)과 정(淨)이 둘이 아니므로 선의 정인(正因)이라는 것이다. "연(緣)을 말할 때는 반드시 요(了)와 정(正)을 갖추어야 하고, 요를 말할 때는 반드시 정과 연을 갖추어야 하며, 정을 말할 때는 반드시 연과 요를 구비하여야 한다. 하나가 반드시 셋을 구비하니 셋이 곧 하나이다. 말을 지키기 위하여 원만함을 해치거나 성스러운 뜻을 날조해서는 안 된다."116) 삼인(三因)은 서로가 서로에게 스며들어 있어서 서로가 서로를 갖추고 있다. 즉 삼인은 정(淨)과 염(染), 선(善)과 악(惡)을 동시에 가지고 있는 것이다. 그래서 천태종에서는 삼인호구(三因互具)로써 성구선악을 논증하고, 모든 중생은 동일하게 삼인불성을 지니고 있다는 것을 논증하였다.

---

115) 『천태전불심인기(天台傳佛心印記)』, 『大正藏』 46, p.934b, "若爾九界三因, 性染了因, 性惡緣因, 染惡不二是惡正因, 豈唯局修; 佛界三因, 性善緣因, 性淨了因, 善淨不二卽善正因."

116) 『천태전불심인기(天台傳佛心印記)』, 『大正藏』 46, p.934b, "言緣必具了正, 言了必具正緣, 言正必具緣了. 一必具三, 三卽是一, 毋得守語害圓, 誣罔聖意.."

제3절 상대종(相對種)과 동류종(同類種)

지의는 불성(佛性, 佛種)을 다시 상대적인 것과 동류적인 것의
두 종류로 나누었다. 그는 다음과 같이 말했다.

> 종(種)이란 삼도가 삼덕의 종(種)이라는 것이다. 정명에 이르길, "모
> 든 번뇌의 짝을 여래종이라고 하는 것"은 이 번뇌도로 말미암아 반
> 야가 있음을 밝히는 것이다. 또 이르길, "5무간 지옥 어디에나 해탈
> 상이 생긴다고 하는 것"은 불선으로 말미암아 선법해탈이 있음을 말
> 하는 것이다. "일체의 중생이 바로 열반의 상이며, 덮어 버리거나 멸
> 할 수 없다."는 것은 이 생사에 즉하여 법신이 된다는 것이다. 이것
> 은 상대적으로 종을 논하는 것이다. 만약 종류를 따라 종(種)을 논한
> 다면 머리를 숙이고 손을 드는 이 모든 것이 모두 해탈의 종이고, 일
> 체 세간의 지혜와 삼승이 마음을 이해하는 것은 바로 반야의 종이고,
> 무릇 마음이 있는 자는 모두 마땅히 불이 되어야 한다는 것은 곧 법
> 신의 종이다.[117]

'종(種)'은 원인 즉 성불의 원인이며, '불종(佛種)' 혹은 '불성(佛
性)'이라고도 한다. '삼도(三道)'는 앞에서 시술한 비외 같이 고도
(苦道)·혹도(惑道)·업도(業道)를 가리킨다. '삼덕(三德)'은 법신
(法身)·반야(般若)·해탈(解脫)이다. '오무간(五無間)'은 가장 고
통스러운 아비(阿鼻)지옥이다.

위 글의 뜻은 다음과 같다. 불성에는 두 종류가 있는데, 한 부류

---

117) 『묘법연화경문구(妙法蓮華經文句)』 권7 상, 『大正藏』 34, p.94bc, "種者, 三道是三
德種. 淨名云: "一切煩惱之儔爲如來種", 此明由煩惱道即有般若也. 又云: "五無間
皆生解脫相", 此由不善即有善法解脫也. "一切衆生即涅槃相, 不可覆滅", 此即生死
爲法身也. 此就相對論種, 若就類論種, 一切低頭擧手悉是解脫種, 一切世智三乘解
心即般若種, 大有心者皆當作佛, 即法身種."

는 상대적인 종으로서 대립의 인(因)이며 상즉(相卽)하고 전화(轉化)하여 불과(佛果)가 되는 것이다. 일체의 번뇌(혹도)가 곧 반야이고, 일체의 고통이 곧 해탈이고, 일체의 중생이 곧 열반(혹은 법신)인 것과 같다. 또 하나의 부류는 같은 부류의 종으로서 불과를 성취한 불종을 가리킨다. 머리를 숙이고 손을 드는 것과 같은 일상의 동작이 종(種)이 해탈을 하는 인(因)이며, 세간 지혜의 원인과 반야의 지혜는 서로 상응하여 분리될 수 없는 반야의 인이며, 마음이 있는 중생이 각성을 드러내는 것은 법신을 성취하는 인이다. 지의가 말하는 같은 부류의 인은 중생의 선성(善性)이 개발되어 드러나는 것이며, 여러 가지 선인(善因)은 결국 선과(善果)의 응보를 얻게 된다는 것을 가리키는 것으로서 이러한 불성과 불과는 같은 부류라는 것이다.

주의해야 할 점은 지의가 위의 단락에서 '상대종(相對種)'의 개념을 명확히 제시하고, 고(苦)·혹(惑)·업(業)의 삼도(三道)를 불종(佛種), 즉 성불의 원인으로 파악했다는 것이다. 지의는 일체의 번뇌가 비록 중생을 윤회의 나락으로 떨어지게 하지만 또한 중생이 향상하여 초월하고 승격시키기도 한다고 보았다. 번뇌는 윤회를 하거나 승격을 하게 되는 계기가 되며, 만약 즉각 배제할 수 있다면 바로 반야의 빛이 나타나게 된다. 오무간(五無間)의 고통은 만약 그것의 공성(空性)을 깨달을 수만 있다면 곧바로 해탈을 얻을 수 있다. 중생은 나고 죽는 상황[生滅相]에 처해 있는데, 만약 그 속에서 불생불멸을 깨달을 수 있다면 생사는 곧 열반이 된다. 상대의 종은 대체로 악성을 가리키지만, 악은 선을 떠날 수 없고 선은 악에서 벗어나지 않으므로 악은 선으로 전환될 수 있다. 악이 없다면 악의 전환도 없으니 선도 없게 된다. 이러한 의의에서 볼 때 선악은 상즉(相卽)하는 것이다. 이는 상대의 종을 성불의 필요조건으로 삼는 것이고, 선악의 양극이 전개되는 과정에서 전환이 실현되고 통일된다.

훗날 송나라 시대의 지례(智禮)는 진일보하여 상대의 종을 '적대종(敵對種)'이라고 고쳐 불렀다. 그는 이렇게 말했다.

> 무릇 종자라고 말하는 것에는 대개 두 가지의 의미가 있다. 하나는 적대하여 종을 논하는 것으로서 삼도가 삼덕종이라고 하는 것과 같다. 또 하나는 부류의 예로 종을 논하는 것으로서 연(緣)과 요(了)는 지단종이며, 성덕법신을 수덕법신종이라고 하는 것과 같다. 이 두 가지에는 모두 생기게 할 수 있다[能生]는 의미가 있다. 만약 이공(一空)을 종으로 삼는다면 부류의 예의 의미이고, 이집(二執)을 종으로 삼는다면 적대의 의미가 된다.118)

인공(人空)과 법공(法空)의 이공(二空)을 '연종(緣種)'과 '요종(了種)'으로 보았고, '이집(二執)'은 인집(人執)과 법집(法執)을 가리킨다. 지례는 삼덕종(三德種)으로서의 삼도(三道)는 적대종이라고 생각하였다. 적대종과 동류종의 구별은 하나는 이집(二執)을 종으로 삼는 것이고 또 하나는 이공(二空)을 종으로 삼는 것에 있다. 그리고 지례는 "치우쳐서 청정진여를 불성이라고 보는" 관점은 "단지 유종(類種)만을 아는 것으로서 적대종을 완전하게 알지 못하는 것"이라고 비평하였다.119) 지례는 진여불성만 불성이라고 하는

---

118) 『관음현의기(觀音玄義記)』 권1, 『大正藏』 34, p.898b, "夫言種子, 凡有二義: 一敵對論種, 如二道是二德種; 二類例論種, 如緣了是智斷種, 性德法身爲修德法身種, 此二皆取能生之義也. 若以二空爲種卽類例義, 若以二執爲種卽敵對義."

119) 『사명십의서(四明十義書)』 권상, 『大正藏』 46, p.835b.

것은 치우친 면이 있을 뿐만 아니라 번뇌가 곧 보리(菩提)이며 생사(生死)가 곧 열반이라는 의미를 진정으로 이해하지 못한 것으로 보았다.

천태종에서는 선인(善因)에서 선과(善果)가 생기는 것 이외에 염법(染法)과 악성(惡性)의 각도에서 불성을 논하는 것을 강조하여, 악과 선·염(染)과 정(淨)·인(因)과 과(果)는 상대적(적대적)이면서도 상즉(相卽)하는 것이어서 상호 전환되는 것으로서, 서로 반대되면서도 상대로 전환되는 상반상성(相反相成)하는 원리로 설명하였다. 이것은 정법(淨法)과 선성(善性)의 각도에서 불성을 논해 오던 전통적 방식을 깨뜨린 것이며, 변증적 사유의 의의가 있는 중요한 것으로서 천태종의 성구선악설(性具善惡說)에 현실적인 품격을 덧붙인 것이기도 하다.

제4절 성구선악(性具善惡)

성구선악론은 천태종 심성학설의 주요내용이다. 성(性)은 법성을 가리키거나 진성(眞性)·자성(自性)·본성(本性)·이성(理性)·체성(體性)이라고도 한다. 구(具)는 갖추고 있다[具有], 충분히 갖추고 있다[具足]는 것을 의미한다. 성구(性具)는 일체의 사물은 스스로 생기는 것도 아니고 다른 것이 낳는 것도 아니며, 자성에 구족되어 있어 자연적으로 존재하는 것이며, 일체의 사물은 고립되어 존재하는 것이 아니라 상호 연계되어 하나의 총체로서 존재한다는 것이다.

또한 성구는 모든 사물의 진실한 모습이기도 하며, '성구실상(性具實相)'은 성구(性具)의 근본 내용이다. 우주의 총체는 각종 유정(四聖과 六凡)의 일념의 마음속에 존재하는 것이다. 즉 앞에서 이미 언급한 '일념삼천(一念三千)'설과 이 종파의 중심이론인 '성구실상(性具實相)'설을 수용하고 포섭하고 있다.

성구실상설의 핵심은 본각의 진성(眞性)이 불계의 선법과 보살계 이하 구계(九界)의 악법을 모두 갖추고 있다는 것으로서, 십계(十界)의 삼천선악(三千善惡)의 제법을 모두 갖추고 있다는 것을 강소하는 데 있다. 그러므로 육범도(六凡道)에는 사성도(四聖道)가 구비되어 있고, 사성도에는 육범도가 구비되어 있고, 중생계는 불계를 포섭하고 불계도 중생계를 섭수한다. 말하자면 사성육범(四聖六凡) 모두가 미오(迷悟)의 법과 선악의 성을 갖추고 있는 것이다.[120] 성선과 성악은 천연의 덕성이고 영원히 상실되지 않기에 '성구선악'이라고 부른다. '성구선악'은 '성구실상'의 중요한 측면이며, 어떤 사람은 성구설의 중요한 내용이 바로 천태종 심성론의 주요내용이라고 말하기도 한다. 아래에서 성구선악설의 내용 및 그와 밀접하게 관련된 탐욕이 곧 도(道)라는 것과 이독성독(理毒性

---

120) 불교에서 중생이 사상과 행위에는 선, 악, 무기(無記)의 세 가지 성질이 있다고 생각한다. 이 세 가지 성질은 가치의 의미에서 말하는 것인데, 선은 정면(正面)의 가치, 악은 부면(負面)의 가치, 무기는 중성(中性) 즉 정도 부도 아닌 가치이다. 이른바 선의 정면의 가치란 불법에 의지하여 수행함으로써 해탈에 도움이 되는 것을 가리키며, 악의 반면의 가치란 불법을 이기고 해탈에 도움이 되지 않는 것을 가리키며, 이 모든 것은 종교적 의의에서 판별한 것이다. 동시에 불교의 수행실천은 인간과 인간과의 관계, 인간과 자연과의 관계에 대해서도 언급하며, 인륜질서와 인간과 자연파의 질서를 파괴하는 것을 악, 그렇지 않은 것을 선이라고 한다. 여기에서 선악은 도덕적 의의를 갖추고 있다.

毒) 등의 문제에 대해 간략하게 살펴보겠다.

1. 선성과 악성은 본래 갖추어져 있어 단절되지 않는다

천태종의 사상사에 있어서 제일 먼저 성구선악설을 표명한 것은
『대승지관법문(大乘止觀法門)』121) 권1이다.『대승지관법문』에는
"낱낱 중생과 낱낱 부처는 모두 염(染)과 정(淨)의 두 가지 성품을
가지고 있다. 법계에 본래 없었던 적이 없었다."122)라고 하였다. 여
기서 염정은 곧 선악을 의미한다. 이 글의 뜻은 중생으로부터 제불
에 이르기까지 모두 선악의 두 가지 성품을 지니고 있다는 것이다.
지의는『관음현의(觀音玄義)』권상에서도 이렇게 말했다. "성(性)
의 선악은 단지 선악의 법문이며, 성은 고칠 수도 없고 삼세를 지
나더라도 누구도 훼손할 수 없고 또한 단절하거나 파괴할 수도 없
다."123) 선악은 과거·현재·미래의 삼세를 거쳐도 단절하여 없앨
수도 없고 고칠 수도 없는 원래 있던 성질을 그대로 가지고 있다는
것을 강조한 것이다.

지의는 성구선악의 관계를, 악으로 말미암아 선이 있고, 선은 악
속에 있다고 보았다. 선악은 상대적인 것으로서, 만약 성악(性惡)을
분명하게 알게 되면 진정으로 성악을 인식하게 되어 악은 결국 선
이 될 것임을 강조한 것이다. 그는 말하기를, "범부 마음의 한 생

---

121) 이 책의 제목은 혜사(慧思)가 지은 것이나 의심하는 사람도 있다. 여기서는 종전의
    학설을 따른다.
122) 『大正藏』 46, p.646c, "一一衆生, 一一諸佛, 悉具染淨二性. 法界法爾, 未曾不有."
123) 『大正藏』 34, p.882c, "性之善惡但是善惡之法門, 性不可改, 歷三世無誰能毀, 復不
    可斷壞."

각에는 십계가 갖추어져 있어서 모두 악업의 성상이 있다. 단지 악의 성상이 곧 심의 성상이며, 악으로 말미암아 선이 있고, 악을 떠나서는 심도 없다. 모든 악을 뒤집으면 선의 자량이 성취된다."124) 고 하였다. 여기서 '범부 마음의 한 생각'이란 '무명(無明)'을 가리키며, 무명은 '악(惡)'에 해당된다. 무명(無明)은 '명(明)'에 어두워 생겨나는 것이기 때문이다. 만약 무명을 분명하게 알고 통달하게 되면 그 결과 명(明)이 이루어진다. 범부 마음의 한 생각은 십계를 구비하고 있어서 모두 악성을 지니고 있다. 악으로 말미암아 선이 있게 되고, 악을 뒤집으면 곧 선이며, 선은 악의 타파를 이루니, 악은 진부 심이다.

지의는 선악을 다시 두 종류로 나누었다. 성선(性善)과 수선(修善), 성악(性惡)과 수악(修惡)이 그것이다. 성선과 성악은 중생이 본래부터 갖추고 있는 성덕(性德)을 말한다. 수선(修善行)과 수악(생사, 번뇌, 망념 등)은 후천적 행위로 생겨난 선악을 말한다. 성선과 성악의 분별은 수선과 수악의 이체(理體)로서 변하지도 고쳐지지도 단절되지도 파괴되지도 않는 것이다. 수행 중의 선악은 성(性) 중의 선악으로부터 생기며, 변하지도 고쳐지지도 단절되지도 파괴되지도 않는다. 지의는 이렇게 말했다.

---

124) 『묘법연화경현의(妙法蓮華經玄義)』 권5, 『大正藏』 33, p.743c, "凡夫心一念, 即具十界, 悉有惡業性相, 只惡性相即善性相, 由惡有善, 離惡無善, 飜於諸惡, 即善資成."

천제는 이미 성선에 도달하지 못했고, 도달하지 못했기 때문에 선이 오염되었으나, 선을 닦아 일으키면 널리 모든 악을 다스릴 수 있다. 불은 비록 성악을 단절하지 않았더라도 악을 통달할 수 있고, 악을 통달하였기 때문에 악을 마음대로 할 수 있다. 따라서 악에 오염되지 않고, 악을 닦아서 악을 일으키지 않기 때문에 불은 영원히 악을 되풀이하지 않는다.125)

지의는 천제가 선성(善性)을 끊지 않았고 또한 성선(性善)에 통달하지도 않아서 악에 오염되었지만, 천제도 선의 영향을 받아 선을 닦으면 악을 다스릴 수 있다고 생각하였다. 불과 천제의 차이는 통달 혹은 오염에 있는 것이다. 불은 비록 성악을 단절하지는 않았으나 성악에 통달할 수 있기 때문에 불은 악에 대해 이미 자유로울 수 있으며, 악의 영향을 받아들이지 않고 악을 닦지도 않아서 불은 영원히 악을 되풀이하지 않는다. 이것은 천제도 성선을 단절하지 않았고 단지 선을 닦지 않는 것일 뿐이며, 제불 역시 성악은 단절하지 않았고 다만 악을 닦는 것을 완전히 끊었을 뿐이라는 뜻이다.

어떤 사람은 불이 이와 같이 마음대로 할 수 있음으로써 오히려 악의 법문을 이용하여 인류를 교화하여 구제하고, 또 악의 법문을 사용함으로 인하여 마음대로 할 수 있는 것을 제한함으로써 악에 오염되지 않는 것이라고도 한다. 그러므로 불과 천제의 차이는 통달과 오염에 있다고 말할 수 있으며, 불은 비록 성악을 끊지는 않았지만 성악에 능히 통달하여 악에 의해 오염되지 않는다. 이에 비해 천제는 오염되고 통달하지 못했고, 성악에도 통달하지 않았기

---

125) 『관음현의(觀音玄義)』 권상, 『大正藏』 34, p.882c, "闡提旣不達性善, 以不達故, 還爲善所染, 修善得起, 廣治諸惡. 佛雖不斷性惡, 而能達於惡, 以達惡故, 於惡自在, 故不爲惡所染, 修惡不得起, 故佛永無復惡."

때문에, 성선을 단절하지도 않았다고 할 수 있다.

명대의 천태학자 전등(傳燈)이 저술한 『성악선론(性惡善論)』 6권은 선악에 대하여 새로운 해석을 내렸다.

> 대개 천태종에서 말하는 성(性)은 '선악을 갖추고 있다'는 것이다. '닦는다'고 말하는 것은 이후에 선과 악으로 나누어지는 것을 말한다. 불계에 본래 갖추어져 있는 것이 성선이고, 구계에 본래 갖추어져 있는 것이 성악이라는 것이다. 닦아서 불계를 이루는 것이 선을 닦는 것이며, 닦아서 구계를 이루는 것이 악을 닦는 것이다.126)

이는 체용(體用)으로써 성(性)과 수(修)를 말한 것으로서, 성선과 성악은 진여의 변하지 않는 체(體)이며, 선을 닦고 악을 닦는 것은 조건에 따른 용(用)의 차별이다. '구계(九界)'는 불 이외 보살 등의 구계를 말한다. 전등(傳燈)은 십계를 구비하고 있는 것 중에서 불계와 기타 구계를 지표로 하여 선과 악을 구분하고, 그로부터 보살·성문·연각을 '삼성(三聖)'계로 파악하고 이들을 일률적으로 악으로 귀결시켜 범계(凡界)로 돌리는 경향을 띠고 있다. 또 인간과 축생·아귀·지옥을 성악으로 똑같이 열거하여 인간의 지위를 폄하히는 경향을 보였다. 전등은 십계 중의 불계는 선을 닦는 완전한 성선이고, 구계는 악을 닦는 완전한 성악이라고 생각하였다. 만약 중생이 악을 닦는 것을 성악이라고 관찰할 수 있다면, 구계는 숨어 버리고 불계가 드러나게 되어 그에 따라 성선을 얻게 된다는 것이다.

---

126) 『성선악론(性善惡論)』 권1, 『續藏經』 제1집, 제2편, 제6소, 제5책, p.420. "盖台宗之 言性也, 則善惡具; 言修也, 而後善惡分, 乃以本具佛界爲性善, 本具九界爲性惡; 修 成佛界爲修善, 修成九界爲修惡."

2. 성구(性具)의 공(功), 그 공은 선악에 있다

천태종 성구선악론의 중점은 성악론이다. 천태종의 6조인 담연 (湛然, 711 - 782)은 "성악이 단절된다면, 널리 나타나는 색신은 어디에 설 수 있겠는가?"[127]라고 하여, 만약 성악이 단절된다면 각종 색신의 존재를 설명하기 어렵고, 따라서 일념삼천(一念三千)의 도리도 설명하기 힘들다고 보았다. 성악설은 일념삼천 이론의 지주로 여겨졌다. 담연은 또 성악(性惡)과 실악(實惡)의 구별을 특별히 강조하여, 악에 통달하는 선은 반드시 악을 떠나게 된다고 생각하였다. 송대의 지례(知禮)는 한 걸음 더 나아가 성악설을 선양하고, 아울러 성악설은 천태종 교의의 특징임을 강조하였다. 그는 "단지 '구(具)'라는 한 글자가 충분히 천태종을 드러내고 있다. 본성으로써 선을 갖추고 있음은 여러 스승들도 알고 있었다. 악연·요를 갖추고 있는 것은 그들도 모두 예측하지 못했다. ……만약 본성이 선악을 모두 구비하고 있다는 것을 알면, 성은 융합하지 않음이 없어서 곧 십계 백계이고 일천 삼천이므로 뜻을 얻은 자는 이것으로써 말하는 것이니, 『지관』의 글을 보아도 많지도 않고 적지도 않다."[128]고 하였다. 이 설은 보다 분명하게 성구선악설과 악성설과 일념삼천설을 연결하여 천태종의 기본사상을 다시 설명하고 있는 것이다. 훗날 원대(元代)의 회즉(懷則)은 『천태전불심인기(天台傳佛心印記)』에서 본성에 대한 설명을 총결하였다.

---

127) 『지관의례(止觀義例)』 권상, 『大正藏』 46, p.450c, "性惡若斷, 普現色身從何而立?"
128) 『관음현의기(觀音玄義記)』 권2, 『大正藏』 34, p.905a, "只一具字, 彌顯今宗. 以性具善, 諸師亦知. 具惡緣·了, 他皆莫測. ……若知善惡皆是性具, 性無不融, 則十界百界, 一千三千, 故得意者, 以此所談, 望『止觀』文, 不多不少."

여러 종파들은 본성에 악법이 갖추어져 있음을 알지 못하고, 구계를 논할 때에는 성기(性起)만을 말하고, 원가에서 성구를 종지로 삼고 있음에도, 본성은 선을 갖추고 있다고만 알고 그에 대해서만 말한다. 본성이 악을 갖추고 있음을 알지 못하기 때문에 비록 번뇌가 곧 보리라고 하고 생사가 곧 열반이라고 하여도, 이는 쥐가 찍찍거리고 새가 허공을 나는 것처럼 말은 있어도 뜻은 없다. 반드시 구계의 수악(修惡)을 뒤집어 불계의 성선(性善)을 증명하고, 인간의 마음을 바로 가리켜 본성을 보아야 성불하게 되는 것이다. 즉 마음이 불의 과보라고 하는 것은 진심이 성불하는 것을 가리키는 것이지 망심을 가리키는 것이 아니다.[129]

이것은 화엄종과 선종 등의 종파가 성은 악이기도 하다는 것을 모르는 것, 성악이 불성의 다른 이름임을 이해하지 못하는 것, 망심 역시 불을 만드는 것임을 알지 못하는 것, 반드시 구계의 악을 닦는 것을 뒤집어 불계가 성선임을 증명하는 것이 바로 성불하는 것이라고 여기는 것을 분명하게 비평한 것이다. 회측은 이 모든 것이 원만한 견해가 아니라고 생각하였다. 그는 본성은 선만을 갖추고 있는 것이 아니라 악도 갖추고 있어서, 성불은 진심만을 의지하는 것이 아니고 망심도 성불할 수 있다고 강조하였다. 회측은 또 이렇게 말하였다. "우리 종파의 성구의 공(功,) 그 공은 성악에 있다."[130] 이 뜻은 천태종 성구설이 이론적으로 공헌한 것은 성악설을 제시한 것에 있으며, 성악은 일체의 중생과 제불의 본성을 긍정하고, 성악을 확실히 깨달아 알게 되면 악이 선을 이루어 악으로 오염되지 않

---

129) 『大正藏』 46, p 935c, "諸宗旣不知性具惡法, 若論九界, 唯云性起, 縱有說云, 圓家以性具爲宗者, 只知性具善也. 不知性具惡故, 雖云煩惱卽菩提, 生死卽涅槃, 鼠唧鳥空, 有言無旨, 必須翻九界修惡, 證佛界性善, 以至直指人心, 見性成佛, 卽心是佛果, 乃指眞心成佛, 非指妄心."

130) 『大正藏』 46, p.934a, "今家性具之功, 功在性惡."

는다는 것이다. 성악설은 천태종 심성학설의 주요 특징이며 기타
여러 불교 종파의 사상과 차별되는 중요한 지표이다.

3. 탐욕이 곧 도이다[貪欲卽是道]

천태종에서는 그들이 세운 성악법문에 기초하여 악을 중생이 본
래 갖추고 있는 성덕으로 삼고, 나아가 "탐욕이 곧 도[貪欲卽是
道]"라는 사상을 고취하였다. 탐욕은 탐독(貪毒)이라고도 하며, 주
체가 아끼고 좋아하는 사물에 대하여 좋고 즐겁다는 생각이 생기
는 것이며, 애착심과 소유욕이 발생하는 것이다. 탐욕과 무명은 불
교에서 생사윤회의 괴로움을 초래하는 근본번뇌로 여겨진다. 천태종
은 탐욕은 악이지만 중생의 내심은 동시에 선성을 함께 갖추고 있
고, 불도를 구비하고 있기 때문에, 중생이 탐욕을 취하더라도 불도
를 볼 수 있다고 생각하였다. 지의(智顗)는 『마하지관(摩訶止觀)』
권10 하에서 다음과 같이 말하였다.

> 악을 행한다는 것은 대승에서 탐욕이 곧 도이고, 삼독 중에 일체의
> 불법이 갖추어져 있다는 것에 집착하는 것이다. 이와 같은 실질적인
> 말은 본래 번뇌를 없애고 집착을 피하여 다시 태어나는 업을 끝내는
> 것이다.[131]

이 글의 의미는 탐욕이 곧 불도이며, 삼독 중에도 불법이 갖추어
져 있어서, 악을 행하는 것은 탐욕을 떠나 별도로 불도를 구할 수

---

131) 『大正藏』 46, p.136b, "行惡者, 執大乘中貪欲卽是道, 三毒1) 中具一切佛法, 如此實
語, 本滅煩惱, 而僻取著, 還生結業."

없고, 또 삼독에서 벗어나 달리 불법을 구할 수 없으며, 탐욕에서 불도를 구하고(泯滅貪欲: 탐욕을 완전히 없앰), 삼독 중에서 불법을 구할 때(消除煩惱: 번뇌를 완전히 없앰), 해탈을 획득할 수 있고 불과를 성취할 수 있다는 것이다. 이것이 바로 "악을 닦으면 성악에 도달하게 된다[卽修惡達性惡]."는 중요한 이론이며, 악 중에서 관(觀)을 수행하여 악의 본질을 분명하게 깨달아 악을 타파함으로써 불도를 성취한다는 것이다. 만약 악 중에서 악의 본질을 관찰하는 수행을 하지 못하면, 도(道)가 아닌 것만 자라나서 방해와 장애로 해탈을 얻지 못하게 된다.

천태종 학자들은 공(空)·가(假)·중(中)의 삼제원융(三諦圓融)론을 근거로 모든 사물을 관찰하여, 사물의 대립되는 양극단을 실상상즉(實相相卽)의 평등(무차별)으로 귀결시켰다. 나아가 탐욕이 곧 도이고, 악법이 바로 불의 종자이고, 삼독이 불법이고, 번뇌가 보리이며, 생사가 열반이라고 설명하였다. 그 이유는 즉공(卽空)·즉가(卽假)·즉중(卽中)의 삼관(三觀)을 운용하여 일념으로 악을 수행하는 마음을 분명하게 깨달아 알게 되면, 그것이 바로 '삼천(三千)'의 묘경(妙境)이며, 정(情)을 소멸하고 이(理)를 드러내는 것이고, 악을 수행하는 것도 악을 타파하는 것이 아니고 악을 분명하게 드러내는 것에 속하기 때문이다. 이와 같이 성악(性惡)을 분명하게 깨달았다는 것은 수악(修惡)이 없는 것도 논할 수 있음을 말한 것이기도 하다. 그들은 또 이러한 설법이 중생을 교화하는 데 필요하고, 우둔하고 반복한 중생을 계도하고, 그들이 신심을 수립하도록 도와주기 위하여, 그들이 악 중에서 도를 닦을 수 있도록 한 것이다. 총명하고 복이 두터워 악 중에서 도를 닦는 데 적합하지 않은 중생에게는 선이 도라고 설명하고 선 가운데서 도를 닦을 것을 제창하였다. 결코 선과 악을 나누지 않은 것이 아니며 또한 선악을 뒤섞은 것도 아니다.

　탐욕이 도이고, 번뇌가 보리라는 등의 명제는 불경과 기타 일련의 종파들의 논저에서 일찍이 논술한 것이다. 천태종이 설명한 이러한 명제는 그것들과 특별히 무엇이 다른가? 회즉(懷則)의 평론을 살펴보자.

　　그러므로 스승들이 말한 '즉(卽)'을 알 수 있다. 참된 것을 참된 것이라고 한 것이지 허망한 것을 참된 것이라고 한 것이 아니다. 이것이 바로 보리는 보리, 열반은 열반이라고 하는 것이다. ……또한 성악이 불성의 다른 이름이고, 번뇌심과 나고 죽는 색(色)은 모두 불성이 없는 것임을 알지 못한 것이다. 번뇌심은 불성이 없기 때문에 법상종에서는 정성의 이승(二乘)[132]과 극악한 천제는 성불할 수 없다고 한다. 나고 죽는 색은 불성이 없기 때문에 그 성종에서는 이른바 담장과 벽과 기와와 조약돌 같은 것은 성불할 수 없으며, 반드시 구계의 번뇌생사를 타파하여 악을 닦고, 불계의 성선인 불성을 드러내어야 하기 때문이라고 말한다. 다만 과위(果位)의 통탈과 융섭에 대해서만 알 뿐 인위(因位)의 마음에 본래 갖추어져 있다는 것을 알지 못한 것이다. 만약 이것이 잘못된 것이라면 다만 무정이고 무성일 것이요, 유정 또한 없을 것이다. 어찌하여 그런가? 반드시 진여심에 의거하여 오직 마음만이 자나[133]를 이루는 불성의 진실하고 항상한 색이 있고, 오로지 색만이 적광[134]을 이루는 불성이 있다고 말하는 것이니, 유정의 번뇌심이 무정의 생사색과 무슨 관련이 있겠는가?[135]

---

132) 定性의 二乘: 성문정성(聲聞定性)과 연각정성(緣覺定性), 성문, 연각의 이승 중생은 열반에는 들어갈 수 있으나 불이 될 종성이 없어 성불할 수는 없다는 것을 말한다.

133) 자나: 비로자나불(毘盧遮那佛)의 약칭.

134) 寂光: 번뇌(煩惱)를 끊고 고요히 빛나는 마음.

135) 『천태전불심인기(天台傳佛心印記)』, 『大正藏』 46, pp.935c－936a, "故知諸師言 '卽', 指眞卽眞, 非指妄卽眞, 是則合云菩提卽菩提, 涅槃卽涅槃也. ……又復不了

회즉은 여기서 악성설을 승인할 것인가 말 것인가에 대하여 중
점적으로 설명하였다. 이는 천태종과 기타 종파를 근본적으로 구별
하는 것이며, 나아가 탐욕이 곧 도라는 명제상의 이론 분야를 도출
하는 것이다. 기타 종파가 말하는 번뇌가 곧 보리이고 생사가 곧
열반이라고 하는 것은 성선론의 기초 위에서 입론한 것으로서 실
질적으로는 참된 것이 참된 것이고, 보리가 보리이고, 열반이 열반
임을 가리키는 것이다. 천태종이 말하는 번뇌가 곧 보리이고, 생사
가 바로 열반이라고 하는 것은 성악이 곧 불성이라는 생각에 기초
한 것이며, 허망함이 곧 진실함을 가리키는 것이다. 양자 입론의
이론적인 기초가 되는 심성론 학설은 동일하지 않다.

4. 이독성독(理毒性毒)의 논쟁

북송 이래 천태종의 내부에 변화가 일어났다. 일부 학자는 화엄종
과 유식종 등의 영향을 받아서 차츰 '성구(性具)'설에서 분리되어 산
외파(山外派)라고 불렸다. 산외파의 대표적인 인물로는 오은(晤恩),
원청(源淸), 지원(智圓), 경소(慶昭) 등이 있다. 천태종의 전통적 입
장을 견지하는 자칭 산가파(山家派)의 대표적인 인물은 지례(知禮),
존식(遵式) 등이다. 이 두 학파는 많은 문제에 대해 논쟁을 전개하
였는데, 그중의 하나가 진여이성(眞如理性, 중생의 본성)과 악성의

性惡卽佛性異名, 煩惱心, 生死色, 皆無佛性. 煩惱心無佛性, 故相宗謂定性二乘,
極惡闡提不成佛. 生死色無佛性故, 彼性宗謂墻壁瓦礫不成佛, 須破九界煩惱生死
修惡, 顯佛界性善佛性故. 但知果地連融, 不了因心本具. 若爾非但無情無性, 有情
亦無. 何者? 迫約眞如心, 說唯心則成遮那有佛性眞常色, 說唯色則成寂光有佛性,
何關有情煩惱心無情生死色耶?"

관계에 관한 논쟁, 즉 이독(理毒)과 성독(性毒)의 논쟁이다.

이독은 이성독해(理性毒害)라고도 한다. 이(理)는 이체(理體)·진여(眞如)를, 성(性)은 본성을 말한다. 독(毒)이란 독해(毒害)를 이르고, 악에 해당한다. 산가와 산외의 두 파는 바로 지의(智顗)가 『청관음경소(請觀音經疏)』에서 말한 이독은 '성독(性毒, 성악)'인가 아닌가 하는 문제에 대하여 논쟁하였다. 지의는 이 책에서 다라니(陀羅尼)[136]가 갖추고 있는 능지(能持)와 능차(能遮)의 작용에 대하여 다음과 같이 설명하였다. "작용은 세 가지이다. 하나는 사(事)이고, 둘은 행(行)이며, 셋은 이(理)이다. 사는 호랑이, 이리, 칼 등이며, 행은 오주번뇌이며, 이는 법계에 막힘이 없고 오염되지 않으면서 오염되는 즉 이성의 독이다."[137] 이 글 중의 법계는 일심이며, 중생과 불이 서로 융섭하는 까닭에 무애(無碍)라고 한다. 자성청정심은 번뇌에 오염되지 않으면서도 여러 가지 현상을 일으키니, 이것이 오염되지 않으면서 오염(迷)되는 것이다. 지의의 이러한 설명에 대하여 지원(智圓, 976-1022)은 『청관음경소의초(請觀音經疏義鈔)』 권7의 1에서 다음과 같이 해석하였다. 호랑이, 늑대, 사자와 우연히 마주치면, 독약의 도검을 마주 보면서 살육에 임하여 이름을 부르며 주문을 외우면 해탈을 얻을 수 있으니, 이것이 사(事)가 사라지는 것이다. 일심 중에서 원만하게 공(空)·가(假)·중(中) 삼제를 수행하면 오주번뇌가 타파되니, 이것이 행(行)이 사라지는 것이다. 지금 보이

---

136) 다라니(陀羅尼): 범어를 음역한 것으로서 기억을 모두 수용하여 무량한 불법을 유지할 수 있으며, 염혜력(念慧力)을 망실하지 않는 기억술을 말한다. 불교에서는 다라니를 칭하면 각종 선법을 섭지하고 각종 악법을 차단한다고 한다.

137) 『大正藏』 39, p.968a, "用卽爲三: 一事, 二行, 三理. 事者, 虎狼刀劍等也; 行者, 五住煩惱1) 也; 理者, 法界無閡(碍), 無染而染, 卽理性之毒也."

는 일체의 사물은 오직 마음이 나타난 것이며, 염의 체는 모두 청정하니, 이것은 신비한 주문이 이성의 독을 다스리는 것이다.[138]

　시원(智圓)은 진여가 무명을 조건으로 하여 생겨난 것이 일체의 현상이며, 현상은 오염되지 않으면서 오염되는 완전히 이성이 독을 이룬 것으로서 '이성지독(理性之毒)'이라고 부르는 것이라고 생각하였다. 다시 말해서 이성 자체는 오염되지 않으나 무명의 미혹으로 말미암아 일체의 현상을 일으키며 독(악)을 형성한다는 것이다. 이독(理毒)은 진여 성덕이 본래 갖추고 있는 것이 아니므로 이독은 소멸될 수 있고, 성독은 곧 성악이며, 성악법문은 타파할 수 없어도, 성악무법은 없애 버릴 수 있으므로 이독은 성악이 아닌 것이다.

　지례(知禮)는 『대「천의초」변삼용(對「闡義鈔」辨三用)』을 지어서 지원이 위에서 설한 법문을 상세하게 힐난하였다.[139] 즉, 지원의 관점은 별교(別敎)[140]적인 설법이며, 원교(圓敎)의 관점이 아니라고 생각하였다. 지례가 말하기를, 원교는 이독이 성독이라고 강조하고, 지원(智圓)이 미혹된 진여이성에는 '삼장(三障: 번뇌·업·과보)'의 오염은 없으나 무명의 미혹으로 인한 또 다른 세 가지 장애가 있다고 한 생각은 별교의 관점이며, 그 때문에 원융상즉(圓融相卽)

---

138) 『大正藏』 39 p.978a.

139) 『사명존사교행록(四明尊者敎行錄)』 권2, 『大正藏』 46, pp.873 874.

140) 천태종은 화법의 사교 즉 장(藏)·통(通)·별(別)·원(圓)을 세웠다. 장교는 수승교를 가리키며, 생멸의 관점으로 고(苦)·집(集)·멸(滅)·도(道)의 사제를 보며, 灰身滅智를 출세간의 이상으로 주장하였다. 통교는 반야사상을 주로 하며, 공(空)을 진리로 삼고, 현신의 생사번뇌와 지금 체득한 깨달음의 본성은 공이므로, 염착하지 말 것을 주장한다. 별교는 여래상세몽의 성전에서 밀설하고 가르친 보살의 설법만을 기리킨다. 공(空)·가(假) 이세(二諦) 이외에 별도로 중제(中諦)를 세우고, 삼제는 원융상즉(圓融相卽)하지 않음을 주장한다. 원교의 교의는 원만구경(圓滿究竟)이며, 공(空)·가(假)·중(中) 삼제는 원융 상즉한다고 한다. 원교는 의식하기 전의 일념 중에 불성이 드러나고 진리가 나타난다고 가르친다.

의 '즉(卽)'자의 의미도 성립될 수 없다고 하였다. 그러나 원교는 이와 달리 미혹된 진여이성은 본래 삼장오염을 갖추고 있으며, 따라서 삼장(三障)은 밖으로 나타나고, 다시 근본으로 환원되어 '삼덕(삼덕: 법신·반야·해탈)'을 성취할 때에도 오염된 독은 여전히 남아 있으며, 삼장과 삼덕은 서로가 서로를 갖추고 있는 원용한 관계이다. 이때 비로소 원융상즉의 '즉(卽)'자의 의미에 부합하는 것이라고 하였다.

위의 내용을 종합하여 볼 때, 성구선악설은 성선론도 아니고 성악론도 아니며 선악이원론과 비슷하다고 할 수 있다. 그렇다고 해서 이원적인 대립도 아니며 이원원융(二元圓融)의 인성론(人性論)이라고 할 수 있다. 그 특색은 과감하게 성악설을 논함으로써 자각적으로 선악으로부터 모든 모순들이 동일하게 전개되는 이론 노선을 확립한 것이다. 다시 말해 중생은 선성뿐 아니라 악성도 지니고 있어서 긍정적인 측면이 있는가 하면 부정적인 측면도 가지고 있다는 것이다. 중생이 내재적 모순을 통과하여 동일하게 전개해 나가려면, 즉 내재적인 전화를 전개하려면, 성악을 분명하게 깨달아 알고 악을 전환하여 선을 이룸으로써 자기의 이상적인 경계를 실현하여야 한다는 것이다. 이와 같이 천태종은 중생들을 위하여 하나의 참신하고 광활한 종교실천의 길을 제공하였다.

제5절 무정유성(無情有性)

천태종의 창시자 지의(智顗)는 불(佛)과 중생은 상즉하며, 불과 중생의 본성은 똑같이 악하다고 생각하였다. 담연(湛然)은 여기에서 한 걸음 더 나아가 불성과 세간법(世間法)은 상즉한다는 의리(義理)를 설명함으로써 불성과 법성의 구별과 간격을 없애고 아울러 체계적으로 '무정유성(無情有性)'설을 논증하였다. '무정(無情)'은 풀, 나무, 기와, 돌이나 산하와 대지 등 동물 이외의 정식(情識)이 없는 사물을 가리킨다. '성(性)'은 불성(佛性)을 말한다. 담연은 정식이 없는 풀, 나무, 기와, 돌이나 산하와 내지 등도 모두 불성을 구비하고 있으며, 또 성불할 수 있는 가능성도 가지고 있다고 주장하였다.

담연의 무정유성설은 화엄종의 무정무성(無情無性)설에 상대하여 일어난 것이다. 화엄종에서는 유정한 것에만 불성이 있다고 인정하고, 무정한 것에는 불성이 없다고 생각하였다. 이에 대해 담연은 『금강비(金剛錍)』 등의 문장을 지어 화엄종의 학설을 비판하였다. 금강비(金剛錍)는 본래 인도의 의사들이 눈의 각막을 수술할 때 사용했던 일종의 예리한 수술용 칼인데, 담연은 이를 이용하여 화엄종 사람들은 무명에 가려서 두 눈이 어둡고 맑지 않으니 금강비를 사용하여 깎아 치료할 필요가 있다고 비유로 풍자하였던 것이다.

담연은 무정유성설을 어떻게 논증하였는가? 그는 색(色法, 물질현상)과 심(心法, 心識)은 둘이 아니다(不二, 무분별, 분별을 초월함)라는 도리에 의거하여, 중생이 성불할 때 의부와 정보의 이보

(二報)141) 역시 함께 성불한다는 관점과 본체론의 각도에서 불성과 법성·진여·중도를 통일함으로써 불성은 우주의 모든 사물에 두루 존재하고, 유정과 무정의 구별로 인한 간격이 있을 수 없으며, 풀 한 포기, 나무 한 그루, 기와 한 장, 돌 하나에도 모두 불성이 있다는 것을 논증하였다.

담연은 『대승기신론(大乘起信論)』의 진여연기설(眞如緣起說)과 색심불이설(色心不二說)142)의 사유성과를 받아들여 그의 중요 저작인 『십불이문(十不二門)』의 첫 문장에서 '색심불이(色心不二)' 사상을 논증하였다. 글 중에서, "색과 심이 둘이 아니라고 하는 것도 십여의 경지이고 나아가서는 무제에 이른다. 하나하나 모두에 별개의 두 가지 의미가 있다. 모든 것이 한 생각 속에 있으니 색과 심으로 나눌 수 없다. ……이미 차별이 있음을 알고 그 차별을 수용하여 전체로 들어간다. 일체의 제법은 심성이 아닌 것이 없다. 하나의 성에 성이 없으니 삼천이 완연하다."143)고 하였다. '십여(十如)'는 '십여시(十如是)'이며, 십여시 중의 상(相)·보(報)는 색(色)이고, 성(性)·인(因)·과(果)는 심(心)이며, 나머지는 모두 색심(色心)을 가리킨다. '하나의 성(性)'은 심성을 의미하며, '삼천(三千)'은 우주의 만법을 말한다. 그 뜻은 반야지혜가 관조하는 경지는 총체적으로 말하면 일념이고, 분별하여 말하면 색법과 심법이 된다는 것이다. 색

---

141) '의보(依報)'는 중생의 생명존재가 의지하는 환경을 말하며, '정보(正報)'는 전생에 지은 죄업[宿業]으로 말미암아 초래된 중생의 생명존재를 말한다.

142) 『대승기신론(大乘起信論)』은 불(佛)의 삼신(三身)으로서 색심불이를 말하고 있다. 법신(法身)은 색체(色體)이고 '심(心)'이며, 응신(應身)과 보신(報身)은 색상(色相)이며 '색(色)'이다. 삼신(三身)은 통일적인 것으로서, 색과 심은 둘이 아니라고 한다. 『大正藏』32, p.579c에 상세히 보임.

143) 『大正藏』46, p.703a, "色心不二門者, 且十如境, 乃至無諦, 一一皆可總別二意. 總在一念, 別分色心. ……旣知別已, 攝別入總. 一切諸法無非心性. 一性無性, 三千宛然."

법과 심법 즉 일체의 제법은 모두 일념이고 심성이다. 색법과 심법은 각각 삼천법을 구족하고 있기 때문에 양자는 둘이 아니다. 이는 색법과 심법은 모두 '일념(一念)'이라는 것과 각자 '삼천(三千)'을 갖추고 있다는 것으로서, 색과 심은 둘이 아님을 논증한 것이다.

『금강비』도 다음과 같이 말하였다. "만약 오직 마음일 뿐이라는 유심(唯心)을 세우지 않으면 모든 큰 가르침도 소용이 없을 것이다. 만약 마음이 원돈의 이치를 갖추고 있다는 것을 인정하지 않는다면 헛되고 옳지 않을 것이다. 오직 마음만 다시 유무에 대한 의심을 가지고 있다고 믿는 것은 곧 자기 마음의 유무를 의심하는 것이나. 그러므로 하나의 티끌과 하나의 마음이 곧 모든 불이 생거니게 하는 심성이니, 어찌 유독 자심의 유무이겠는가?"[144] 이것은 마음이 모든 것을 갖추고 있다는 입장에서 일체유심을 강조하고, '하나의 티끌[一塵]'이 '하나의 마음[一心]'과 동일한 것처럼 또한 '불이 생겨나는 심성'도 마찬가지임을 강조한 것이다. 이것은 풀 한 포기, 나무 한 그루, 기와 한 장, 돌 하나에도 불성이 있어 성불할 수 있다는 것을 말한 것이다.

담연은 『금강비』에서 다시 진일보하여 의보(依報)와 정보(正報)의 이보(二報)가 동시에 성불할 수 있다는 각도에서 무정유성설(有情無性說)을 논증하였다. 본문에서 말하기를, "내 마음이 그들 중생이며, 하나하나이 찰나마다 그 자나의 과덕과 심신과 의정이 함께하지 아니함이 없으니 자타가 서로 융합하여 함께 나란히 들어간다. 나와 중생 모두에게 그러한 본성이 있으니, 그것을 불성이라고 부른다. 그

---

144) 『大正藏』 46, p.782c, "若不立唯心, 一切大教全爲無用. 若不許心具圓頓之理, 乃成徒施, 信唯心只復疑有無, 則疑自心之有無也. 故知一塵一心卽一切生佛之心性, 何獨自心之有無耶?"

성품은 두루 만들어지고, 두루 변하며, 두루 포섭하니, 세상 사람들이 큰 가르침의 본체를 잘 알지 못하여, 오로지 무정을 말하고, 유성을 말하지 않으니 그 때문에 무정한 것에도 성이 있음을 말할 필요가 있는 것이다."145) '자나(遮那)'는 비로자나불(毘盧遮那佛)의 약칭이다. 비로자나는 원래 태양을 의미하고 불의 지혜가 광대하고 끝이 없음을 상징하는 것이다. 천태종은 이를 불의 법신으로 보고 있다. '자나과덕(遮那果德)'이란 비로자나불이 구족하고 있는 절대적인 숭고한 덕성을 말한다. 이 단락의 의미는 비로자나불의 법신과 보신(報身)·보토(報土)는 둘이 아니며, 중생이 성불할 때 의(依)와 정(正)의 이보 즉 중생의 생명과 그가 거주하는 산하 국토와 환경 세계가 모두 동시에 성불한다는 것이다. 이를 근거로 유추해 볼 때, 중생 한 사람의 성불이 풀·나무·기와·돌·산하대지까지도 서로 연대하여 성불을 하게 한다는 것이다. 여기서 다시 진일보하여 무정한 것에도 역시 성이 있다는 것을 설명한 것이다.

이상의 심색불이설(心色不二說) 논증의 요점은 두 가지이다. 하나는 우주의 만법은 색법(色法)과 심법(心法) 두 종류로 나누지만 색법은 일심 가운데 들어 있다. 둘은 어떠한 색법이라도 설령 지극히 작은 먼지 하나도 하나의 마음과 마찬가지로 우주의 만법을 원만하게 구족하고 있다. 그리고 다시 중생이 성불할 때 의(依)와 정(正)의 이보(二報)도 동시에 성불한다는 이론을 제시한 것이다. 이 모두는 담연의 무정유성설의 중요한 논증이 되었다.

그러나 무정유성설의 입론에 대하여 말할 때, 한 티끌의 먼지에

---

145) 『大正藏』 46, p.784c, "我心, 彼彼衆生, 一一刹那, 無不與彼遮那果德身心依正, 自他互融, 互入齊等. 我及衆生皆有此性, 故名佛性. 其性遍造, 遍變, 遍攝, 世人不了大教之體, 唯云無情, 不云有性, 是故須云無情有性."

도 우주의 일체가 원만하게 구족되어 있어서 불성을 갖추고 있다는 것을 설득력 있게 논증하는 것은 결코 쉬운 일이 아니었다고 볼 수 있다. 이를 위하여 담연은 본체론의 각도에서 우주만물의 본성, 즉 법성을 중생의 심성과 동등하게 하여, 우주의 만물은 동일하게 진여의 본체를 갖추고 있다는 것으로서 풀·나무·기와·돌에도 불성이 갖추어져 있다는 것을 논증한 것이다. 화엄종은 풀·나무·기와·돌 등 무정식의 사물이 비록 '정인불성(正因佛性)'을 지니고 있다고 하더라도, 즉 일체의 사물이 본래부터 진여의 이치를 구족하고 있다고 하더라도, 이러한 종류의 불성은 법성이라고 부르는 것이 마땅하며, 이는 지혜의 성품이 아니며, 성불이 가능한 불성은 아니라고 생각하였다. 담연은 "법성은 본래 청정하다. 마치 허공처럼 모양[相]이 없다. ……일체의 법도 상이 없으니 이것이 바로 진실한 불의 체이다. ……그러므로 진여가 인연을 따르는 것이 바로 불성이 인연을 따르는 것이며, 불이라는 한 글자가 바로 법불이다. 따라서 법불과 진여는 본체는 하나인데 이름만 다를 뿐이다. 그러므로 『불성론』에서는 제일 먼저 '불성이라는 것은 인(人)과 법(法)의 이공(二空)으로 드러나는 진여이다.'라고 하였다. 그러므로 진여가 바로 불성의 다른 이름임을 마땅히 알아야 한다."146)고 하였다. 즉 법성의 다른 이름이 진여이고, 진여의 다른 이름이 불성이므로, 법성도 불성이고 법불(법신)도 불이라는 것이다.

담연은 화엄종 사람들이 "진여는 무정에서는 다만 법성이라고 부르고 유정 내에서는 불성이라고 부른다."고 한 관점은 "이름에

---

146) 『大正藏』 46, p.783ab, "法性本清淨, 如空無有相. ……一切法無相, 是則眞佛體. ……故眞如隨緣卽佛性隨緣, 佛之一字卽法佛也. 故法佛與眞如體一名異. 故『佛性論』第一云: '佛性者, 卽人法二空所顯眞如.' 當知眞如卽佛性異名."

미혹되어 의미를 알지 못한"것147)이라고 지적하였다. 또 "무정에는 불성도 없다."는 관점에 대해서도 반박하기를, "그러므로 그대는 마땅히 알아야 한다. 만법은 진여이며, 변하지 않는 까닭에 진여는 만법이니, 인연을 따르기 때문이다. 그대가 무정에는 불성이 없다고 믿는 것은 만법에 진여가 없다고 하는 것이 아니겠는가? 그러므로 만법으로 부르는 것에 어찌 작은 먼지라고 거리를 두겠는가? 그러니 진여의 본체가 어찌 그대와 나에게 전해졌겠는가?"148) 이것은 『대승기신론(大乘起信論)』의 진여란 조건에 따라 변하지 않는다는 진여수연불변설[眞如隨緣不變說]의 해석을 통하여, 진여의 불변과 수연(隨緣)은 일치한다는 것을 강조한 것이다. 그리고 이렇게 불변의 진여와 진여의 수연으로 일어나는 만법도 상즉하며, 우주 간의 미세한 먼지 입자 하나도 진여가 체현한 것인데, 어떻게 진여가 단지 나와 같은 유정의 동물에게만 전해졌다고 할 수 있겠는가? 하는 것을 강조한 것이다. 담연은 진여의 본질적 존재 · 보편적 존재로서의 '무정(無情)'물은 불성의 본체와 동일하다고 보고 나아가 무정유성설을 논증하였다.

천태종에서는 또 화엄종 사람들이 정인(正因)을 불성으로 삼는 것은 정(正) · 연(緣) · 요(了) 삼인(三因)을 서로 구족하고 있는 도리를 알지 못하는 것이라고 비평하였다. 천태종은 공(空) · 가(假) · 중(中)의 삼제(三諦)를 정(正) · 연(緣) · 요(了)의 삼인에 비유하여, 가명으로 시설한 모든 사물은 모두 원인을 조건으로 하는 이상

---

147) 『大正藏』 46, p.783a. "迷名而不知義"

148) 『大正藏』 46, p.782c, "故子應知: 萬法是眞如, 由不變故; 眞如是萬法, 由隨緣故. 子信無情無佛性者, 豈非萬法無眞如耶? 故萬法之稱, 寧隔於纖塵; 眞如之體, 何專於彼我?"

연인(緣因)은 불성이며, 그렇다면 풀·나무·기와·돌과 같은 자연에도 불성이 있는 것이라고 생각하였다.

법신은 진여와 불법을 성취하는 정신의 본체를 실제로 증명하는 것이다. 진여의 변재성에 대한 논증과 상응하여, 담연은 또한 법신의 변재성으로써 무정유성설을 논증하기 위하여 이렇게 말하였다.

> 첫째는 몸[身]에 의거하여, 불성은 마땅히 삼신을 갖추어야 한다고 말한다. 유독 응신성만 있다고 말할 수 없다. 만약 삼신을 갖추고 법신의 변재를 인정한다면, 어찌 무정물과 거리가 있겠는가? 둘째는 본체를 따라 삼신은 상즉하여 잠시라도 떨어져 있는 시간이 없다. 이미 법신은 모든 곳에 두루 존재한다는 것을 인정하였고, 보신과 응신은 법신을 떠난 적이 없으니, 더구나 법신은 보신과 응신에 머물러 항상 존재하는 것이다. 그러므로 삼신은 제법에 두루 존재하는 것임을 알아야 한다. 어찌 법신뿐이겠는가? 법신이 만약 두루 존재하는 것이라면 오히려 삼신을 갖춘 것인데, 어찌 유독 법신뿐이라고 하겠는가?[149]

이것은 불법이 법신성·응신성·보신성을 고루 갖추고 있다는 것을 말한 것이다. 이미 법신이 일체에 두루 존재하는 것이라면, 왜 무정에는 불성이 없다고 말하는가? 다시 법·응·보의 삼신은 상즉하여 분리되지 않는 것이고, 법신은 일체에 두루 존재하는 것이고, 응신·화신도 마찬가지로 일체에 두루 존재하므로, 무정도 역시 당연히 불성을 구비하고 있다는 것이다.

천태종의 지의는 진리와 마음은 하나이며, 불성은 중도의 이치일 뿐 아니라 또한 마음이며, 이것이 중도의 이치와 마음이 하나가 되

---

149) 『지관보행전홍결(止觀輔行傳弘決)』 권1의 2, 『大正藏』 46, p.151c, p.152a, "一者約身, 言佛性者應具三身, 不可獨云有應身性? 若具三身, 法身計遍, 何隔無情? 二者從體, 三身相即, 無暫離時. 旣許法身遍一切處, 報應未嘗離於法身, 況法身處二身常在, 故知三身遍於諸法, 何獨法身? 法身若遍, 尙具三身, 何獨法身?"

는 것이라고 보았다. 담연도 중도와 불성을 동등하게 파악하고 무정유성설을 논증하였다. '중도(中道)'는 통상적으로 멀리 떨어진 두 사물의 대립적인 상태, 즉 단(斷)·상(常)의 이견(二見)에서 멀리 벗어난 것, 유무의 양변에서 멀리 떠나 어느 한쪽으로 기울거나 치우치지 않는 본래의 진실한 경계와 부합되는 것이다. 지의는 이렇게 말했다. "계연의 법계와 일념의 법계는 동일한 색과 동일한 향으로서 중도가 아닌 것이 없다."150) 여기서 '동일한 색과 동일한 향'은 풀 한 포기, 꽃 한 송이를 의미하며, 넓게는 세계에 있는 평범한 사물 가운데서 아무것이나 하나를 가리키는 것이다. 이 말은 세계상의 어떤 미세한 사물 하나라도 모두 중도실상(中道實相)의 이치를 갖추고 있고 중도실상의 본체를 함유하고 있다는 것이다. 이것은 공(空)·가(假)·중(中)의 삼관(三觀)으로써 일체의 사물을 관조한 이후에 나타나는 깨달음의 경지이며 천태종 사람들이 추구해 온 경계이다.

담연은 지의의 말에 대하여 새로운 해석을 하였는데, 중도라고 하는 것은 단견(斷見, 일체의 사물은 단절되고 소멸된다는 견해)과 상견(常見, 일체의 사물은 항상하다는 견해)에서 멀리 벗어나 있는 것이라고 생각하였다. 그리고 별교(別敎)와 원교(圓敎) 등에서 말하는 불성은 바로 이러한 중도를 말하는 것이라고 생각하였다. 동일한 색과 동일한 향은 비록 '무정(無情)'의 것이지만, 무정도 단견과 상견의 양변에서 떠나 있고 또한 중도이기에 중도는 불성이며, 따라서 동일한 색과 동일한 향의 무정한 사물에도 불성이 있다는

---

150) 『마하지관(摩訶止觀)』 권1상, 『大正藏』 46, p.1c, "系緣法界, 一念法界, 一色一香, 無非中道."

것이다.[151]

담연의 무정유성설은 본체론의 논증을 채취하였다. 그는 진여본체의 보편성·절대성과 영구성을 강조하며, 진여와 불성을 동등시하고, 불성 역시 그 어느 곳에도 존재하는 세계의 본원이며, 따라서 풀·나무·기와·돌에도 갖추어져 있다는 것이다. 산하대지로부터 미세한 먼지, 작은 모래알에 이르기까지 모두 불성이 있으며, 모두 영성과 각성이 있어서 성불할 수 있다는 것이다. 이 역시 진여 본체론으로부터 자연신론(自然神論) 혹은 범신론(泛神論)으로 흐르는 것이다.

무정유성설은 비록 담연의 독자적인 관섬은 아니지만 담연의 체계적인 설명을 통하여 광범위하게 유포되었고, 불성설이 진일보된 전개를 할 수 있게 하였다. 중국의 불교사에서 축도생이 가장 먼저 제시한 '일천제(一闡提)' 즉 선근(善根)을 단절한 중생도 불성을 가지고 있다는 설은 불성설의 첫 번째의 전개라고 간주할 수 있다. 담연의 무정유성설은 오로지 중생만이 불성을 지니고 있다는 전통적인 관점을 타파하고, 최대한 불성의 존재와 성불의 범위를 확대한 것이며, 이것이 불성설의 두 번째 전개라고 말할 수 있다. 담연의 무정유성설은 유정물과 무정물 간의 한계를 깨뜨리고, 인도불교의 성불 범위에 대한 이론을 개조하고 변화 발전시켜 성불의 근거 조건 표준 등 이론적인 변화를 촉진시켰다. 이것은 사실 하나의 중요한 사상적 해방이며, 하나의 중요한 이론적 창조이며, 그 사이에는 중국 전통의 '천인합일(天人合一)'과 '만물일체(萬物一體)' 그리고 자연신론 관념의 영향이 녹아들이 있다. 아울러 중국

---

151) 『지관보행전홍결(止觀輔行傳弘決)』 권1의 2, 『大正藏』 46, p.151c, p.152a.

불교가 인도불교와 구별되는 중요한 내용을 구성하고 있다. 천태종의 역사에 있어서 담연의 무정유성설은 이미 쇠락해 가던 천태종을 한 차례 부흥의 단계에 진입하게 하는 영향을 미쳤다.

제13장 화엄종의
자성청정원명설(自性清淨圓明說)

화엄종에서는 우주의 만법의 원융무애(圓融無碍)한 이상적인 경계를 제득하고 증빙하는 것을 추구하였으며, 중생들은 오로지 수행에 힘써서 부처가 증득한 것과 같은 깨달음을 얻으면 이러한 이상적인 경계를 누릴 수 있다는 것을 강조하였다. 화엄종에서는 우주만법이 생겨나는 것은 최고의 주체성인 진심(眞心)에 의한 것이고, 이 진심에 의지하여 우주만법이 나타나는 것이라고 생각하였다. 이것이 화엄종의 중심이론인 '성기설(性起說)'이다. 이른바 '성(性)'이란 여래성·불성·본성·법성을 말한다. '성기(性起)'란 곧 '제성(體性)이 드러나는 것', 진여실성(眞如實性)에 수순하여 나타나는 것을 말한다.

다시 말해 다른 인연 조건을 기다릴 필요 없이 진여실성이 일어나기만 하면 곧 나타나는 작용을 말하며, 미망(迷妄)과 각오(覺悟), 유정(有情)과 무정(無情), 정토(淨土)와 예토(穢土) 등의 모든 존재와 현상으로 나타난다고 생각하였다. 화엄종에서는 이것은 최고의 높은 경지에서 오로지 불이 깨달음에 의해서만 두달할 수 있는 경계라고 생각하였다. 또한 성기설은 불과(佛果)의 경계에서 사물이 나타나는 것이라고 말하며, 그것은 경계론·우주론·증오론(證悟論)과 심성론 등 여러 가지 의미를 포함하고 있다.

여기에서 우리가 중점적으로 설명할 것은 화엄종이 성기설에서 출발하여 전개한 심성론 학설이며, 그중에서도 중요한 것으로는 법장(法藏)의 '명불종성설(明佛種性說)', 지엄(智儼)과 법장의 '자성청정설(自性淸淨說)', 징관(澄觀)과 종밀(宗密)의 '심성즉영지설(心性卽靈知說)'과 '진심즉성설(眞心卽性說)'이다. 이 밖에 지엄과 법장 일파 이외의 화엄종 학자인 이통현(李通玄)의 '자심즉부동지설(自心卽不動智說)' 등에 대해서도 다룰 것이다.

제1절 명불종성(明佛種性)

법장은 원융사유를 활용하고 성기설을 기초로 하여 교판(敎判)[152] 학설을 결합하고, 오교(五敎)의 종성설을 논술함으로써, 한편으로

---

152) 교판은 "교상판석(敎相判釋)"을 말하며, 불이 말한 교법의 교상차별을 판별하고 해석한다는 의미이다. 중국불교의 각 종파는 불교 내부의 서로 다른 관점을 조화하고, 자기 종파의 정종(正宗)과 권위를 세우기 위하여, 앞뒤로 나온 경전을 시간의 순서에 따라 배열하거나, 교리(敎理)의 깊이에 따라 조직하거나, 근기에 따라, 교화하는 방식에 따라 조합하고 배치하였다. 이는 형식과 내용의 두 가지 면에서 분류하고 안배하여 조직을 체계화하고 그 가치를 판정하였다. 법장은 불법의 깊이에 따라 오교(五敎)로 판별하였다. 소승교(小乘敎: 『아함경』, 『구사론』 등 人空에 대해서만 중점적으로 말하고 法空의 이치에는 미진한 것을 가리킴), 대승시교(大乘始敎: 중관과 유식의 학설을 말하며, 만법의 無自性空과 일체의 현상은 識에 의해 연기하여 존재한다는 학설을 가리킴), 대승종교(終敎: 여래장계의 眞如隨緣說), 돈교(頓敎: 『유마힐경』과 선을 가리킴. 言語道斷·空有雙泯의 설을 주장), 원교(圓敎: 『화엄경』과 『법화경』 등을 말하며, 한편으로는 空과 有 양변의 双奪과 双泯을 긍정하고, 다른 한편으로는 空과 有 양변의 相攝과 원융을 강조하여, 相卽相入과 重重無盡을 강조한다.)

는 화엄종의 교판을 표준으로 삼아 오교의 종성설을 정리하여 이들을 통일하고 회통하였다. 다른 한편으로는 화엄종이 주장하는 '일체 중생은 모두 불성을 지니고 있어서 중생이 선(善)을 수행하면 불이 될 수 있다.'는 사상을 최고의 학설로 받들어 화엄종의 학설을 여타 다른 종파의 위에 두었다.

법장은 그의 주요 저작인 『화엄일승교의분제장(華嚴一乘敎義分齊章)』(『오교장(五敎章)』) 권2에 있는 "제구명제교소전차별(第九明諸敎所詮差別)"의 "이명불종성(二明佛種性)"절에서 집중적으로 오교(五敎)의 불종성(佛種性) 문제에 대하여 설명하고 있다. 소승교에 관하여 그는 이렇게 말하였다.

> 이 가운데서 부처 한 사람만 불종성을 가지고 있다고 말하지만 그것
> 은 대보리성이 아니다. ……이 가르침에서는 부처 한 사람을 제외한
> 나머지 모든 중생에게는 모두 대보리성이 없다고 말한다.153)

대승불교에서는 불성은 대보리성이라고 생각하였다. 소승불교에서는 불성과 대보리성은 다른 것으로서, 불성은 성불의 근거이며 대보리성은 불의 지혜라고 생각하였다. 여기서 소승교는 오로지 석가모니 한 사람만 불성을 갖추고 있고, 다른 모든 중생은 불성이 전혀 없어서 성불할 수 없고 대보리성도 없다고 생각하였다. 법장은 또 이렇게 말하였다.

시교에 의하면 유위의 무성법 가운데서 종성을 세우기 때문에, 즉 일

---

153) 『大正藏』 45, p.485c. "雖於此中說佛一人有佛種性, 然非是彼大菩提性. ……此敎中除佛一人, 余一切衆生皆不說有大菩提性."

체의 유정에 두루 존재하지 않기 때문에, 오종성 중에는 무성중생이
일부 있다.154)

이는 법상유식종을 가리키는 것으로서 이 종파는 무루종자(無漏種
子)를 종성으로 삼았다. 무루종자는 일종의 보리를 발생시킬 수 있
는 정신작용을 하며, 인연의 화합으로 만들어지는 것에 속하고, 생멸
변화하는 '유위법(有爲法)'에 속한다. 대체로 '유위(有爲)'는 '무상
(無常)'한 것으로서 중생이 보편적으로 갖추고 있는 것은 아니어서,
중생 중의 일부는 무루종자를 갖추고 있지 않으며, 불성이 없는 이
러한 중생은 영원히 성불할 수 없다.

법장은 또 이렇게 말하였다.

> 종교(終敎)에 의하면, 진여성 가운데서 종성을 세우기 때문에 일체
> 중생이 모두 성을 지니고 있다. ……일체의 중생은 열반성을 가지고
> 있다.155)

종교(終敎)는 『능가(楞伽)』·『승만(勝鬘)』 등의 경전과, 『기신
(起信)』·『보성(寶性)』 등의 논서를 말한다. 법장은 이러한 불전이
'진여'를 불종성으로 주장하고 있으며, 진여는 변하지 않고 존재하
지 않는 곳이 없어서 모든 중생에게 존재하며, 따라서 일체의 유정
중생은 모두 불성을 가지고 있다고 생각하였다. 아울러 일체의 유
정 중생은 모두 성불할 수 있고, 대승의 지극한 설법을 다하고 있
다고 강조하였다.

---

154) 『大正藏』 45, p.485c, "約始敎, 卽就有爲無常法中立種性故, 卽不能遍一切有情故,
五種性中卽有一分無性衆生."

155) 『大正藏』 45, p.486b, "約終敎, 卽就眞如性中立種性故, 則遍一切衆生皆悉有性.
……一切衆生有涅槃性."

종교(終敎)의 진여 불성에 대하여 법장은 또 이렇게 말하였다.

문: "종성을 논한다는 것은 반드시 유위를 말하는 것인데, 어찌하여
이 교에서는 진여를 종성이라고 합니까?"
답: "진여가 조건에 따라 염(染)과 화합하여 본식을 이룰 때, 그 진
어 가운데는 본각무루가 있고, 중생을 안으로 훈습하고 다시 인(因)
으로 흘러 나와서 종성이 있게 되는 것이 아닌가?"156)

이것은 진여불성의 '본각무루(本覺無漏)'는 일체 중생이 다 갖추
고 있을 뿐 아니라 중생을 안으로 훈습하여 더러움을 제거하고 청
정함을 추구하도록 능동적으로 영향을 미쳐 불과를 성취하게 한다
는 것이다. 이는 법장이 수용한 『대승기신론』의 "진여가 무명을 훈
습한다[眞如熏無明]."는 사상의 중요한 표현이다.

법장은 또 이렇게 말하였다.

돈교에 의하면 명(明)이 유일한 진여이며, 말로 표현할 수 없는 것이
어서 내종성이라고 한다. 또한 성(性)과 습(習)의 차이를 구분하지
않으니, 일체의 법에는 두 개의 상이 없기 때문이다.157)

돈교(頓敎)에서는 『유마경(維摩經)』에서 말한 것처럼, 진여종성
은 말을 떠나고 상을 제거한 것으로서, '성본유(性本有, 性種)'와
'성습성(性習性, 習種)'의 구별을 하지 않는다는 것을 강조하였다.
일체의 사물에는 두 개의 상이 없고, 말로써는 표현할 수 없는 상

---

156) 『大正藏』 45, p.487bc, 問: "大論種性, 必是有爲, 如何此敎約眞如爲種性耶?" 答:
"以眞如隨緣與染相合成本識時, 即彼眞中有本覺無漏, 內熏衆生, 爲返流因, 得爲
有種性?"

157) 『大正藏』 45, p.487c, "約頓敎, 明者唯一眞如, 離言說相, 名內種性, 而亦不分性‧
習之異, 以一切法由無二相故."

을 가지고 있어서, 갑자기 나타나 문득 이루어진다는 것이다. 중생이 오직 말과 문자를 떠나서 한 생각도 나지 않을 때 진여본성이 드러나 성불할 수 있다는 것이다.

끝으로 원교(圓敎)에 관하여 법장은 이렇게 말했다.

> 일승에 의거하면 두 가지 설이 있다. 첫째는 앞서 여러 교가 밝힌 종성을 받아들여 모두 다 갖추어 주(主)와 반(伴)으로 종(宗)을 이룬 것이다. 동교에 의거하여 방편을 수용했기 때문이다. 둘째는 별교에 근거하여, 종성이 심히 깊고, 인과가 둘이 아니며, 의보와 정보를 통하여 삼 세간을 다한 것이다. 이것은 이사해행(理事解行) 등의 모든 법문을 거두어들인 것으로서, 본래 만족하여 이미 다 성취되어 있는 것이다. 그래서 대경(『화엄경』「십지품」)에서 "보살종성은 심히 깊고 광대하여 법계의 허공과 같다."라고 하였는데, 바로 이것을 말한 것이다. 만약 문을 따라 나타난다면 곧 오위 중에 있으며, 각 위 내에는 여섯 가지 결정의 등이 있어서 종성이라고 부른다.[158]

법장은 원교를 동교일승(同敎一乘)과 별교일승(別敎一乘)의 두 가지로 나누었다. 소위 동교일승이란 소승교·시교·종교·돈교에 따라 원교일승의 교의(敎義)를 설명하고, 모든 교를 원교의 경계 안에 넣은 것이다. 종성에 대해 말하면, 동교일승은 앞의 네 교가 말한 종성을 모두 포섭하여 원융하게 서로 통하는 설명을 하였다. 이른바 별교일승은 소승교·시교·종교·돈교와 구별되는 화엄종의 독특한 교의를 말한다.

---

158) 『大正藏』 45, pp.487c‑488a. "約一乘有二說: 一, 攝前諸敎所明種性, 幷皆具足, 主伴成宗, 以同敎故, 攝方便故: 二, 據別敎, 種性甚深, 因果無二, 通依及正, 盡三世間, 該收一切理事解行等諸法門, 本來滿足已成就訖. 故大經云: '菩薩種性甚深廣大, 與法界虛空等.' 此之謂也. 若隨門顯現, 卽五位之中, 位位內六決定義等, 名爲種性."

종성에 대한 별교일승의 종성설과 앞의 네 교의 설명은 같지 않다. 그들은 인(因)과 과(果)가 둘이 아니고, 중생은 성불의 인이 되는 종성을 가지고 있을 뿐 아니라 과덕(果德) 역시 구족하고 있고, 또한 의보(국토세간)와 정보(중생세간)를 원융하게 회통하여 삼 세간(국토세간, 중생세간, 삼신(三身) 십불(十佛)의 지정각 세간)을 다하고, 일체의 법문을 온전히 받아들여 원만하게 구족하였다고 주장했다. 다시 말해 별교일승에서 말하는 종성은 원만하고 광범위하며 본래부터 완전하여 결함이 없이 성취되어 있다는 것이다. 만약 중생에 대해 말하면, 신(信)·행(行)·향(向)·지(地)·과(果)의 '오위(五位)' 중에 있으며, 부지런히 보살의 육종선법(六種善法, '六決定')을 수행하면, 비로소 별교일승의 종성이 된다는 것이다.

법장의 오교종성의 순서는 얕은 것에서 깊은 것으로, 치우친 것에서 완전한 것으로, 낮은 것에서 높은 것으로 점층적으로 나타나 있으며, 그들 간에는 서로 차별이 있으면서도 원융하게 회통되어 있다. 먼저 소승교는 중생에게 불성이 없다고 주장하였다. 다음으로 시교는 일부분의 중생에게만 불성이 있다고 주장하고, 그 다음으로 종교(終敎)는 일체의 중생이 모두 불성을 지니고 있다고 강조하였다. 더 나아가 돈교는 중생에게 한 생각도 일어나지 않으면 곧 불과를 성취한 것이라고 제창하였으며, 끝으로 원교는 중생이 이미 인(因)이 되는 종성에 과덕(果德)을 원만하게 구족하고 있어서, 중생이 곧 불이고 불이 곧 중생이라고 주장하였다. 이러한 오교종성설 중에서 시교는 심식(心識) 가운데서 종성을 세웠고, 종교·돈교·원교는 모두 진여성 가운데서 종성을 세웠다. 그중에서도 원교는 사일층 신여성기(眞如性起)에서 종성을 설명함으로써 불성설의 극치를 이루었다.

　법장의 오교종성설은 다음과 같은 문제에 답하기 위해서였다. 왜 각 교는 종성에 대하여 서로 다른 설명을 하는가? '중생에게는 성이 없다, 일부분의 중생에게는 성이 없다, 중생에게는 성이 있다'는 설명은 또 어떻게 원융하게 회통할 것인가? 법장은 이에 대해서 해설한 것이다. 즉 시교의 '어떤 사람에게는 불성이 없다'는 설법에 대해서 법장은 이렇게 회통하였다. 우선 그도 종성은 선천적으로 타고난 것과 후천적으로 습득한 것의 두 종류가 있다고 주장하였다. 그중 수습에 의하여 이루어진 종성이 보다 중요하며, "그러므로 수습이 있으면 언제나 있을 것이요, 수습이 없으면 저절로 항상 없게 될 것"159)이라고 하였다. 오로지 불법을 수행하고 익히면 불성이 있을 것이요, 그렇지 않으면 불성이 없을 것이라고 생각한 것이다. 다음으로 중생의 근기, 즉 조건과 소질의 차이 및 대상에 따라 다른 교화가 필요하여, 시교는 일부분의 중생에게는 불성이 없다는 학설을 세우게 된 것이다. 이것은 불교에 반대하는 사람들에게 경고함으로써 그들이 불교를 비방하는 입장을 바꾸도록 하기 위한 것이었다.

　또한 법장은 도리에 의거하여, 일체의 중생은 모두 청정한 불성을 지니고 있다고 하였다. 그러나 이 설법에 의하여 추론한다면, 모든 중생들이 최종적으로는 장차 모두 성불하게 되어 불과 보살의 교화 대상도 사라지게 된다. 이것과 불과 보살의 이타공덕(利他功德)과 중생을 교화하는 특성을 건립하는 것은 모순이 된다. 그 때문에 일부분의 중생에게는 불성이 없다는 설을 세울 필요가 있

---

159) 『大正藏』 45, p.486b, "是故有習常恒有, 無習自恒無"

었던 것이다. 법장은, 오교의 종성론은 원만한 것과 원만하지 않은 것, 근본인 것과 근본이 아닌 것의 구별이 있으며, 앞의 사교의 종성설이 그릇된 것은 아니며, 일종의 '방편(方便)'적인 것으로서 구경의 설법은 아니며, 이러한 방편법문과 오교의 사이는 모두 서로 원용한 것이라고 하였다.

원교의 종성설에 대해서 살펴보면, 그것은 원만한 근본적인 교의로서 기타의 각 교를 통섭하여 원용할 수 있다는 것이다. 어떤 사람은 기타 각 교는 최종적으로는 원교의 종성설에 의지하여 귀결하게 된다고 하였다.

제2절 자성청정원명(自性淸淨圓明)

화엄종의 지엄(智儼), 특히 법장은 불성에 대해 체계적인 논술을 하고 불성의 청정성과 원명성(圓明性)을 강조하였다. 나중에는 징관(澄觀)과 종밀(宗密)이 한 걸음 너 나아가 불성의 영지성(靈知性)을 강조하였다.

화엄종의 선구자인 지엄은 "불성이라는 것은 모든 범인과 성인의 인(因)이며, 일체의 범인과 성인은 모두 불성으로부터 생겨나 자라는 것이다."[160]라고 하였다. 그는 또 여래장은 "일체의 불·보살·성문·연각 내지 육도중생 등의 근본이다."[161]라고 하였다. 이

---

160) 『화엄오십요문답(華嚴五十要問答)』 권하, 『大正藏』 45, p.532b, "佛性者是一切凡聖因, 一切凡聖皆從佛性而得生長."
161) 『화엄오십요문답(華嚴五十要問答)』 권하, 『大正藏』 45, p.532b,, "是一切諸佛, 菩

는 불성과 여래장이 사성(四聖)과 육범(六凡) 즉 우주 모든 생물의 공동된 본체 또는 체성(體性)이라는 것이다. 법장도 불성에 관해 아래와 같은 논술을 전개하였다.

> 『열반경』에서 "불성은 제일의공이고, 제일의공은 지혜라고 한다."고 하였다. 이것은 본각성지설을 성종으로 삼은 것이다.162)
> 하나의 체를 드러낸다는 것은 자성청정원명체를 말하는 것이다. 이는 곧 여래장 속의 법성의 본체이며, 본래부터 성품은 저절로 만족되어 있다는 것이다.163)
> 불심을 떠나 있어 교화되지 않는 외도 중생들에게 하물며 설교를 하리오? 불심은 오직 드러나는 것일 뿐이다. 이것은 무엇을 뜻하는가? 중생들은 따로 자기의 체가 없고, 여래장을 취함으로써 중생이 성립된다. 그런데 이 여래장은 불지혜의 증득을 자기의 체로 삼는다. 그러므로 중생이 몸을 움직이는 것도 전부 불지심의 가운데에 있는 것이다.164)

위에서 말한 불성 · 본각성지(本覺性智) · 자성청정원명체(自性淸淨圓明體) · 여래장 · 불심 · 불지심(佛智心) 등은 모두 서로 통하는 개념이다. 불성에 관한 법장의 설명을 분석해 볼 때 그 안에 포함되어 있는 뜻은 (1) 자성(自性): 불성은 중생이 본래부터 갖추고 있는 자아의 본성이다. (2) 지혜 · 각성(覺性): 이러한 종류의 지혜는 진정으로 우주만물의 진공(眞空)을 관조(觀照)할 수 있다. (3)

薩, 聲聞, 緣覺, 乃至六道衆生等體"

162) 『화엄일승교의분제장(華嚴一乘教義分齊章)』 권2, 『大正藏』 45, p.487c, "『涅槃經』云: '佛性者, 名第一義空, 第一義空, 名爲智慧.' 此等幷就本覺性智說爲性種."

163) 『수화엄오지망진환원관(修華嚴奧旨妄盡還源觀)』, 『大正藏』 45, p.637b, "顯一體者, 謂自性淸淨圓明體, 然此卽是如來藏中法性之體, 從本以來, 性自滿足."

164) 『화엄경탐현기(華嚴經探玄記)』 권1, 『大正藏』 35, p.118c, "離佛心外無所化衆生, 況所說教? 是故唯是佛心所現. 此義云何? 謂諸衆生無別自體, 攬如來藏以成衆生. 然此如來藏卽是佛智證爲自體, 是故衆生擧體總在佛智心中."

청정: 불성은 더러운 곳에 처하여도 더럽혀지지 아니하고 항상 청정하고 훌륭하다. (4) 원명(圓明): 불성의 체성은 일체를 두루 관조하여 광명 아님이 없다. 법장이 보기에, 불성은 중생의 매우 신비로운 내재적 본성이고 본체이며, 불성은 선천성·각오성(覺悟性)·청정성·광명성과 변재성(遍在性)의 특징을 갖추고 있는 것이었다.

법장은 중생의 불성이 영원히 항상 존재하는 것으로서 소실될 수 없는 것이라고 생각하고 다음과 같이 말하였다.

> 비록 인연을 따라서 염정을 이루기를 반복하더라도 항상 자성청정을 잃지 않는다. 오직 자성청정을 상실하지 않음으로 인하여 인연 따라 염정을 이룰 수 있는 것이다.165)
> 곧지도 않고 흔들리지도 않는 자성의 청정은 염정에서 이루어진다. 또한 염정을 이룸으로써 이로부터 비로소 자성의 청정이 나타나는 것이다.166)

중생의 불심은 인연에 따라 염(染) 혹은 정(淨)으로 표현되지만, 그 속의 청정성은 항상 없어지지 않는다는 것이다. 동시에 염과 정은 같지도 않고 분리되지도 않으며[不卽不離] 원융무애(圓融無碍)한 것이다. 청정성은 오직 염과 정에서 이루어져야 비로소 그것이 청정함을 이룰 수 있고, 염과 정을 떠나서는 청정하다고 말할 수 없다는 것이다. 자성의 청정은 변화하는 상대 속에 있는 것이며, 염과 정 가운데서 자성청정을 성취한다는 것을 강조한 것이다.

법장의 논술은 불성과 중생의 관계는 두 가지 면으로 표현할 수

---

165) 『화엄일승교의분제장(華嚴一乘敎義分齊章)』 권4, 『大正藏』 45, p.499ab, "雖復隨緣成於染淨, 而恒不失自性淸淨, 只由不失自性淸淨, 故能隨緣成染淨也."

166) 『화엄일승교의분제장(華嚴一乘敎義分齊章)』 권4, 『大正藏』 45, p.499b, "非直不動性淨, 成於染淨, 亦乃由成染淨, 力顯性淨."

제3편 심성론(心性論) 上 203

있음을 표명한 것이다. 첫째 중생은 불심이 나타난 것이고, 중생은 여래장에서 이루어진 것이다, 둘째 중생은 모두 불지심의 가운데 있다. 즉 중생은 모두 불성을 지니고 있다. 이와 같이 불성은 이미 중생이 본래부터 원만하게 갖추고 있다는 것에서 법장은 다시 중생이 곧 불이며, 불이 곧 중생이라는 생불상즉론(生佛相卽論)을 추론해 내고, 다음과 같이 말하였다.

> 모두 중생의 마음속에 있으니, 중생의 마음을 떠나 따로 불의 덕이 없기 때문이다. 이것은 무슨 뜻인가? 불은 중생의 마음속에서 진여성 불을 증명하며, 또 시각(始覺)은 본각(本覺)과 동일하기 때문에 모두 중생의 마음속에 있는 것이다. 체(體)로부터 용(用)이 일어나 응신 · 화신이 될 때, 중생의 마음속 진여의 용이 크며, 다시 다른 불은 없다.167)

법장은 또 "중생의 몸에서 제불을 보고, 불의 본체에서 중생을 본다."168)고 하였다. 이것은 모두 불의 공덕은 중생의 마음속에 있으며, 중생 마음속의 진여가 작용을 발휘하여 불의 응 · 화신이 성취되며, 불은 중생의 깨달은 마음[證悟心]의 진여가 성취된 것이다. 중생과 불은 본래 하나의 몸[一體]이다. 중생과 불에 차별이 있게 되는 관건은 망념(妄念)의 존재 여부에 달려 있다. "망념에 의지하기만 하면 차별이 있게 되고, 망념에서 벗어나면 유일하게 진여가 있을 뿐이다."169) 중생에게는 망념이 있으나, 불에는 망념이 없다.

---

167) 『화엄경탐현기(華嚴經探玄記)』 권1, 『大正藏』 35, p.118c, "總在衆生心中, 以離衆生心無別佛德故. 此義云何? 佛證衆生心中眞如成佛, 亦以始覺同本覺故, 是故總在衆生心中. 從體起用, 應化身時卽是衆生心中眞如用大, 更無別佛."

168) 『화엄책림(華嚴策林)』, 『大正藏』 45, p.597c, "見諸佛於衆生身, 觀衆生於佛體."

169) 『수화엄오지망진환원관(修華嚴奧旨妄盡還源觀)』, 『大正藏』 45, p.637b, "唯依妄念, 而有差別, 若離妄念, 唯一眞如."

만약 망념을 떨쳐 버린다면 중생은 본래 진여불이다.

화엄종과 천태종은 다 같이 일체의 중생은 모두 불성을 지니고 있다고 말하고, 불성을 중생 성불의 근거로 보았다. 그러나 불성에 관한 의미와 범위에 있어서 두 종파의 견해에는 중대한 차이점이 있다. 천태종은 불심 중에 선악과 염정이 다 갖추어져 있다고 설명하였으며, 이와 달리 화엄종은 불성은 순수하게 청정하고 지극히 선하며, 염도 없고 악도 없다고 생각하였다.

그리고 천태종 담연의 무정유성설(無情有性說)과는 달리 화엄종 사람들은 유정의 중생들은 성불의 가능성 즉 불성을 원만하게 갖추고 있으나 정식(情識)이 없는 풀·나무·기와·돌 등의 만물은 단지 진여 본체의 이성인 법성만을 갖추고 있다고 생각하였다. 불성과 법성이 구별되는 것이다. 불성은 유정 중생만이 갖추고 있는 것이고, 법성은 정식이 없는 만물이 가지고 있는 것이다. 정식이 없는 만물은 불성을 갖추고 있지 못하므로 성불도 할 수 없다.

화엄종과 천태종은 모두 『화엄경』의 "마음, 불과 중생, 이 셋은 차별이 없다."[170]는 사상에 의거하여 마음과 불과 중생 삼자에 차별을 두지 않았다. 그러나 두 종파의 해석은 결코 일치하지 않는다. 하나는 상즉(相卽)을 말하고, 하나는 호구(互具)를 말한다. 화엄종은 삼위일체를 주장하여, 마음과 불과 중생은 동일한 자성청정원명체로서 원래 차별이 없다고 하였다. 천태종에 의하면, 삼자는 동격으로 서로 구족되어 있어서 하나가 있으면 나머지 둘도 있다. 즉 마음은 중생과 불을 갖추고 있고, 불은 마음과 중생을 갖추고 있고,

---

170) 『대방광불화엄경(大方廣佛華嚴經)』 권10, 『大正藏』 9, p.465c, "心, 佛及衆生, 是三無差別."

중생은 마음과 불을 갖추고 있다는 것이다. 이 밖에도 두 종파가 내세운 마음의 내용도 일치하지 않는다. 화엄종에서 말하는 마음은 진심 · 청정심 · 본각진심 · 여래장자성청정심이다. 천태종도 진심설(眞心說)을 주장했지만, 그들이 말하는 진심이란 망심을 배척하는 것이 아니고, 마음은 진(眞)과 망(妄)의 두 가지 성질을 지니고 있다고 하였다. 이것은 중생 내지 불의 본성은 똑같이 선과 악의 두 가지 성질을 다 갖추고 있다는 이 종파의 주장과 일치한다.

제3절 무주심체(無住心體)

화엄종의 사조(四祖) 징관(澄觀, 737 – 838 혹은 738 – 839)은 화엄종 · 천태종 · 선종 · 삼론종 · 율종 등의 교의를 광범위하게 공부하고, 불교 이외의 각 학파의 학설도 연구하여 학식이 매우 깊고 넓었다. 그는 『대승기신론』의 핵심에 특히 조예가 깊었으며, 유심(唯心)에 편향되어 유심을 강조하였고, 일심의 성질과 작용을 중점적으로 논술함으로써 화엄성기(華嚴性起) 교의를 앙양하였다. 그는 선종(禪宗) 하택(荷澤) 일파의 '영지지심(靈知之心)'의 관점을 수용하고, 선의 체험에 의하여 화엄종의 심성사상 즉 "무주의 마음의 체는 영지로서 어리석지 않다[無住心體, 靈知不昧]."는 설을 명시하고 불교의 심성론을 발전시켰다. 징관은 『답순종심요법문(答順宗心要法門)』에서 이렇게 말하였다.

지극한 도는 본래의 그 마음이며, 심성은 본래 어디에도 머물지 않는 것이다. 머물지 않는 마음의 체는 영지로서 어리석지 않으며, 본성과 현상은 적막하고 고요하며, 덕용을 포함하고, 내외를 섭렵하고, 넓고도 깊으며, 있는 것도 아니고 공한 것도 아니고, 나지도 않고 멸하지도 않는다.171)

마음과 마음이 붏을 이루니, 어느 한 마음도 불심 아닌 것이 없다. 곳곳에서 진여를 증명하니 티끌 하나조차 불국토가 아닌 것은 없다.172)

위의 두 글은 징관이 순종 이송(李誦)에게 대답한 것으로서 불법의 핵심이 되는 강령의 성질에 대해 논술한 것이다. 그 주요 의미는 중생은 영지불매(靈知不昧)의 선정(禪定) 가운데서 오로지 화엄학의 "삼세는 오직 마음이 만드는 것[三界唯心]"이라는 것의 마음을 파악하고, 화엄성기(華嚴性起) 사상과 선정(禪定)의 실천을 서로 결합하여, 직접 마음의 근원을 찾아 진실한 성품[眞性]을 직접 증득하게 되면, 마음 그대로가 바로 불이라는 즉심즉불(卽心卽佛)의 경계에 도달할 수 있고, 불과의 경계를 성취할 수 있다는 것이다. 여기에 두 가지 중요한 사상이 포함되어 있다. 첫째는 마음의 본원 작용을 강조한 것이고, 둘째는 마음의 체(體), 즉 심성의 영지(靈知)적 특성이 드러나 있는 것이다.

징관은 제불과 중생은 모두 마음에서 만들어지는 것이라고 생각하였다. 그는 『대방광불화엄경소(大方廣佛華嚴經疏)』 권21에서 이렇게 말하였다.

---

171) 『속장경(續藏經)』 제1집, 제2편, 제8조, 제4책, p.303, "至道本乎其心, 心性本無住. 無住心體, 靈知不昧, 性相寂默, 包含德用, 該攝內外, 能廣能深, 非有非空, 不生不滅."

172) 『속장경(續藏經)』 제1집, 제2편, 제8조, 제4책, p.304, "心心作佛, 無一心而非佛心, 處處證眞, 無一塵而非佛國."

마음은 총상이다. 그것을 깨달으면 불이라고 하고 청정한 연기를 이
　　루게 되며, 그것을 모르면 중생이 되어 염오의 연기를 이루게 된다.
　　연기에는 비록 염오와 청정이 있어도 마음의 체는 다르지 않다.173)

　이것은 마음과 불과 중생은 본원이 동일하다는 것으로서, 마음은
만들 수 있는 주체이고, 불과 중생은 만들어지는 객체라는 것이다.
중생과 불은 마음에 있어서 미혹과 깨달음의 구별이 있다. 깨달아
청정하면 불을 이루게 되고, 미혹하여 더러우면 바로 중생인 것이
다. 마음의 미혹과 깨달음이 중생과 불을 나누는 경계이다. 마음의
연기에는 비록 염과 정이 있어도 마음의 근본인 체에는 차이가 없
다. 그렇다면 마음의 체는 어떠한 특징을 가지고 있는가? 위에서
인용한 징관의 『답순종심요법문(答順宗心要法門)』의 첫째 단락의
설명이 바로 집중적으로 이 문제에 대한 답을 하고 있는데, 여기서
다시 간략하게 설명하도록 하겠다.

　인용문은 일심(一心)이 '지극한 도(至道)' 즉 가장 높은 불도의
근본이 되는 것이며, 심성은 본래 '무주(無住)'라고 하였다. 무주
(無住)란 마음이 일정한 대상에 결코 집착하지 않고 인연에 따라
일어나 머물거나 집착하지 않는다. 그렇다면 무주의 심체에는 또
어떤 특징이 있는가?

　'영지불매(靈知不昧)'의 특징이 있다. 영지는 신령스럽고 오묘한
지견을 가리키며, 영지불매는 신령스럽고 오묘한 지견이 맑고 밝아
서 어둡지 않음을 의미한다. 이는 주체의 최고 인식 즉 '진여(眞
如)'로서 심성의 궁극적인 자각상태를 말한다. 이러한 영지는 불과

---

173) 『大正藏』 35, p.658c, "心是總相, 悟之名佛, 成淨緣起; 迷作衆生, 成染緣起. 緣起
　　雖有染淨. 心體不殊."

중생이 공유하는 것이며, 영지의 본체가 여래장심(如來藏心)이므로 여래장심은 불과 중생이 공유하는 것이다. 영지와 일상적인 분별요지(分別了知)는 다르다. 징관은 "요별은 진여가 아니므로 식이 인식하는 것이 아니다."[174]라고 하였다. 즉 분별요지는 심식(心識)의 일종의 인식활동일 뿐 진지(眞知)가 아니라는 것이다. 진지는 무념(無念)의 무분별적인 것이다. "마음을 일으켜 마음을 보는 것은 곧 망상이며, 따라서 이는 진지가 아니다. 그러므로 진지는 반드시 마음을 잊고 비춰 보는 것을 버려 말과 생각의 길을 단절하는 것을 말하는 것이다."[175] 이로 인해 소위 영지와 진지는 실질적으로 선정(禪定) 중에 일어나는 일종의 직관적인 인지이며, 깨달음을 인지하는 것은 마음의 체 혹은 심성의 특성과 공능이라는 것을 알 수 있다.

'성상적묵(性相寂默)'의 특징이 있다. 이것은 심성이 영지에 처하여 우매하지 않은 상태일 때, 마음이 항상 적정(寂靜)하고 또 일체의 사물을 깨달아 성(본성)과 상(현상)이 모두 적연하여 나타나지 않는 것을 말한다. 다시 말해 마음에 사물의 성과 상 및 그 구별이 생겨나지 않는 것을 말한다.

"널리 내외를 받아들여 넓힐 수도 있고 깊이 들어갈 수도 있다[該攝內外, 能廣能深]."는 특징이 있다. 이것은 심성의 '영지불매(靈知不昧)'·'성상적묵(性相寂默)'에서 도출되어 나온 또 하나의 특징이다. '영지불매'와 '성상적묵'으로 인하여 마음의 체는 무한하고 광대하며, 그로 인해 공간을 초월할 수 있기 때문에 내외의 일

---

174) 『대방광불화엄경소(大方廣佛華嚴經疏)』 권15, 『大正藏』 35, p.612b, "了別卽非眞知, 故非識所識."

175) 『대방광불화엄경수소연의초(大方廣佛華嚴經隨疏演義鈔)』 권34, 『大正藏』 36, p.261b, "起心看心, 是卽妄想, 故非眞知, 是以眞知必忘心遺照, 言思道斷矣."

체를 융합하여 포섭할 수 있다. 즉 널리 일체를 받아들일 수 있을 뿐만 아니라 모든 것에 깊이 들어갈 수 있는 것을 말한다.

'비유비공(非有非空), 불생불멸(不生不滅)'의 특징이 있다. 이것은 존재 상태에서 심성의 특징을 묘사하여 설명한 것이다. 징관은 부정어로써 심성의 존재를 표현하였는데, 마음의 체는 유와 무(공)를 초월하고 생과 멸도 초월하는 궁극적 존재임을 강조하였다.

위에서 말한 심성의 특징 중에서 가장 중요한 것은 '영지불매'이며, 이는 집중적으로 화엄 심성사상의 본색을 드러낸 것이다. 종밀도 "체를 판단하여 정하고 영지를 직지하는 것이 바로 심성이며 나머지는 모두 허망한 것이다."176)라고 하였다. '영지가 곧 심성[靈知即心性]'이라는 이러한 종류의 사상은 영지가 청정한 심성을 확연하게 드러내는 것이고, 심성은 영지가 의탁하는 곳임을 강조한 것이다. 이와 같이 인지(認知)·진지(眞知)·각오(覺悟)로써 불성을 논하는 것은 자성청정원명(自性淸淨圓明)을 특징으로 하는 법장의 불성론을 발전시킨 것이다.

징관은 천태종 학자 형계(荊溪) 담연(湛然)으로부터 천태지관(止觀) 및 『법화경』·『유마경』 등의 경을 배우고, 화엄종의 이사무애(理事無碍)·진망교철(眞妄交徹)의 교의(敎義) 위에 천태종의 성악설을 받아들였다. 그는 또 천태종의 성구설(性具說)로써 성기론(性起論)을 해석하기도 하였으나 이러한 것은 법장의 불성순선설(佛性純善說)과 정심성기설(淨心性起說)에서 벗어나는 것이기도 하였다. 징관은 이렇게 말하였다.

---

176) 『선원제전집도서(禪源諸詮集都序)』 권상 2, 『大正藏』 48, p.405c, "剋體直指靈知, 卽是心性, 餘皆虛妄."

교철이라고 말하는 것은 진(眞)이 망(妄)인 말(末)을 갖추고, 망이 진실의 근원에 통하는 것을 말한다. ……또한 합하여 말을 하면 성스러운 마음에 즉하면서도 평범한 마음을 보는 것이니, 습한 가운데서 파도를 보는 것과 같다. 그러므로 여래가 성악을 끊지 않으며, 또 불심 가운데에 중생이 있는 등이다.177)

다함이 없는 것이 곧 분별없는 상이다. 그러므로 마음·불·중생의 체성은 모두 다함이 없고, 망(妄)의 체도 본래 진(眞)이기 때문에 역시 다함이 없으며, 그 때문에 여래는 성악을 끊지 않으며, 천제도 성선을 끊지 않는다고 말해야 한다.178)

이 말의 뜻은 허망한 것의 체도 본래는 참된 것이어서 진과 망은 서로 통하며, 이로 말미암아 '다함이 없는[無盡] 것'이 바로 원융무애(圓融無礙)한 무분별상이라는 것이다. 마음과 불과 중생 삼자의 체성은 모두 융통하고 무애하여 모순되지 않으며, 범성(凡聖)·선악(善惡)·염정(染淨)·진망(眞妄)은 서로 교섭하여, 네 속에 내가 있고 내 속에 네가 있는 것이다. 불에게도 성악이 있으며, 일천제도 성선을 단절한 것은 아니다. 이와 같이 징관이 천태학설의 의도를 받아들인 것은 법장의 심성론이 염과 정·미(迷)와 오(悟) 등의 관계를 설명하는 데 이론적으로 곤란한 점을 극복하려 한 것이었다.

---

177) 『대방광불화엄경수소연의초(大方廣佛華嚴經隨疏演義鈔)』권1, 『大正藏』36, p.8ab, "言交備者, 謂眞該妄末, 妄徹眞源. ……亦合言即聖心而見凡心, 如濕中見波. 故如來不斷性惡, 又佛心中有衆生等."

178) 『대방광불화엄경소(大方廣佛華嚴經疏)』권21, 『大正藏』35, p.658c, "無盡即是無別之相. 應云: 心, 佛與衆生, 體性皆無盡, 以妄體本眞故亦無盡, 是以如來不斷性惡, 亦猶闡提不斷性善."

제4절 진심즉성(眞心卽性)

화엄종의 오조(五祖)이며 징관의 수제자인 규봉선사(圭峰禪師) 종밀(宗密, 780 - 841)은 어려서 일찍이 유학을 공부하였고, 스물여덟 살이 되어 공거(貢擧)고시에 응시하려던 즈음, 우연히 선종의 하택신회(荷澤神會) 계열의 도원선사(道圓禪師)를 만나 몇 마디 말을 나눈 끝에 서로 뜻이 통하여 바로 그를 따라 출가하였다. 어느 날 그는『원각경(圓覺經)』을 읽고 깨쳐 도원선사로부터 인가(印可)를 받았으며, 도원은 그에게 대홍원돈(大弘圓頓)의 가르침을 맡겼다. 얼마 후 밖으로 나가 행각(行脚)을 하던 중 징관의 제자 영봉(靈峰)을 만나 징관이 편찬한『화엄경소(華嚴經疏)』와『수소연의초(隨疏演義鈔)』를 얻어 밤낮으로 탐독하고는 책 내용의 어원이 유창하고 심원하여 빛이 나는 것 같다고 생각하였다. 나중에 2년간 징관의 시중을 들면서 화엄의리의 오묘함을 깊이 체득하였으며, 교와 선을 융합하고 회통하는 데 주력하여 교선일치(敎禪一致)를 열렬히 제창하였다.

중국불교의 심성사상사에 있어서 종밀은 심성학설을 진일보 발전시켰다. 그는『대승기신론』을 운용하는 것 이외에 특히『원각경(圓覺經)』을 인용하여 심성학설을 설명하였다.『원각경』의 주요 내용은 여래원각(如來圓覺)의 의리(義理)와 관행(觀行) 방법을 널리 알리는 것이다. 원각(圓覺)이란 원만한 영각(靈覺) · 원만한 각성(覺性)을 말한다. 중생의 영지본각(靈知本覺)은 '체(體)'의 측면에서 말하면 일심(一心)이고, '인(因)'의 측면에서 말하면 여래장이며,

'과(果)'의 측면에서 말하면 원각(圓覺)이라고 한다. 종밀은 위에서 서술한 경론(經論)들의 사상을 수용하여 절대진심(絶對眞心)과 '진심즉성(眞心卽性)'설을 전면적으로 설명하고 진심이 불성임을 강조하였다. 아울러 원각을 사상의 기저로 하여, 당시의 모든 선(禪)과 교(敎) 및 고유의 유·도학설을 통일하였으며, 불교 내부의 각 종파와 유·도·불 삼교의 융합을 위하여 이론적인 기초를 다졌다. 이는 중국불교철학사와 중국철학사에 있어서 중요한 의의가 있는 것이다.

종밀은 마음과 세간의 현상 및 종교의 해탈 관계를 설명하기 위하여 '마음'의 범주를 네 단계로 분류하였다.[179] 첫째는 '육단심(肉團心)', 즉 중생 육체의 심장이다. 둘째는 '연려심(緣慮心)'으로서 사유 기능을 갖춘 마음을 가리킨다. 셋째는 '집기심(集起心)'으로서 심층적인 제8아뢰야식(第八阿賴耶識)을 가리키는 것이며, '종자를 적집해 두었다가 현행이 일어나게 하는 것[積集種子, 生起現行]', 즉 받아들여서 저장해 둔 경험이 축적되어 만들어진 '식(識, 종자)'과 세계의 현상을 일으키는 마음이다. 넷째는 '진실심(眞實心)'으로서, 이 마음은 각(覺)과 불각(不覺)의 두 층으로 나누어진다. 마음이 망상(妄想)과 화합하면 '장식(藏識)'이라고 하고, 망상과 화합하지 않으면 '진여'라고 한다. 이 두 층은 다시 '여래장(如來藏)' 안에서 통일된다. 이 네 가지 마음의 관계는 다음과 같다.

비록 체(體)가 같다고 해도 진과 망의 뜻은 다르며, 본래부터 다른 것이다. 앞의 셋은 상이고 뒤의 하나는 성이다. 성에 의하여 상이 일어나

---

179) 『선원제전집도서(禪源諸詮集都序)』 권상 1, 『大正藏』 48, pp.401c - 402a.

는 데는 대개 원인과 이유가 있다. 상이 모여 성으로 돌아가는 것에는 까닭이 없는 것이 아니다. 성과 상은 무애하여 모두가 일심이다.180)

이 말의 뜻은 네 종류의 마음이 비록 체는 같아도 진망(眞妄)·본말(本末)의 차별이 있다는 것이다. 육단(肉團)·연려(緣慮)·집기(集起)의 세 가지 마음은 '상(相)'으로서 현상 범주에 속한다. 오직 진실심(眞實心)만이 '성(性)'으로서 절대적 본체라는 것이다. 상(相)은 성(性)으로 말미암아 일어나기 때문에 앞의 세 가지 마음은 모두 진실심에 의탁하여 일어나는 것들이다. 해탈의 실천에 있어서는 '상이 모여 성으로 돌아감[會相歸性]'으로써 절대적인 본체를 파악하는 것이다. 이렇게 하나의 지점에 이르게 되면 성과 상이 원융하여 모순이 없어지고, '모두가 일심'이라는 진제(眞諦)를 깨닫게 되는 것이다. 종밀이 보기에 진실심은 네 가지 마음 중에서 가장 높은 단계의 마음이며, 특히 진실심 가운데서도 각심(覺心)이 모든 현상의 본체이고 인간의 본원과 중생해탈의 근거가 되는 것으로서 종밀의 심성철학 내지는 철학 전반에 걸쳐서 최고의 범주라고 볼 수 있다.

진실심은 진심(眞心)으로 약칭하며, '원각묘심(圓覺妙心)'·'청정진심(淸淨眞心)'·'본각진심(本覺眞心)'·'공적진심(空寂眞心)'·'영지지심(靈知之心)'·'불성(佛性)'·'여래장(如來藏)' 등이라고도 한다. 이것은 종밀이 진심의 여러 가지 특성을 개괄하고 설명한 것을 반영한 것이다. 그러나 그 본질적 의의를 말하면 이 모두는 서로 같은 것이다. 진심의 특성은 많으나 그 전형적인 특징은 다음과 같다.

---

180) 『선원제전집도서(禪源諸詮集都序)』 권상 1, 『大正藏』 48, p.402a, "然雖同體, 眞妄義別, 本來亦殊. 前三是相, 后一是性. 依性起相, 蓋有因由. 會相歸性, 非無所以. 性相無碍, 都是一心."

모든 유정에게는 다 본각진심이 있다. 아득한 옛날부터 상주청정(常
住淸淨)하고, 소소불매(昭昭不昧)하고, 요요(了了)한 상지(常知)여서,
불성이라고도 하고 여래장이라고도 한다.181)

여기에 본각진심의 삼대 특성인 '상주청정(常住淸淨)', '소소불
매(昭昭不昧)', '요요상지(了了常知)'가 제시되어 있다.

'상주청정(常住淸淨)'에는 상주와 청정의 두 가지 특성이 포함되
어 있다는 것에 대하여 종밀은 이렇게 말하였다.

자성이 청정하고 상주하는 진심이란, 색이 모여 공으로 돌아가는 것
을 기다리지 아니하고, 미혹을 끊어 청정을 이루는 것을 말미암지 않
고, 자심이 본래 청정한 것을 자성이 청정하다고 한다. 이러한 본성
은 아득한 옛날부터 미래가 다할 때까지, 불이 있든 불이 없든, 항상 소
멸하거나 무너지지 않으므로, 상주하는 마음이라고 말하는 것이다.182)

상주(常住)한다는 것은 오래도록 항상 머물러 소멸하거나 무너지
지 않는 것이다. 이것은 진심이 시간을 초월하고, 외재적 조건(불이
있든 없든)을 초월하며, 생사의 변화도 초월하여, 영원히 존재하는
것을 말한다. 청정(淸淨)은 자성청정을 가리키는 것으로서183) 진심
의 또 하나의 중요한 특성이다. 이른바 자성청정이란 자심(自心,
眞心)은 본래 청정무구(淸淨無垢)하여 번뇌로부터 멀리 벗어나 있
으며, 물질현상이 공성(空性)으로 돌아가는 것을 기다릴 필요가 없

---

181) 『원인론(原人論) · 진현진원제삼(眞顯眞源第三)』, 『大正藏』 45, p.710a, "一切有情
皆有本覺眞心, 無始以來, 常住淸淨, 昭昭不昧, 了了常知, 亦名佛性, 亦名如來藏."
182) 『원각경대소초(圓覺經大疏鈔)』, 『續藏經』 제1집, 제1편, 제14고, 제3쿼, p.257.
183) 종밀은 『보성론(寶性論)』을 인용하여, 청정을 "자성청정(自性淸淨)"과 "이구청정(離
垢淸淨)"의 두 종류로 나누었다. 위의 주에 상세히 보임.

으며, 혹은 망상과 미혹을 단멸한 후에 이로 말미암아 비로소 청정함이 이루어지는 것도 아니다. 진심은 현상세계에서 여러 가지 작용을 발생시킬 수 있으나 그것의 청정한 본성은 처음부터 끝까지 변하지 않는다.

중생은 무명의 장애로 말미암아 자성청정의 내재된 특질을 볼 수 없으며 번뇌로 인하여 곤혹스럽게 된다. 일단 깨닫게 되면 무명과 번뇌는 말끔히 제거되고, 마음은 본래의 상태 즉 자성청정으로 돌아와, 다시 세간을 초월하고, 진여와 상응하여, 해탈의 경계로 들어가게 된다.

‘소소불매(昭昭不昧)’의 소소(昭昭)는 사리 분별이 밝은 것을 의미하고, 불매(不昧)는 명백하여 어둡지 않은 것이다. 따라서 소소불매는 지(知)를 형용하는 것으로서 ‘영지(靈知)’에 상당하는 것이다. 선종의 하택신회(荷澤神會) 계열은 마치 물이 습한 것을 체(體)로 하는 것처럼 “마음은 지(知)를 체(體)로 삼는다.”고 주장하였다. 여기서의 ‘체(體)’는 체성을 의미한다. “마음은 지(知)를 체(體)로 삼는다.”는 것은 바로 “마음은 지(知)를 성으로 삼는다[心以知爲性].” 는 것이다. 지는 마음의 본성이며 본질이다. 종밀은 신회(神會)의 ‘지(知)는 심성’이라고 하는 사상을 적극적으로 추종하였다.

모든 존재는 꿈과 같다고 성현들께서 다같이 말씀하셨다. 그러므로 망념은 본래 공적하고 어떤 경계에 올랐다는 것도 본래 공하다. 공적한 것을 마음이라 하고, 영지는 어둡지 않다. 이 공적한 지는 진실한 본성과 같다. 미혹에 임해 있든 깨달음에 임해 있든 마음은 본래 스스로 알고 있다. 인연으로 태어남도 빌지 않고, 경계의 생기를 말미암지도 않으니, 지(知)라는 한 글자는 여러 가지 오묘한 것이 나오는 문이다.[184]

이 말의 뜻은 모든 사물이 꿈과 같고 환상과 같으며, 세간의 경계는 공성(空性)이어서 실다움이 없으며, 중생이 이 점을 깨닫기만 한다면, 현상계에 대하여 온갖 망념을 만들어 내지 않을 것이라는 것이다. 이렇게 중생과 '공적지심(空寂之心)'은 원래부터 있는 영묘지견(靈妙知見)을 드러내어 모든 사물에 대해 밝게 알아 어둡지 아니한 것이다. 이러한 공적지심이 갖추고 있는 영묘지견은 바로 중생의 진실본성(眞實本性)이다. '지(知)'는 선천적이고 절대적인 진성(眞性)이고 각성(覺性)이며, '지(知)'라는 이 한 글자는 성불을 위한 수행을 하는 데 가장 훌륭한 법문이다.

'요요상지(了了常知)'의 '요요'는 필경(畢竟)이라는 뜻이다. '지'는 '식지(識知)' 즉 본각(本覺)의 의미이다. '요요(了了)'와 '상(常)'은 '지(知)'를 형용한다. 그러므로 요요상지란 '필경의 영원한 식지(識知)'라는 의미이며, 본각(本覺)이기도 하다. 소소불매(昭昭不昧)는 진심이 영지(靈知)를 갖추고 있음을 말하는 것이고, 요요상지(了了常知)는 진심이 본각을 갖추고 있음을 이르는 것이다. 영지는 주체적인 마음의 사유하는 기능을 가리키며, 본각은 주체적인 마음의 각오(覺悟)하는 특질을 가리킨다. 양자는 이와 같은 관계를 가지고 있으면서도 구별이 되는 것이다.

종밀은 중생의 본각진심이 불성이고 여래장이며, 인생의 본원이기도 하고, 중생 성불의 근원이기도 하다고 생각하였다.

---

184) 『신원제전집노서(禪源諸詮集都序)』 권상 2, 『大正藏』 48, pp.402c－403a, "諸法如夢, 諸聖同說. 故妄念本寂, 塵境本空. 空寂云心, 靈知不昧. 即此空寂之知. 是如眞性. 任迷任悟, 心本自知. 不籍緣生, 不因境起. 知之一字, 衆妙之門."

제5절 자심위부동지(自心爲不動智)

이통현(李通玄, 635 - 730)은 법장과 같은 연배의 화엄학자이다. 그는 오랫동안 산시성의 오대산(五台山) 일대에서 화엄학설을 널리 펼쳤으며, 지엄(智儼) · 법장(法藏) 계열과 다른 학설을 주장하였다. 그는 "자심은 부동지[自心爲不動智]"라는 심성학설을 제창하였고, 자신의 마음속에서 불을 찾을 것을 주장하였다.

이통현이 말하는 '자심(自心)'은 중생의 무명(無明), 즉 우매하고 무지하여 사물에 어둡고 진리에 통달하지 못한 의식상태를 가리킨다. '부동지(不動智)'는 견고한 보리지혜(菩提智慧), 즉 깨달아 해탈한 무자성의 묘한 이치를 지닌 지혜를 말한다. "무성(無性)의 묘한 이치가 자유롭게 분별하면서도 성품에는 동요가 없는 것을 부동지불이라 한다."[185] '무성'은 무자성이다. 일체 사물에 자성이 없다는 것은 불교의 오묘한 이치이며, 성품에는 동요가 없다는 이치에 통달한 것이 부동지(不動智)이며, 이러한 지혜를 성취한 자가 부동지불(不動智佛)이다.

"자심이 부동지이다[自心爲不動智]"라는 명제는 중생의 무명과 성불지혜와의 관계를 중점적으로 설명하는 것이다. 이통현은 무명무성(無明無性)으로부터 범인과 성인은 다 같이 부동지(不動智)를 갖추고 있다는 것에 대하여 두 가지 측면으로 논증을 전개하여 양자는 차이가 없다고 생각하였다. 그는 이렇게 말했다. "무명은 본

---

185) 『신화엄경론(新華嚴經論)』 권8, 『大正藏』 36, p.768b, "無性妙理有自在分別, 無性可動, 名不動智佛."

래 자성이 없고"186) 무명은 본래 공(空)이다. 체(體)와 용(用)의 두 측면에서 볼 때, 무명은 무지(無知)로 표현되기는 하지만 그 체성(體性)은 공적(空寂)한 것이다. 무명은 이미 자성이 없으므로 부동지와 상즉(相卽)한다. 그는 또 이렇게 말했다. "마음의 경계를 깨달으면, 모든 무명이 바로 큰 지혜를 이룬다."187) 이것은 마음의 경계를 진정으로 분명하게 통달하면 모든 무명(無明)이 큰 지혜를 이루게 된다는 것이다. "지혜는 이루어지지도 않고 무너지지도 않는다[智無成壞].", "지혜는 오래된 것도 아니고, 새로운 것도 아니다[智無故新].", 단지 "미혹과 깨달음은 동일하지 않을 뿐이다[迷悟不同]." 중생과 불은 동일히 부동지를 갖추고 있다. "부동지불은 이치 중에서도 지혜이니, 모든 범인과 성인의 몸이 그것을 공유하고 있기 때문이다."188) 중생과 불의 마음의 체는 청정함이 다르지 않아서, "범인과 성인의 마음 자체의 청정함에는 차이가 없다. 미혹과 깨달음에 간격은 없지만 단지 털끝만큼의 차이가 있을 뿐이다. 일념에 망념이 생기지 않고 마음의 경계가 완전히 없어지면, 자성은 스스로 생겨나지도 않고, 얻는 것도 없고, 증득하는 것도 없어져, 곧 정각을 이루게 된다."189) "불심, 중생심과 자심의 세 가지 마음은 차별이 없다."190) 세 가지 마음의 본질은 통일되어 있다.

---

186) 『약석신화엄경수행차제결의론(略釋新華嚴經修行次第決疑論)』 권1의 상, 『大正藏』 36, p.1015c, "無明本無性"

187) 『약석신화엄경수행차제결의론(略釋新華嚴經修行次第決疑論)』 권1의 상, 『大正藏』 36, p.1012b, "達悟心境, 一切無明, 便成大智."

188) 『신화엄경론(新華嚴經論)』 권8, 『大正藏』 36, p.768b, "不動智佛者, 卽理中智也. 一切凡聖身等共有之故"

189) 『신화엄경론(新華嚴經論)』 권32, 『大正藏』 36, p.941b, "凡聖心自體清淨無異, 但有迷悟不隔分毫. 但　念妄念不生, 得心境蕩然, 性自無生, 無得, 無證, 卽成正覺."

190) 『약석신화엄경수행차제결의론(略釋新華嚴經修行次第決疑論)』 권1의 상, 『大正藏』

이통현은, 중생이 자기의 마음은 무명이라는 체용관(體用觀)을 운용하여, 부동지와 불과 중생은 본성이 동일하고, 지혜가 동일하고, 경계가 동일하다는 것을 관조하여, 위없는 깨달음[無上菩提]의 마음을 얻기를 발원하고, 그 마음을 낼 때 바로 시방세계(十方世界)에서 현재의 몸 그대로 성불한다고 생각하였다.191)

　　이통현의 '자심이 부동지'라는 설은 성불을 추구하는 실천에 중점을 두고 있으며, 그가 중생의 무명과 불의 지혜를 서로 소통시킨 것은 비록 논증과 사상의 노선은 같지 않아도 징관과 종밀의 본각(本覺)관념과 매우 유사하다.

　　36, p.1014c, "佛心, 衆生心乃至於自心, 三心無差別."
191) 『신화엄경론(新華嚴經論)』 권31, 『大正藏』 36, p.937b.

제14장 삼론 · 유식 · 밀종의 심성론

제1절 삼론종의 중도불성론

삼론종은 수나라 시대에 형성된 불교종파로서 실제 창시자는 길장(吉藏)이다. 이 종파는 불교 대승공종의 『중론(中論)』 · 『백론(百論)』 · 『십이문론(十二門論)』의 삼부론을 입론의 근거로 삼았기 때문에 삼론종이라고 부른다. 삼론종 학설의 핵심은 세계만물 당체의 자성은 공(空)하고 연기에 무애(無碍)하다는 것, 즉 성공(性空)과 연기는 상호 모순이 되지 않는 중도(中道)의 이치임을 선양한 것이다. 이러한 사상은 세계현상에 대한 해석과 설명에 치중되어 있었다. 중생은 반드시 성공(性空)에도 치우치지 않고 연기에도 기울지 않는 중도의 인식을 갖추어야 비로소 지혜를 얻을 수 있고, 또한 수행을 통하여 염오에서 청정으로 전환하여 '의지함도 없고 걸림도 없는[無依無碍]' 치고사상이 인식경계에 도달할 수 있다고 강조하였다.

삼론종은 이론적 체계를 수립하는 데 있어서 인식이론의 구축에 편중하고 불성론에는 깊고 중점을 두지 않았다. 그러니 불성이라는 것은 결국 불교 이론의 근본문제 중의 하나이고, 남북조시대로부터 수대에 이르기까지 불성론 사조가 매우 성행하였기 때문에, 새롭게 만들어진 종파로서 이에 대해 아무런 반응도 하지 않을 수는 없었다. 길장은 삼론종의 '무소득'의 방법론과 기본학설을 이용하여 다른 종파의 불성 이론을 준엄하게 비평하면서, '중도불성(中道佛性)'이라는 새로운 학설을 제시하였다. 이것은 중국불교 심성론 사상사에 있어서 과거의 것을 계승하면서 미래의 것을 창조하였다는 의의를 지니고 있다.

1. 과거 불성론에 대한 종합과 비판

수나라 초기에 문제(文帝) 양견(楊堅)은 불교를 크게 선양하기 위하여 칙령을 내려 학문에 정통한 고승을 뽑아 여러 종류의 교화(教化) 단체를 조직하고, 이를 '중(衆)'이라고 불렀다. 각 중(衆)마다 중주(衆主) 한 명을 두고, 그 중(衆)의 학설을 선전하는 책임을 맡겼다. 당시 『열반(涅槃)』·『지론(地論)』·『대론(大論)』(『大智度論』)·율(律)·선(禪)의 '오중(五衆)'이 성립되었다. 그런데 이 다섯 중(衆) 안에는 길장이 숭상하는 학설이 없었다. 그는 자신의 입지를 세우기 위하여 강렬한 비판정신으로 자신의 예지와 재주를 한껏 과시하면서 오중의 중주와 논쟁을 전개하여 중주들을 좌절시켰다. 현존하는 길장의 저작들의 내용으로 볼 때, 열반사의 불성론과 섭론사와 지론사의 심식설(心識說) 등 길장으로부터 공격을 받지 않은 예는 없다.

길장은 『대승현론(大乘玄論)』 권3에서 남북조시대 십일가(十一

家)의 불성론 관점을 종합하고 하나하나 비판을 가하였다.192) 십일
가의 불성론 주장에 대해서는 이미 제11장 "남북조시대 불교 3대
심성론 사조"의 제1절에서 소개한 적이 있기 때문에, 여기서는 길
장이 비판한 이유와 방법에 대해서 서술하고자 한다. 길장은 다음
과 같이 말했다.

> 십일가를 통틀어 논하면, 모두 득불의 이(理)를 헤아리고 있다. 지금
> 득불의 이(理)를 모두 타파해야 뜻이 십일가에 통하여 해결된다. 일
> 이 이미 넓게 벌어져 있어서 삼중으로 그것을 타파해야 한다. 첫째
> 유와 무로 나누는 것을 타파해야 한다. ……둘째 삼시로 나누는 것
> 을 타파해야 한다. ……셋째 즉리(卽離)를 타파해야 한다.193)

길장은 십일가 불성론에서 공통적인 착오는 '득불의 진리'에 집
착하는 것이라고 생각하였다. 여기서 '이(理)'는 진리를 가리킨다.
'득불의 진리'는 곧 성불의 이체(理體)이며 이성(理性)이다. 십일가
는 모두 '득불의 진리'가 실제 있는 것으로 생각하고 '득불의 진리'
를 중생의 불성으로 삼았다. 이에 대하여 길장은 세 가지로 힐난하
며 파척해 나갔다. 세 가지 힐난은 다음과 같다. 첫째 '득불의 진
리'는 도대체 있는가 없는가? 둘째 '득불의 진리'는 과거·미래·
현재의 삼시 중 어디에 존재하는가? 셋째 '득불의 진리'는 '공(空)'
을 떠나지 않는가, '공(空)'을 떠나는가?
첫째 힐난에 관하여 길장은 '득불의 진리'가 있다고 말하는 것은

---

192) 『大正藏』 45, pp.35 b - 37a.
193) 『대승현론(大乘玄論)』 권3, 『大正藏』 45, pp.36c 37a, "通論十一家, 皆訓得佛之
理. 今總破得佛之理, 義通十一辭. 事旣廣, 宜作二重破之. 第一, 作有無破. ……第
二, 作三時破. ……第三, 卽離破."

잘못된 것이라고 생각하였다. 왜냐하면 현상[事]만 가리킬 수 있을 뿐 추상적인 이치[理]는 가리킬 수 없기 때문이다. 그래서 '득불의 진리'는 없다(無)고 말하고, 이미 없다고 한 이상 사람들은 유무(有無)의 양변 중 무(無)의 편견에 빠져들게 된다는 것이다. 따라서 '득불의 진리'에 대해서 있다고 말하는 것은 물론이려니와 없다고 말하는 것 역시 편견이므로 둘 다 성립될 수 없다는 것이다.

둘째 힐난에 관하여, 길장은 과거는 이미 지나갔고, 미래는 아직 오지 않았으니, 과거와 미래는 모두 진실하지 않으며, 과거·미래와 상대적인 현재도 역시 진실하지 않다고 하였다. 과거·미래·현재의 삼시가 모두 진실하지 않다면, 시간에 의지하여 존재하는 '득불의 진리'는 자연히 존재하지 않는다는 것이다.

셋째 힐난에 대하여 길장은 '득불의 진리'가 만약 공(空)과 상즉하면 '득불의 진리'도 곧 공(空)이며, '득불의 진리'가 만약 공을 떠나 독립적으로 존재한다면 그것은 불가능한 일이라고 생각하였다. 왜냐하면 공(空)은 만물의 본성이므로 공을 떠나 '득불의 진리'라는 존재는 있을 수 없기 때문이다.

길장의 지론(持論)으로 볼 때, 그는 주로 어떤 것에 대한 '유소득(有所得)'의 관념을 파척하고 '무소득(無所得)'을 확립하는 데에 착안점을 두고 있었다. 그래서 십일가가 수립한 '득불의 진리'의 불성설을 자연히 강력하게 배척하였던 것이다. 길장의 입장에 의하면, '득불의 진리'가 있다고 주장하는 것은 '유소득'이며, '유소득'은 곧 집착이고 번뇌이며, 이것은 필연적으로 해탈성불을 방해한다는 것이다.

이 밖에 주목을 끄는 것은 길장의 방법론의 특징이다. 그가 '득불의 진리'를 배척한 것은 공간과 시간 그리고 본성 등의 여러 방면에서 전개되었는데, 그는 철저하게 이(理)의 독립적인 실유성(實有性)을 부정하였다.

길장은 또한 인과(因果)로부터 불성을 논하는 주장도 타파하였다. 그는 과거의 불교학자들이 불성에 대해 해설한 것을 세 가지로 파악하였다. 첫째는 결과[果]의 이름을 가리키는 것이다. 불성의 '불(佛)'은 깨달은 사람[覺者]을, '성(性)'은 변하지 않는 것을 뜻하며, 불성은 불과(佛果)의 과체(果體)라는 것이다. 둘째는 인중(因中)을 가리키는 것이다. 불성은 중생의 인(因) 중에는 깨달음의 이치[覺義 즉 부처]기 있고, 반드시 변히지 않는 이치(곧 性)기 있는 것을 가리킨다. 셋째는 불은 결과를 말하는 이름[果名]이고 성은 원인을 말하는 이름[因名]이라는 것이다.

이상은 모두 인과(因果)로부터 불성을 논한 것이다. 길장은 이러한 관점에 반대하고, 인과로부터 불성을 말하는 것은 미혹과 집착이라고 보았다. 그는 반야학과 중관(中觀)학파의 무아성공(無我性空)의 무소득(無所得) 사상에 근거하여 중생 고유의 불성을 부정하였다. 그는 '원인도 아니고 결과도 아닌[非因非果]' 것이 중도(中道)이며, 원인도 아니고 결과도 아닌 무소득(無所得)의 중도가 불성이라고 생각하였다.

길장은 지론사와 섭론사의 불성의 본유(本有)·시유(始有)의 논쟁에 대해서도 부정적인 태도를 견지하고, 아울러 이와 상관있는 아뢰야식설을 비판하기도 하였다. 길장은, 불성이란 말로써 명백히 설명할 수 없는 것으로서 본유가 아닐뿐더러 또한 시유도 아니며, 심지어 본유가 아닌 것도 아니고 시유가 아닌 것도 아니라고 보았다.194)

그는 다음과 같이 힐문하였다. 만약 불성이 본래 있는 것이라면, 어찌하여 여러 단계의 점진적인 수행과정을 거쳐야 하는가?195) 만약 불성이 본래 있는 것이라면 중생의 번뇌는 나중에 있게 되는 것인데, 그렇다면 불성은 중생을 떠나 또 어떻게 존재하는 것이며, 이는 누구의 불성에 속하는 것인가? 길장은, 만약 불성이 본유(本有)라면, 중생도 역시 본유여야 하고, 만약 중생이 있고 비로소 불성이 있는 것이라면, 중생이 시유(始有)인 이상 불성도 역시 시유(始有)하는 것이어야 한고 생각하였다.196)

이러한 길장의 관점은 불성의 본유설과 시유설에는 모두 이론상 빈곤하거나 모순이 존재하고 있기 때문에 성립될 수 없다는 것이다.

길장은 지론사의 불성본유설에 대하여 다음과 같이 맹렬하게 비평하였다. "지론사에는 진을 타고 망을 일으켜[乘眞起妄] 오는 것, 망을 쉬게 하여 진으로 돌아가는 것[息妄歸眞]이 있다. 이와 같이 오고 가는 것은 모두가 외도와 같다."197) 여기서 '진(眞)'은 불성, '망(妄)'은 번뇌의 중생을 가리킨다. 그는 지론사가 오고 가는 허망한 견해에 집착한 것은 사실 소승불교의 '유아(有我)'론—중생에게는 영원하고 절대적인 실체가 있다—과 동일하며198), 모두 외도와 같다고 질책하였다.

또한 길장은 섭론사의 아뢰야식(本識)설에 대해서도 통렬하게 비

---

194) 『대승현론(大乘玄論)』 권3, 『大正藏』 45, p.39bc 참조.
195) 『중관론소(中觀論疏)』 권3末, 『大正藏』 42, p.47b.
196) 『중관론소(中觀論疏)』 권6本, 『大正藏』 42, p.93a.
197) 『중관론소(中觀論疏)』 권3本, 『大正藏』 42, p.38b. "地論師有乘眞起妄之來, 息妄歸眞之去. 如此來去, 悉同外道."
198) 『중관론소(中觀論疏)』 권8末, 『大正藏』 42, p.126c.

판하였다. 이 설은 아뢰야식설의 잠재력['種子']이 일단 때를 만나 성숙되기만 하면 곧 천(天)·인(人)·축생(畜生) 등의 육도중생(六道衆生)과 그들이 거주하는 세상이 생겨나게 된다고 생각하였다. 그리고 중생은 여러 종류의 불교경전을 듣고 난 후에는 아뢰야식 속에 청정하여 오염되지 않은 잠재력('無漏種子')이 남게 되며, 이러한 잠재력이 차츰 증가되면서 마침내는 반드시 염(染)에서 정(淨)으로 전환되어 불과를 성취하게 된다고 주장하였다.199) 길장은 이 역시 지론사와 마찬가지로 허망한 오고 감에 집착한 설법으로서 '무소득(無所得)'의 관념에 위배되는 것이어서 마땅히 배제되어야 한다고 생각하였다.

2. 중도불성론(中道佛性論)의 제시와 전개

인도 중관(中觀) 학파의 창시자인 용수는 중관학설을 이용하여 불성 문제를 설명하였다. 그는 일체의 사물에는 자성(自性)이 없다는 것으로써 중생고유의 불성을 부정하였으나, 동시에 중생에게 불성이 있을 수 있다는 것도 승인하였다. 길장은 불성의 옛 학설에 대하여 비판을 가하면서도 동시에 용수의 사상도 수용하여 여타의 것과는 달리 중도를 불성으로 삼거나 중도를 곧 불성으로 보는 중도불성론을 제시하여 불성론에 있어서 또 다른 하나의 새로운 학설을 형성하였다.

'중도(中道)'란 양변의 극단과 아집을 벗어나 일종의 기울지도

---

199) 『중관론소(中觀論疏)』 권4本, 『大正藏』 42, p.54a.

치우치지도 않는 중정(中正)의 도를 형성한 중정(中正)의 관점이자 방법이다. 석가모니는 쾌락주의와 고행주의를 멀리 떠난 중도의 생활을 제창하였다. 불교의 대승공종(大乘空宗)은 일체의 분별과 집착에서 벗어난 무소득을 중도라고 하였다. 이 종의 가장 중요한 대표작인 『중론(中論)』의 「관사제품(觀四諦品)」에서는 '중도'에 대해 경전성(經典性)의 정의를 내리고 있다. "여러 가지 인연으로 생겨난 법을 나는 곧 무(공)라고 하고 또한 가명(假名)이라고도 하노니, 이것이 중도의 의미이다."200) 이것이 유명한 '삼시게(三是偈)'이다. 그 의미를 살펴보면, 세상의 모든 사물은 모두 각종 인연으로 생성되며, 자성은 공(空)하여 없으면서도 또한 사람들의 주관이 만든 명언개념(名言槪念)이기도 하므로, 사물의 성공(性空)과 가명(假名)의 두 방면을 동시에 볼 수 있다면, 그것이 곧 중도라는 것이다.

길장은 '삼시게(三是偈)'를 해석할 때, 연기와 성공은 모두 가명이며, 연기의 유(有)와 성공의 무(無)는 모두 명언개념으로서, 이 양자를 합쳐서 파악할 때 이것이 바로 중도라고 하였다. 길장은 또한 '팔불(八不)'과 연계되어 나타나는 '중도'를 대단히 중시하였다. '팔불'은 곧 사물을 관찰할 때 배제해야 하는 여덟 가지의 사견(邪見)으로서, 불생(不生)·불멸(不滅)·부단(不斷)·불상(不常)·불일(不一)·불이(不異)·불거(不去)·불래(不來)를 깨달음으로써 장애가 없는 정관(正觀)에 머무르게 된다는 것이다.

길장은 '팔불'에서 나아가 다시 진(眞)과 속(俗) 이제(二諦)를 통하여 '중도'를 말하였는데, 이러한 중도를 또 세 종류로 나누었다. 생(生)·멸(滅)의 범주로써 예를 들면, 생멸이 있는 것은 속제(俗

---

200) 『大正藏』 30, p.33b, "衆因緣生法, 我說卽是無(空), 亦爲是假名, 亦是中道義."

諦)이며, 도리(道理)상으로 말하면 사실상 생멸이 없는 것이다. 이와 같이 생도 아니고 멸도 아닌 것[非生非滅]이 '속제중도(俗諦中道)'라는 것이다.

그러나 만약 생도 아니고 멸도 아닌 것을 실제로 생하지도 않고 멸하지도 않는 것[實不生實不滅]으로서 집착하는 것은 편견이며 마땅히 부정되어야 한다. 이와 같이 생하지 않는 것도 아니고 멸하지 않는 것도 아닌 것[非不生非不滅]이 곧 '진제중도(眞諦中道)'이다. 이상의 두 가지 중도는 속제와 진제 두 방면에서 말한 것이다. 어느 한 변을 견지하는 것은 옳지 않으며, 마땅히 이 양자를 결합시켜 양변을 벗어나고 양변을 초월하여 보아야 한다. 이것이 다시 이제를 합하여 중도를 밝힌 '이제합명중도(二諦合明中道)'이다.

길장은 나아가 중도와 불성을 동일시하여 중도를 불성으로 삼았다.

단과 상의 두 가지 견해에서 벗어나, 성스러운 중도를 행하는 것이 불성을 보는 것이다.[201]
진도 아니며 속도 아닌 중도가 정인불성이다.[202]
중도불성은 불생불멸하고 불상부단하니 이것이 바로 팔불이다.[203]
공과 불공으로써 보는 지혜를 또한 불성이라고 한다. 중생들이 횡으로는 백비(百非)를 일으키고 종으로는 사견(四見)을 낳음으로써 실상을 감추고 덮고 있기 때문에 불성이라고 한다. 만약 백비가 본래 공이고, 사구가 항상 고요함을 알게 되면, 바로 불성이 나타나는데, 이를 법신이라고 한다.[204]

---

201) 『이제의(二諦義)』 권상, 『大正藏』 45, p.86a, "離斷常二見, 行於聖中道, 見於佛性."
202) 『대승현론(大乘玄論)』 권3, 『大正藏』 45, p.37a, "非眞非俗中道, 爲正因佛性."
203) 『중관론소(中觀論疏)』 권2本, 『大正藏』 42, p.21b, "中道佛性, 不生不滅, 不常不斷, 卽是八不."
204) 『중관론소(中觀論疏)』 권10 말, 『大正藏』 42, p.160a, "智見空及以不空, 亦名佛性. 以衆生橫起百非, 豎生四見, 隱覆實相故, 名爲佛性. 若知百非本空, 四句常寂, 卽佛

'백비(百非)'의 '백'은 넓은 의미로 다수(多數)를 가리키며, '비'는 부정(否定)을 의미하므로 '백비'는 곧 여러 가지 부정을 뜻하며, 일체의 언어와 문자는 모두 실재하는 것이 아님을 의미한다. '사견(四見)'이란 세간의 사물을 상(常) · 무상(無常) · 역상역무상(亦常亦無常) · 역비상역비무상(亦非常亦非無常)의 네 가지로 집착하는 견해이다. '사구(四句)'는 유(有) · 무(無) · 역유역무(亦有亦無) · 비유비무(非有非無)를 가리킨다.205) 이상의 인용문을 통해서 볼 때, 길장은 '팔불'과 비진비속비공비불공(非眞非俗非空非不空) 등과 같은 양변의 대립되는 견해를 벗어나는 것이 곧 중도이며 이것이 바로 불성이라고 생각하였다. 그리고 '백비(百非)'가 본래 공(空)임을 깨달아 알고, '사구(四句)'에 집착하지 않는 것이 또한 불성이라고 보았다. 따라서 길장이 말하는 불성이란 사실상 주체의 일종의 정확한 인지와 최고의 지혜이며, 또한 주체가 우주만물의 진상을 정확하게 인식하기 위한 일종의 사상적 경지이다.

길장의 관점에 의하면, 주체의 중정의 도(道)와 만물의 진실한 본상(本相)은 통일된 것이며, 불성이란 바로 이러한 종류의 통일된 것이 체현(體現)된 것이다. 여기에서 삼론종이 말하는 중도불성의 특징에 주목할 필요가 있다. 그것은 중도가 불교의 진리(眞諦)와 세속의 상식(俗諦)을 포괄하는 일체의 인식을 부정하고, 불성은 진속이제(眞俗二諦)를 초월하는 것이고, 말로써 명확히 표현할 수 없는 개념이며, 어떤 두 가지 모습의 모순되고 대립되는 개념도 초월

性顯, 稱爲法身."

205) "사구(四句)"의 또 다른 표현 방법으로, 실(實) · 비실(非實) · 역실역비실(亦實亦非實) · 비실비비실(非實非非實) 그리고 유(有) · 무(無) · 역유역무(亦有亦無) · 비유비무(非有非無)가 있는데 사구의 내용과 의의는 서로 같다.

하는 것이라는 것이다. 불성은 '온갖 부정이 본래 공이고, 사구는 항상 공적한 것임을 아는 것[知百非本空, 四句常寂]'으로서, 일체의 긍정적이고 부정적인 언어와 문자는 모두 공적하고 사실이 아니며, 불성은 그 어떤 판단도 초월하는 '무소득(無所得)'의 경지라는 것이다.

길장은 불성이 지혜와 경지 즉 주체와 객체의 두 방면의 의의를 구비하고 있다는 것 때문에, 다시 일련의 상관된 개념을 불성의 동의어로 귀결시켰다. 즉 중도(中道) · 정도(正道) · 일승(一乘) · 법성(法性) · 진여(眞如, 如如) · 실제(實際) · 법계(法界) · 법신(法身) · 여래장(如來藏) · 자성청정심(自性淸淨心) · 팔식(아뢰야식) · 수능엄삼매(首楞嚴三昧) · 일도(一道) · 반야(般若) · 무주(無住) · 열반(涅槃) · 상주(常住), 진성(眞性) · 실상(實相) · 자성(自性)과 같은 말들을 불성의 다른 표현으로 보았다. 이를 통해 볼 때, 길장은 각종 불경이 설명하는 우주만물의 실상(實相) · 본원(本原) · 인간의 의식전반 · 인간의 본성 · 주체적 지혜 · 중정(中正, 정확함)한 수행도와 특정의 선정(禪定) · 성불의 경지 등 모든 것을 불성으로 파악하였다. 이와 같이 불성이 가지고 있는 의미는 크게 확대되었다.

위에서 언급한 바와 같이 길장은 일찍이 지론사(地論師)와 섭론사(攝論師)의 아뢰야식설에 대해 비판한 적이 있는데, 그는 왜 다시 아뢰야식을 불성의 동의어로 보았을까? 길장의 관점에 의하면, 이것은 진리는 언어로써 명확히 설명할 수 있는 것이 아니고, 불성은 각종 인식을 초월하는 것이며, 아뢰야식의 관점은 일종의 집착이기 때문에, 당연히 제거되어야 한다는 것이다. 단지 중생을 교화하기 위한 방편으로서 아뢰야식을 불성이라고 하여, 중생들이 봉불의 신념과 성불의 신심을 수립하도록 하기 위한 것이었다. 이와 같은 맥락에서 길장은 기타 불성의 같은 의미의 개념도 이름을 빌려 만든 것으로서, 모두 중생교화의 방편이자 실제 존재하는 것에 집착하지 않도록 하기 위한 것이라고 하였다.

길장은 '불성의 내외유무의 의미[佛性內外有無義]'206)에 대해서도 탐구하고 토론하였다. 이것은 어떤 사물에 불성이 있는가, 어떤 조건하에 불성이 있는가 하는 불성의 범위에 관한 문제이다. 길장은 이것을 선명하게 말하기 가장 어려운 난제라고 생각하였다. 그의 기본적인 관점은 "이외(理外)에 불성이 있을 수 있으며, 이내(理內)에 불성은 없다. 혹은 이내(理內)에 불성이 있을 수 있으며, 이외(理外)에 불성은 없다고 할 수 있다."207)는 것이다. 여기서 제시된 '이내(理內)', '이외(理外)'의 불성론은 길장이 내세운 또 하나의 새로운 논점이다.

길장은 여러 다른 경전을 이용하여 그의 논점을 증명하였다. 그는 유식종의 전적을 인용하여, "『유식론』에서는 '유식에는 경계가 없다.'고 하여, 산하초목 모두가 마음에 떠오른 상임을 밝히고, 마음 밖에 다른 법이 없다고 하였다. ……이러한 의미 때문에 중생에게 불성이 있을 뿐만 아니라 초목에도 역시 불성이 있다."208)고 하였다. 그는 만물이 중생의 심식(心識)을 벗어날 수 없다고 생각하였고 그렇다면, 중생에게만 불성이 있는 것이 아니라 심지어 중생

---

206) 『대승현론(大乘玄論)』 권3, 『大正藏』 45, p.40a.

207) 『대승현론(大乘玄論)』 권3, 『大正藏』 45, p.40a, "或可理外有佛性, 理內無佛性; 或可理內有佛性, 理外無佛性."

208) 『대승현론(大乘玄論)』 권3, 『大正藏』 45, p.40c, "『唯識論』云: '唯識無境界.' 明山河草木皆是心想, 心外無別法. ……以此義故, 不但衆生有佛性, 草木亦有佛性也."

의 심식이 떠나지 않은 초목과 같은 것들에도 불성이 있다고 생각하였다. 이것이 바로 '이내유불성(理內有佛性), 이외무불성(理外無佛性)'이다.

여기서 '이(理)'는 사실상 마음[心], 즉 주체정신을 말하는 것이다. 길장은 또 "중생에게는 마음이 있고, 미혹되는 까닭에, 깨달음의 이치가 있어 얻을 수 있다. 초목에는 마음이 없고, 따라서 미혹되지 않는데 어찌 깨달음의 의미가 있어 얻을 수 있겠는가? 이러한 의미 때문에 중생에게는 불성이 있다고 말하고 따라서 성불한다고 말한다. 그러나 초목에는 불성이 없기 때문에 성불하지 못한다고 한다."209)고 하였다.

이것은 한층 더 심화된 것으로서, 중생과 초목을 비교하여 전자에는 정신이 있으나 후자에는 정신이 없으므로 깨달음의 이치가 있는 것과 깨달음의 이치가 없는 차이가 있음을 말하고, 더 나아가 불성이 있고 없음의 차이가 있다는 것이다. 여기서 말하는 '이(理)'는 위에서 말한 '이(理)'와 다른 것으로서 깨달음의 이치를 말하는 것이다. 이것은 중생만 단독으로 가지고 있는 것에 속하는 것으로서, 그 때문에 깨닫고 깨닫지 못하는 것이라고 말하며, 마땅히 중생에게는 불성이 있고 초목에는 불성이 없다고 말하는 것이다. 이것이 '이내유불성(理內有佛性), 이외무불성(理外無佛性)'의 또 다른 의미이다.

길상은 또 『반야경(般若經)』과 『화엄경(華嚴經)』을 인용하여 '이외유불성(理外有佛性), 이내무불성(理內無佛性)'의 논점을 설명하

---

209) 『大正藏』 45, p.40c, "衆生有心, 迷故, 得有覺悟之理. 草木無心, 故不迷, 寧得有覺悟之義? ……以是義故, 云衆生有佛性, 故成佛; 草木無佛性, 故不成佛也."

였다. 그는 "『반야경』에서는 '이와 같이 무량한 중생을 멸도하였으나 실제로 멸도한 중생은 없다.'고 하였고, 『화엄』역시 '평등하고 진실한 법계에는 일체의 중생이 들어가더라도 실로 들어간 바가 없다. ……이것은 이내(理內)에서는 실로 멸도한 중생은 없다는 것에 이른다.' 이내(理內)에는 이미 중생이 없으므로 또한 불성도 없다는 것은 당연히 알 수 있다. 이외(理外)에서는 멸도할 중생이 있기 때문에 이외(理外)의 중생에게는 불성이 있다고 말하는 것이다."210)라고 하였다.

여기서 말하는 '이(理)'는 성불의 경지에서 말하는 것이며, 이러한 최고 경지의 이(理)에서 중생은 이미 멸도를 얻었을 뿐 아니라 중생도 없다는 것이다. 중생이 없다면 당연히 불성도 없는 것이다. 이러한 의미에서 말할 때 '이내무불성(理內無佛性)'이 되는 것이다. 이와 반대로 이러한 경지 외에도 다시 중생이 있으며, 중생이 있으면 곧 불성이 있다는 것이다. 이러한 의미에서 말할 때 '이외유불성(理外有佛性)'이라는 것이다.

이상의 '이내(理內)', '이외(理外)'에 대한 길장의 불성론 논술을 살펴볼 때, 그 목적은 마음의 주체적 각도와 경지의 객체적 각도에서 조화롭게 불성의 모순을 설명하기 위해서인 것 같다. 그는 '이(理)'의 여러 가지 다른 설명을 통하여 불성의 범위를 규정하고, 불성의 유무에 대하여 여러 단계의 설명을 함으로써 불교 심성론에 새로운 내용을 증가시키고 첨가하였다.

길장은 축도생과 마찬가지로 반야공론(般若空論)과 열반불성론

---

210) 『大正藏』45, p.41a, "如『般若經』云: '如是滅度無量衆生, 實無衆生得滅度者.'『華嚴』亦云: '平等眞法界, 一切衆生入, 眞實無所入. ……此至理內實無衆生得滅度者', 當知, 理內旣無衆生, 亦無佛性. 理外有衆生可度, 故言理外衆生有佛性也."

(涅槃佛性論)을 결합시키기 위하여 힘썼다. 그러나 축도생은 반야학에서 일반학으로 전향하여 중생에게는 실로 불성이 존재한다는 이론을 중점적으로 설명하였으나, 길장은 곧 대승중관학파의 '무소득(無所得)'의 관점에 입각하여 불성학설을 세심히 살피고, 축도생을 포함한 남북조 각 파의 불성론을 비판하였으며, 중관학파의 중도로써 불성을 대체하거나 개조하였다. 이와 같은 삼론종의 중도불성론은 불성론에 있어서는 일대 충격이었으며 불성론이 발전한 것이라고도 볼 수 있다.

제2절 법상 유식종의 일분무성설(一分無性說)

1. 세 종류의 천제(闡提)

현장(玄奘, 600 - 664)과 규기(窺基, 632 - 682)가 창립한 법상유식종은 주로 인도불교 유가행파(瑜伽行派)의 만법유식(萬法唯識) 사상을 계승하였으며, 우주 만물은 모두 주체의 심식이 반영되어 나타난 표상이라고 생각하였다. 이러한 종지를 둘러싸고 이 종파는 심리의식에 대하여 지극히 세밀한 분석을 하였는데, 심식(心識)의 내재적 구조, 심식과 외부 사물의 관계, 심식이 어떻게 현현하여 외부 사물이 되며, 주관의 심식이 어떻게 개조되고 전변하여 지혜가 되는가, 그리고 중생 성불의 내재적 근거 등의 문제에 대하여 자세한 설명을 하였다. 이러한 학설의 다른 성질에 근거하면, 일부는 우주론과 실천론에 귀속시킬 수 있다. 여기서 중점적으로 논하고자 하는 것은 심성과 가장 직접적인 관계가 있는 삼류천제설(三類闡提說) 및 이·행 이불성설(理·行 二佛性說)이다. 법상유식종의 이 두 가지 학설은 일부분의 중생은 불성이 없다고 하는 학설로 귀결될 수 있는데, 이것은 일체의 중생은 모두 불성을 가지고 있다고 하는 다른 종파와 이론적으로 커다란 갈래를 이룬다.

종성이란 어떤 종족의 무리가 갖추고 있는 공동의 혈통·습속·습성이다. 불교는 인도사회의 종성개념을 활용하여, 각종 인간은 내재적인 소질이 달라서 불교를 배우고 수행하여 얻는 성취에 있어서도 차별이 있다고 설명한다. 불교의 유가행파는 중생을 다섯 가지 종성으로 나눔으로써 충분히 성불할 수 있는 중생 혹은 성불할 수 없는 종류로 확정하였다.

오종성설은 일천제는 종성이 없어서 영원히 성불할 수 없다고 생각하였다. 현장은 인도를 떠나 귀국하기 직전, 인도 불교학자와 일천제인 사람에게 불성이 있는가 없는가에 대한 문제로 토론한 적이 있었다. 일부 인도학자는 현장에게 귀국 후 일천제에게 불성이 없다는 말을 하지 말 것을 건의하였으나, 현장은 사부였던 계현법사(戒賢法師)로부터 의리(義理)를 증감해서는 안 된다는 점을 강조하는 준엄한 꾸짖음을 받았다. 현장은 귀국 후 스승의 가르침을 어기지 않고 오종성설을 선전하였다. 오종성설은 규기(窺基)에게만 비밀리에 전해졌다. 이 학설은 일체의 중생은 모두 불성을 지니고 있다는 천태·화엄·선 등의 여러 종파 사상과 상호 모순되는 관계로 법상유식종의 중요한 교의와 중심 사상의 하나가 되었다.

오종성이란 성문승종성(聲聞乘種性)·연각승종성(緣覺乘種性)·여래승종성(如來乘種性)·부정종성(不定種性)·무종성(無種性)을 말한다. 오종성 중의 무종성은 모든 중생은 하나도 예외 없이 불성을 지니고 있는가 하는 문제와 직접 관계되는 큰 문제이다.

『입능가경(入楞伽經)』 권2에서는 다음과 같이 말한다.

> 대혜여, 무엇이 무성승인가? 일천제를 말한다. 대혜여, 일천제에게 열반성이 없다는 것은 무엇 때문인가? 해탈한 가운데서도 신심이 생겨나지 않아 열반에 들 수 없기 때문이다. 대혜여, 일천제에는 두 종류가 있는데, 무엇이 두 종류인가? 하나는 일체의 선근을 태워 버린 것이고, 또 하나는 일체의 중생을 가엾이 여겨 일체의 중생계를 다하겠다는 원을 세운 것이다. 대혜여, 일체의 선근을 태웠다고 하는 것은 무엇인가? 보살장을 비방하고, 그와 같이 말을 하는 것이다. 그는 수다라와 비니해탈을 수순하지 않고 모든 선근을 버렸다고 말하여, 그 때문에 열반을 얻지 못한다. 대혜여, 중생을 가엾이 여겨 중생계를 다하겠다는 발원을 한 자가 보살이다. 대혜여, 보살은 방편으로 원을 세운다. '만약 모든 중생이 열반에 들 수 없다면 나 역시 열반에 들지 않겠다.' 그래서 보살마하살은 열반에 들지 않는다.[211]

'수다라(修多羅)'는 계경(契經), 즉 불타가 말한 불법을 말한다. '비니(毗尼)'는 율(律), 즉 비구·비구니가 반드시 준수해야 할 생활규범과 관련된 금계(禁戒)를 뜻한다. 이 글은 일천제가 무종성이라는 것을 명확히 하면서, 동시에 일천제에 두 종류가 있음을 말하고 있다. 하나는 불법을 비방하고, 불전(佛典)에 의거하지 않고 계

---

211) 『大正藏』 16, p.527ab, "大慧, 何者無性乘? 謂一闡提. 大慧. 一闡提者無涅槃性, 何以故? 於解脫中不生信心, 不入涅槃. 大慧, 一闡提者有二種, 何等為二? 一者焚燒一切善根, 二者怜憫一切衆生, 作盡一切衆生界願. 大慧, 云何焚燒一切善根? 謂謗菩薩藏, 作如是言. 彼非隨順修多羅毗尼解脫, 說諸諸善根, 是故不得涅槃. 大慧, 怜憫衆生, 作盡衆生界願者, 是為菩薩. 大慧, 菩薩方便作願, 若諸衆生不入涅槃者, 我亦不入涅槃, 是故菩薩摩訶薩不入涅槃."

율을 수지하지 않으며, 일체의 선근을 태워 버린 까닭에 열반을 얻을 수 없는 것이다. 또 하나는 보살로서 중생을 널리 제도(濟度)하기 위하여 중생이 열반에 들지 않으면 나 역시 열반에 들지 않겠다는 것이다.

『능가(楞伽)』 등의 경에서 언급한 천제무성설(無性說)의 기초 위에서 규기는 세 종류의 천제설(闡提說)을 제시하였다.

> 천제에는 세 종류가 있다. 첫째는 선근을 단절한 것이며, 둘째는 대비천제이며, 셋째는 무성천제이다. ……첫째는 인은 이루었으나 과를 이루지 못하여 대비천제라고 하며, 둘째는 과는 이루었으나 인을 이루지 못하여 유성단선천제라고 하며, 셋째는 인과가 함께 이루어지지 않아 무성천제라고 한다.212)

규기는 천제를 세 종류로 나누었다. 첫째는 단선천제(斷善闡堤)이다. 선근을 단절한 무성천제로서 이 종류의 천제는 해탈성불의 원인과 이유 즉 불의 인(因)을 수행하는 계위(階位, 因位)에서 성불의 가능성이 결핍되어 있다. 만약 불이 위력을 드러내어 보리심을 발하면 천제가 단절한 선근을 다시 상속하여 해탈의 경지에 도달하게 할 수 있다. 즉 과위(果位)에서는 여전히 성불할 수 있는 이것을 원인은 이루지 못했으나 결과는 이룬 것[因不成果成]이라고 한다. 두 번째는 대비천제(大悲闡堤)로서 보살천제(菩薩闡提)라고도 한다. 대비보살은 본래 대비심을 지니고 일체 중생을 모두 제도하고자 발원하였으나, 중생이 한도 없고 끝도 없이 많고, 불성이

---

212) 『성유식론장중추요(成唯識論掌中樞要)』 권상본, 『大正藏』 43, p.611a, "闡提有三: 一斷善根, 二大悲, 三無性. ……一因成果不成, 謂大悲闡堤, 二果成因不成, 謂有性斷闡堤, 三因果俱不成, 謂無性闡堤."

없어 성불할 수 없는 중생도 있으므로 자신은 영원히 인위(因位)에 머물러 끝까지 성불의 기회가 없는 까닭에 천제라고 한다. 관음(觀音)·지장(地藏)·문수(文殊) 등과 같은 보살이 바로 대비천제이다. 이러한 종류의 천제는 과위(果位)에서는 성불할 수 없으나 인위(因位)에서는 그 가능성이 있다. 이상 두 종류의 천제를 유성천제(有性闡提)라고도 한다. 셋째는 무성천제(無性闡提)이다. 이는 인위에 있든 과위에 있든 전혀 성불의 가능성이 없으며, 성불과는 철저하게 무관한 종성으로서 결국 불성이 없는 종성이다.

규기의 세 종류 천제설은 비록 일부분 천제의 불성문제에 대해서는 융통성 있는 해설을 하였으나 일부분의 중생은 결국 불성을 갖추고 있지 않아서 영원히 성불할 수 없다는 것을 명확하게 견지하였다. 이를 위하여, 그는 다시 '일체(一切)'에 관한 분류를 통하여,『대반열반경』에서 말한 "일체 중생이 모두 불성을 지니고 있다[一切衆生悉有佛性]"는 명제를 회통하였다. '일체'라는 말은 만물을 총괄하는 말인데, 규기는 도리어 그것을 전분(全分)과 소분(少分)의 두 종류로 나누었다. 전분은 곧 전부, 소분은 일정한 범위의 부분으로 제한하는 것이다. 그는『대반열반경』에서 말하는 '일체중생'의 '일체'는 '소분의 일체' 즉 일천제를 배제한 그 이외의 중생을 지칭하는 것이라고 말한다. 규기는 일체의 중생을 중생 중의 특정부분으로 한정시켜 일체로 하여금 부분이 되게 하였다. 부분이 일체와 동일하다는 것은 무한수 범위 내에서는 성립될 수 있다. 그러나 유한한 중생의 범위 내에서는 결코 성립되기 어렵다. 일체의 중생이란 마땅히 중생의 전부를 가리키는 것이며, 그 범위는 고정되어 있다. 따라서 규기의 관점은 줄곧 천태·화엄·선종 등의 학자들로부터 비평을 받았다.

　열반불성사상이 유행한 중국에서 법상유식종 사람들이 오히려 오종성설을 견지하고 무성천제설을 주장한 것은 우연한 일이 아니다. 현상적인 것에서 말하자면 중생은 불교에 대하여 여러 가지 다른 태도를 가지고 있었다. 일부는 불교를 믿지 않고 다른 종교를 신봉하였고, 일부는 불교학설을 받아들이기는 하였으나 신봉하는 깊이의 정도도 각기 달랐다. 이론적으로 이러한 각종 차별을 어떻게 설명할 것인가? 오종성설은 중생이 원래 소속된 종성 종류[族類]의 차별에 따라 다섯 종류의 다른 근기가 있다는 해석을 제공한 것이다.

　법상유식종 사람들은 오종성의 차별은 그 내재적 원인과 근거, 즉 그들이 선천적으로 본래 가지고 태어난 '종자(種子)'에 차별이 있다고 생각하였다. 이것은 다시 이 종파의 세계관과 연계되어, 오직 식이 나타난 것이 세계라는 해석을 하였으며, 모든 현상은 근본식인 '아뢰야식'이 변하여 나타난 것이라고 생각하였다. 아뢰야식 중에 저장되어 있다가 각종 현상을 변현시키는 잠재적인 공능을 이른바 종자(種子)라고 하였다. 종자의 성질은 유루(有漏, 染)와 무루(無漏, 淨)의 두 종류로 나눈다. 유루종자는 세간의 인(因)이며, 무루종자는 출세간의 인(因)이다. 어떤 중생은 유루종자를 지니고 있고 어떤 중생은 무루종자를 갖추고 있어서, 불성을 지니고 있고 없고의 차별을 야기하게 된다. 따라서 일분무성설(一分無性說)은 법상유식종의 세계관이 중생의 본성문제에서 체현된 것임을 알 수 있다.

2. 이불성(理佛性)과 행불성(行佛性)

'일체중생실유불성(一切衆生悉有佛性)'이라는 난제를 소통하기 위하여 규기는 세 종류의 천제(三類闡堤)설을 제시하였을 뿐만 아니라 이불성(理佛性)과 행불성(行佛性)에 대해서도 논하였다.213) 아울러 『대반열반경(大般涅槃經)』에서 말하는 '일체중생 실유불성'은 곧 열반불성을 말하는 것임을 강조하였다. 규기의 문하인 혜소(慧沼, 650 - 714)의 『능현중변혜일론(能顯中邊慧日論)』은 종성론을 총괄한 저작이다. 이 책에서 그는 이불성설(二佛性說)을 찬양하면서, 이불성과 행불성의 구별 및 시로 상응하지 않는 관계에 대해서 중심적으로 논증하였다.

혜소는 다음과 같이 말하였다. "불성을 총론하자면 이(理)와 사(事)의 두 문이 있다. 이(理)는 진여·법계·명인(名因)·명성(名性) 등이며, 일체의 중생이 모두 동일하다. 사(事)는 곧 삼십이상·십력 등이며, 일체의 유정에게 있고 없는 차이가 있다."214) '사(事)'는 사불성(事佛性) 즉 행불성을 말한다. 이불성의 이(理)는 진여본체를 가리키며 이체(理體)·이성(理性)이라고도 한다. 이불성은 중생이 의지하는 본체(진여)를 가리키며, 불생불멸의 묘리(妙理)로서 일체 중생이 보편적으로 갖추고 있는 불성이기도 하다. 행불성의 행은 유루·무루의 실천행과 수행을 말한다. 행불성이란 일부

---

213) 『성유식론장중추요(成唯識論掌中樞要)』 권상본, 『大正藏』 43, p.611a, "總論佛性, 理事兩門, 理而眞如, 法界, 名因, 名性等, 一切衆生皆悉同也. 事卽三十二相, 十力等種, 一切有情有無不同."

214) 『능현중변혜일론(能顯中邊慧日論)』 권1, 『大正藏』 45, p.420b. "삼십이상(三十二相)"이란 불 신체의 32종의 덕원만 형상을 말하며, "십력(十力)"은 불이 특별히 지니고 있는 열 가지 지혜의 역량이다.

분의 중생이 아뢰야식 중에 불과를 성취할 수 있는 무루종자를 가지고 있음을 말한다. 이불성은 추상적인 본체에서 나타나는 불성이고, 행불성은 구체적인 수행에서 드러나는 불성으로서 삼십이상·십력 등을 말한다.

혜소는 행불성을 지니고 있지 않은 무루종자의 중생은 비록 이불성이 있어도 영원히 성불할 수 없다고 생각하였다. 혜소는 이불성과 행불성의 구별과 두 가지 불성이 상응하지 않는 관계에 대해서 강조하였으며, 중생의 아뢰야식 중의 본유종자가 바로 행불성·정불성(正佛性)이라고 생각하였다. 행불성은 다시 유루와 무루의 두 가지 종자로 나누어, 중생이 아뢰야식 중에 만약 유루종자만 있고 무루종자가 없다면 성불할 수 없으며, 만약 무루종자가 있다면 번뇌와 무명을 단절하고 제거하여 행으로써 이(理)를 증명하여 성불할 수 있다는 것이다. 중생의 종자에는 차이가 있기 때문에 오종종성의 차별이 있게 된다. 만약 이불성만을 승인한다면 일체의 중생이 모두 불성을 지니고 있다는 결론에 이르게 되며, 행불성도 불성임을 동시에 승인할 때에만 비로소 오종성설이 확립된다는 것이 분명하게 드러났다.

규기 등의 이(理)와 행(行)의 이불성설은 기타 종파의 반대에 부딪혔을 뿐 아니라 법상유식종 내부에서도 견해를 달리하는 학자가 있었다. 예를 들면 현장(玄奬)의 문인이었던 법보(法寶)는『일승불성구경론(一乘佛性究竟論)』을 저술하여 이불성설을 비평하고 행불성설을 부정하였다. 이불성과 행불성의 문제를 둘러싼 논쟁은 중국불교에 있어서 중생은 일률적으로 모두 불성을 지니고 있는가라는 문제에 관한 논쟁이 심화되어 나타난 것이며, 중생불성문제의 이론적 근거에 대한 심도 있는 탐구와 토론이었다. 불성문제의 이론적 근거에 대하여 심각하게 견해가 갈라지게 된 것은 인간의 심성본체와 인간 심식의 관계에 대한 상이한 관점, 다시 말해서 '이(理)'와 '심(心)'의 동이(同異)관계에 대하여 관점이 일치하지 않는 점에 있었다.

위에서 설명한 바와 같이 법상유식종에서 말하는 이불성은 일체 사물의 진실본체인 '진여'를 말하며, 진여는 진리ㆍ이체(理體)를 말하고 동시에 중생행위의 규범이자 준칙이기도 하였다. 법상유식종에서 말하는 행불성은 중생의 아뢰야식의 종자를 말한다. 진여는 '이(理)'의 범주에 속하고, 아뢰야식의 종자는 '심(心)'의 범주에 속한다. 법상유식종 사람들은 중생이 해탈을 얻고자 하면 마땅히 다음과 같은 두 가지 방면에서 노력해야 한다고 강조하였다. 하나는 진여이성을 체득하여 경계(인식)를 미혹에서 깨달음으로 전환하는 것이다. 또 하나는 아뢰야식을 전환하여 심식을 염오에서 청정으로 전환하는 것이다. 중생은 수행과 실천의 과정에서 양자가 상응(相應)하도록 노력해야 하며, 그렇게 함으로써 불과를 성취한다는 것이다. 이 두 가지 면을 '이사(理事)'라고도 하는데, 성상(性相)이나 체용(體用)과 서로 대응되는 것이다.

이(理)와 심(心)의 관계에 관하여, 법상유식종이 일체의 중생은 모두 불성을 지니고 있다는 관점을 견지하면서 가장 큰 영향력을 가졌던 중국불교의 주류파인 천태ㆍ화엄ㆍ선종과 나누어지게 된 주요 분기점은 다음과 같다.

첫째, 이(理)와 심(心)은 같은가 다른가. 법상유식종은 이불성과 행불성의 구별을 강조하며, 두 본성 간에는 필연적 연계가 없으며,

이불성이 있는 것이라고 해서 반드시 행불성이 있는 것은 아니라고 생각하고, 이와 심은 다르다고 주장하였다. 그런데 주류파는 이불성과 행불성의 양자 간에는 필연적인 연계가 존재하며, 전자가 있으면 반드시 후자가 있기 때문에 이(理)와 심(心)은 동일한 것으로 보았다. 중국불교의 주류파의 입장에서 보면, 우주만물의 본체가 곧 중생의 본체이며, 중생의 본체는 바로 중생의 심이고, 중생의 심은 곧 중생의 본성이기에, 중생의 본체와 중생의 본성은 동일한 것이라고 말하였다. 이러한 관점도 역시 일체의 중생은 모두 불성을 가지고 있다는 학설을 세우는 데 이론적인 바탕이 되었다.

둘째, 이(理)와 심(心)은 전화될 수 있는가 없는가. 첫째와 긴밀하게 관련지어 법상유식종의 사람들은, 진여는 불생불멸하고 절대 불변하는 '무위법(無爲法)'이고, 중생의 종성은 '유위법(有爲法)'이며, 무위법은 유위법을 생겨나게 할 수 없고, 진여 역시 중생이 수행을 거치고 공덕을 쌓더라도 그로 인해 무루종자로 전환될 수 없다고 생각하였고, 무루종자 역시 본래 타고나는 것이지 '훈습(熏習)'을 통하여 획득할 수 있는 것이 아니라고 생각하였다. 중국불교의 주류파는 『대승기신론』의 '일심이문(一心二門)'과 진여에는 불변(不變)과 수연(隨緣)의 두 가지 속성이 있다는 이론에 근거하여, 진여는 일정한 조건에 따라 아뢰야식으로 변화할 수 있고, 이러한 아뢰야식 중에는 각(覺)과 불각(不覺)의 두 가지 요소가 함유되어 있으며, 그중의 본각무루종자가 곧 불종성이라고 생각하였다. 이것은 쌍방이 진여이체의 성질에 대한 관점에 근본적인 차이가 존재하고 있음을 설명해 주는 것이다.

한 가지 지적할 것은 이(理)와 심(心)에 대해 법상유식종과 천태

· 화엄 · 선종이 치중한 것이 서로 다르다는 것이다. 법상유식종은 이불성을 강성하고 진여이성을 논하고 있는데, 그 목적의 첫째는 일체 중생은 모두 불성을 가지고 있다는 견해와 회통하기 위한 것이며, 둘째는 진여이성의 규범적 의의를 강조하여 무루종자가 진여에 순응할 것을 요구하면서 진여와 서로 계합하는 것이다. 사실 그들이 중시하는 것은 아뢰야식 종자인 행불성이다. 이 종파의 어떤 학자들은 무위법으로서의 진여는 유위법의 종성을 설명하는 데 활용할 수 없다고 생각하였다. 아울러 진여이성을 불성으로 삼는 것에 대하여 분명히 반대하였다. 천태 · 화엄 · 선종은 진여이성을 불성으로 삼을 것을 주장하였으며, 그들은 단지 불전(佛典)에서 말한 일천제는 무불성이라고 하는 관점과 회통하기 위하여 아뢰야식 종자설을 용납하였을 뿐이다.

법상유식종은 이불성과 행불성설을 제시함으로써 이론적으로 곤란하게 되는데, 예를 들자면 중생이 의지하는 본체로서의 이불성이 불성에 있어서 확연하게 중요한 지위를 차지하게 된 것이다. 일체의 중생이 이불성을 가졌다면, 어찌하여 일부 중생은 불성이 없어서 성불할 수 없다는 것인가? 중생은 무루종자의 작용으로 말미암아 해탈을 얻는데, 이는 유위법(有爲法)에서 무위법(無爲法)이 생긴 것이다. 이것은 무위법은 유위법을 생기게 할 수 없다는 것과 어떻게 서로 조화될 수 있는가? 아뢰야식종자와 진여는 내재적 연계가 없어서 전환될 수 없다. 그렇다면 아뢰야식 무루종자는 또 어떻게 가질 수 있는가? 이러한 문제들은 하나같이 원만하게 설명하기 어려운 것들이다. 대체로 이러한 이론상의 여러 가지 곤란한 문제들로 말미암아 법상유식종 내부에서 분화가 일어나게 되었는데,

위에서 이미 언급한 법보(法寶) 등이 별도의 다른 학설을 세움으로써 불성문제의 모순에서 탈피하거나 극복하고자 한 것을 그 한 예로 들 수 있다.

제3절 밀종(密宗)의 본불생즉심실제설(本不生卽心實際說)

당 현종(玄宗) 개원(開元) 연간(713 - 741)에 인도밀교의 대사 선무외(善無畏, 637 - 735)와 금강지(金剛智)는 계속 당(唐)나라를 내왕하며 밀교를 전파하였다. 후에 중국불교학자 일행(一行, 683, 일설에는673 - 727)과 인도에서 당나라로 건너온 불공(不空, 705 - 774)의 노력으로 밀종이 창립되었다. 그중에서도 밀종의 이론 창건에 있어서 일행(一行)의 공헌이 매우 컸다. 일행은 광범위하게 경론(經論)을 채취하고, 중관학파와 유가행파의 기본사상과 『대승기신론』의 이론을 수용하여, 밀교의 중요경전인 『대일경(大日經)』을 해석하였다. 그는 『대비로자나성불경소(大毘盧遮那成佛經疏)』(『大日經疏』)에서, 천태·화엄 등의 종파와 유사하면서도 자신만의 특색이 있는 심성론을 논술함으로써 '즉신성불(卽身成佛)'설을 위한 이론적인 기초를 제공하였다.

1. 삼계무이무별(三界無二無別)

일행은 마음과 중생과 불성은 차별이 없는 것이라고 생각하였다. 그는 이렇게 말하였다.

> 계에는 세 종류가 있다. 이른바 법계·심계·중생계이다. 법계를 떠나 별도의 중생계는 없으며 중생계가 곧 법계이다. 심계를 떠나 별도의 법계는 없으며 법계가 곧 심계이다. 이 세 종류는 둘이 아니며 차별도 없음을 알아야 한다.215)

여기서 말하는 법계는 '일진법계(一眞法界)' 즉 진여·불성을 말한다. 심계는 곧 자신의 마음[自心]이다. 일행은 마음·중생·불성, 이 셋은 상즉불리(相卽不離)하여 차별이 없는 것이라고 보았다. 이 것은 천태와 화엄 두 종파가 추종하는 '마음과 중생과 불의 셋은 차별이 없다.'는 사상과 완전히 일치하는 것이다. 밀종은 이러한 기초 위에서 다시 마음·중생·불의 '삼평등관(三平等觀)'을 형성함으로써, 마음·중생·불의 셋을 차별 없이 관조하였으며, 그것을 중요한 수행방식으로 삼았다.

밀종은 마음·허공(虛空)·보리(菩提)의 셋도 차별이 없다는 사상을 선양하였다. 일행은 다음과 같이 말하였다.

> 지금 다시 결론을 말하면, 허공처럼 때가 없는 것이 곧 마음이며, 마음이 곧 보리이다. 이들은 서로 본래 모양이 동일한데, 이름만 세 가

---

215) 『대비로자나성불경소(大毘盧遮那成佛經疏)』 권3, 『大正藏』 39, p.610c, "界有二種, 所謂法界, 心界, 衆生界. 離法界無別衆生界, 衆生界卽是法界; 離心界無別法界, 法界卽是心界. 當知此二種無二無別."

지로 다를 뿐이다. 즉 이 하나의 법계심에 비록 인연이 끝까지 생기지 않더라도 인연의 실상은 무너뜨릴 수 없으며, 생겨나지 않기 때문에 능소의 차이가 없는 것이다. 무너뜨릴 수 없는 까닭에 또한 자비를 근본으로 하여 방편 바라밀을 만족하니, 이것이 결국 불가사의한 중도의 뜻이다.216)

2. 본불생즉심실제(本不生卽心實際)

일행은 마음의 '본불생(本不生)'으로 자성청정심(自性淸淨心)을 설명하였는데, 그는 다음과 같이 말하였다.

염정의 제법을 전체 내지 일부분을 보면, 마치 이웃하고 있는 허공과 같아서, 조건[緣]을 따르지 않고 생겨나는 것은 없다. 만약 조건을 따라 생겨나는 것이라면 자성이 없으며, 자성이 없다면 본래 생겨나지 않은 것이니, 본래 생겨나지 않는 것이 바로 마음의 실제이다.217) 본래 생겨나지 않는 실제가 바로 자성청정심이다. 자성청정심이 곧 '아자문'이다.218)

'본(本)'은 근본·원초의 뜻이다. '제(際)'는 실제이다. '본제(本際)'는 원래 본래의 실제이다. '본불생제(本不生際)'는 불생불멸하는 본래의 실상이며, 불생제(不生際)는 만물의 근본을 의미한다.

---

216)『대비로자나성불경소(大毘盧遮那成佛經疏)』 권1,『大正藏』 39, p.589a, "今復結言虛空無垢卽是心, 心卽是菩提, 相本同一相, 而有三名耳. 卽此一法界心, 雖因緣畢竟不生, 而不壞因緣實相. 以不生故, 則無能所之異; 以不壞故, 亦得悲爲根本, 方便波羅密滿足, 卽是究竟不思議中道義也."

217)『대비로자나성불경소(大毘盧遮那成佛經疏)』 권2,『大正藏』 39, p.604a, "觀一切染淨諸法, 乃至少分, 猶如鄰虛, 無不從緣生者. 若從緣生, 卽無自性. 若無自性, 卽是本不生. 本不生卽是心實際."

218)『대비로자나성불경소(大毘盧遮那成佛經疏)』 권1,『大正藏』 39, p.589c, "本不生際者, 卽是自性淸淨心. 自性淸淨心卽是 阿字門."

위 두 인용문의 의미는 첫째, 일체의 사물은 모두 인연 따라 생겨나고, 인연 따라 생겨나는 것은 자성이 없으며, 이러한 무자성(無自性)이 바로 '본불생(本不生)'이라는 것이다. 둘째, 본불생(本不生)은 자성청정심이며, 이것이 마음의 실상이라는 것이다. 셋째 자성청정심이 바로 '아자문(阿字門)'이라는 것이다. 일행의 입장에서 볼 때, 마음은 본래 생겨나지 않는 것이며, 무자성이며 자성 청정한 것으로서, 생과 불생·상(相)과 무상(無相)·과거와 미래를 초월하는 절대적인 정신적 실체이다.

본불생(本不生)은 '아자문(阿字門)'이기도 하며, '아자본불생(阿字本不生)'이라고도 한다. 아자(阿字)는 산스크리트어 자모 중에서 최초 원음인 A(a)이며, 『대일경(大日經)』은 이를 활용하여 원초(元初)·원시(原始)·본원(本原)이라는 의미를 상징하였고, 우주와 인생의 근본으로 보았다. 일행은 이 점을 진전시켜서 "'아'자는 모든 가르침의 근본이다. 대개 입을 열었을 때 가장 먼저 나는 소리는 '아'음이다. 만약 '아'라는 소리를 떠나면 일체의 말들이 없어지므로 '아'는 모든 소리의 어머니가 되는 것이다."219)라고 하였다. 모든 소리의 어머니요 모든 글자의 어머니로서의 '아(阿)'자는 모든 법이 그로부터 생겨나므로 보통의 것과는 다른 의미를 포함하고 있다. 일행은 "'아'자 자신에 세 가지의 의미가 있다. 불생(不生)의 의미·공(空)의 의미·유(有)의 의미가 그것이다. 예를 들면, 범본의 '아'자에는 본초(本初)의 소리가 있다. 만약 본초가 있으면 이는 곧 인연의 법이다. 그래서 '유'라고 하는 것이다. 또 '아'라는 것은

---

219) 『대비로자나성불경소(大毘盧遮那成佛經疏)』 권7, 『大止藏』 39, p.651c, "阿字是一切法敎之本、凡最初開口之音皆有阿聲, 若離阿聲則無一切言說, 故爲衆聲之母."

무생(無生)의 의미이니, 만약 법이 인연을 잡아 이루어지는 것이라면 자연히 자성이 없는 것이니, 이 까닭에 공이라고 한다. 또 생겨나지 않은 것이란 하나의 실제의 경계 즉 중도이다."220)라고 하였다.

이는 중관학파의 가(假, 有)·공(空)·중(中)의 삼제(三諦)를 이용하여 아(阿)자의 의미를 설명하고 있는 것으로서, 아자본불생설(阿字本不生說)을 일종의 중도(中道)의 경지로 귀결시킨 것이다. 아(阿)자가 가지고 있는 여러 가지 의미 중에서 가장 근본적이고 가장 대표성을 가지고 있는 의미는 본불생(本不生)이다. 아자는 만물의 본원(本原)이고, 만물체성의 본초(本初)이면서도, 아(阿)자 자체는 본불생(本不生)이며, 만물의 실상의 근본원리이다. 이른바 아자문(阿字門)이란, "관찰할 때 바로 본래 불생불멸하는 실제가 만법의 근본임을 알게 되는데, 이는 마치 모든 말을 들을 때 '아' 소리를 듣는 것과 같다. 이와 같이 일체의 법이 생겨나는 때를 볼 때, 바로 본래 불생불멸하는 실제를 보는 것이다."221) "만약 본래 불생불멸하는 실제를 본다면, 자신의 마음을 여실히 아는 것이며, 여실히 자신의 마음을 아는 것이 일체지지이다."222) 여기에서 '일체지지'는 모든 지혜 중의 최고의 지혜를 가리키며 불지(佛智)를 의미한다. 이것은 사물이 여러 가지 인연으로 생겨나지만, 생겨날 수

---

220) 『대비로자나성불경소(大毘盧遮那成佛經疏)』 권7, 『大正藏』 39, p.649b, "阿字自有 三義, 謂不生義, 空義, 有義. 如梵本阿字有本初聲, 若有本初則是因緣之法, 故名爲 有. 又阿者是無生義, 若法攬因緣成, 則自無有性, 是故爲空. 又不生者, 即是一實境 界, 即是中道."

221) 『대비로자나성불경소(大毘盧遮那成佛經疏)』 권7, 『大正藏』 39, p.651c, "觀察時則 知本不生是萬法之本, 猶如聞一切語言時即是聞阿聲. 如是見一切法生時, 即是見 本不生際."

222) 『대비로자나성불경소(大毘盧遮那成佛經疏)』 권7, 『大正藏』 39, p.651c, "若見本不 生際者, 即是如實知自心; 如實知自心, 即是一切智智."

있게 하는 인연 또한 여러 인연을 따라 생겨난다는 것을 설명한 것이다. 이와 같이 인연에 따라 엎치락뒤치락하면서 본래 불생불멸하는 실제가 만물의 근본임을 알 수 있는 것이다. 이는 마치 '아' 소리가 일체 언어의 근본인 것과 마찬가지이다. 그러므로 일체 사물을 볼 때, 만약 아(阿)자의 본래 불생불멸하는 이치를 체득하게 된다면, 본래 불생불멸하는 실제를 깨달아 보게 되는 것이다. 이와 같이 중생도 자기 마음의 본원을 명료하게 알 수 있다면, 불의 지혜를 얻게 되고, 자신이 불(佛)과 둘이 아니고, 차별이 없음을 명확히 알 수 있다. 이 만물의 근본으로서의 본불생(本不生)은 중생의 자성청정심이며 중도의 경지이다. 다시 말해서 밀종의 관점에 의하면, 중생의 청정한 본성과 만물의 본원과 이상적인 경지는 통일되어 있는 것이다.

3. 마음의 자각심(自覺心)

중생의 마음의 실상은 본래 불생불멸하고, 자성이 청정하며, 보리지혜이기도 하다. 일행은 "마음의 실상이라는 것은 바로 모양이 없는 보리이며 일체지지라고도 한다."[223]고 하였다. '무상(無相)'이란 마음이 허공(虛空)처럼 아무 모양이 없는 것을 말하며, 허공은 일체의 분별(分別)을 떠나, 고정된 형상이 없이, 보편적으로 존재하며, 필경에는 청정한 것이다. '무상보리(無相菩提)'는 마음이 허공

---

223) 『대비로자나성불경소(大毘盧遮那成佛經疏)』 권1, 『大正藏』 39, p.588a, "心實相者, 卽是無相菩提, 亦名一切智智."

과 같은 형상의 지혜를 지니고 있다는 것이다. 이와 같이 마음의 실상이 보리(菩提)라면, 성불의 관건은 자신의 마음을 깨달아 증득하는 것[覺證]에 있다.

일행은 이렇게 말하였다.

> 이른바 중생의 자심이 곧 일체지지이며, 여실하게 잘 아는 것을 일체지라고 한다. 그러니 이 교의 보살들은 진어(眞語)를 문으로 삼고, 자심으로 보리를 발한다. 그러면 마음이 만행을 다 갖추어 마음의 정등각을 보게 되며, 마음의 대열반을 증득하니, 발기심은 방편이며, 엄정심은 불국이고, 원인으로부터 결과에 이르기까지 모두 머무는 바없이 그 마음에 머문다.224)

이 글의 의미는 중생의 자심이 곧 불(佛)의 최고지혜이며, 이로 인해 밀교는 진언문(眞言門)을 주장하며, 스스로 내는 보리심과 지극히 엄정한 마음의 불국토도 모두 각종 염심(染心)에 머무르지 않고 보리심에 머물러야 함을 강조한 것이다. 보리심에 머물면 마음이 자증(自證)과 자각(自覺)으로 돌아와 깨달음을 얻을 수 있다. 이것을 "마음이 스스로 마음을 증득하고, 마음이 스스로 마음을 깨닫는다."225)고 한다.

밀종은 성불의 관건은 자기 마음을 깨달아 증득하는 것[覺證]이고, "보살이 처음 발심할 때 불이라고 한다."226), "처음 발심할 때

---

224) 『대비로자나성불경소(大毘盧遮那成佛經疏)』권1, 『大正藏』39, p.579b, "所謂衆生自心, 卽是一切智智, 如實了知, 名爲一切智者. 是故此敎諸菩薩, 眞語爲門, 自心發菩提, 卽心具萬行, 見心正等覺, 證心大涅槃, 發起心方便, 嚴淨心佛國, 從因至果, 皆以無所住而住其心."

225) 『대비로자나성불경소(大毘盧遮那成佛經疏)』권1, 『大正藏』39, p.587c, "心自證心, 心自覺心"

226) 『대비로자나성불경소(大毘盧遮那成佛經疏)』권1, 『大正藏』39, p.591c, "菩薩初發

바로 정각을 이룬다."227)고 생각하였다. '초발심(初發心)'이란 보리심을 내는 것을 말하며, 중생과 보살이 보리심을 낼 때 바로 불이 된다는 것이다. 그래서 밀종은 다시 '즉신성불(卽身成佛)'설을 제시하였다. 즉신성불(卽身成佛)은 현신성불(現身成佛) 혹은 현생성불(現生成佛)이라고도 한다. 그것은 보리심을 낸 후에 장시간의 수행과정을 거칠 필요 없이 바로 성불하는 것, 또 부모로부터 태어난 현재의 육신으로 불이라는 궁극적인 지위에 오를 수 있다는 것을 강조한 것이다. 밀종이 특히 강조한 즉신성불(卽身成佛)은 즉심작불(卽心作佛)과는 달리 인간 색신(色身, 육신)의 당체가 바로 불(佛)이라는 사실을 말한 것이다. 일행은 "만약 수행자가 부동지륜(不動之輪)을 명확하게 요달하여, 여러 가지 광명을 펼친다면……비로자나와 같다."228)고 하였다. 여기서 '부동(不動)'은 아자보리심(阿字菩提心)을 말한다. '윤(輪)'은 환생을 뜻하며, 여기에서는 글자의 윤전(輪轉)을 가리킨다. 범어문자는 윤전(輪轉)을 통하여 많은 글자가 생겨난다는 의미에서 그렇게 말한 것이다. '부동지륜(不動之輪)'이란 곧 아자보리심을 말한다. 본래 불생불멸하는 까닭에 흔들리지도 않고 불러나지도 않는다. 모든 글자가 계속 윤전할 수 있어 윤전은 끝이 없다. 비로자나(毘盧遮那) 대일여래(大日如來)는 밀종이 공양하고 받드는 본존(本尊)으로서 최상의 근본불이다. 이것은 중생이 만약 철저하게 부동지륜(不動之輪) 즉 아자보리심(阿

心時卽名佛."

227) 『대비로사나성불경소(大毘盧遮那成佛經疏)』 권1, 『大正藏』 39, p.587b, "初發心時便成正覺"

228) 『대비로자나성불경소(大毘盧遮那成佛經疏)』 권14, 『大正藏』 39, p.725a, "若行者能了達如是不動之輪, 卽布諸明. ……卽同毘盧遮那."

字菩提心)을 요달할 수 있다면 특정한 수행을 거쳐 그 자신이 비로자나불과 원융(圓融)하여 일체(一體)가 되어 불이 된다는 것을 설명하는 것이다.

이 밖에도 밀종은 중생과 초목국토(草木國土)에 이르기까지 모두가 비로자나불 즉 대일여래(大日如來)의 법신이라고 생각하였다. 또한 지(地)·수(水)·화(火)·풍(風)·공(空)·식(識)의 육대(六大)가 일체 사물의 체성(體性)이고, 불과 중생과 그들이 거주하는 환경은 모두 육대(六大)로 만들어져 서로 걸림 없이 융합되고 스며든다고 생각하였다. 육대(六大)는 불성이며, 중생과 초목국토 자체가 바로 본래불(本來佛)이다. 이러한 의미에서 유정(有情)과 무정(無情) 모두 마음을 내면 성불할 수 있다고 말하는 것이다.

제15장 선종의 이론요지와 혜능
이전 선사들의 심성사상

제1절 선종의 이론 요지 – 심성론

선종은 가장 전형적인 중국화된 불교종파로서, 선(禪)을 중시하고 참선(參禪)을 중시하였기 때문에 선종이라고 불렸다. 선종의 선법(禪法)은 각양각색이어서 어떤 선사(禪師)는 좌선(坐禪)을 주장하고, 어떤 선사는 좌선을 반대하기도 하였다. 또 '이심전심(以心傳心)'을 주장하고, 직접 불의 심인(心印)을 전하기 때문에, 불심종(佛心宗)이라고도 하였다. 선종은 석가모니가 영산(靈山)에서 꽃을 들었을 때 그 제자 가섭(迦葉)이 미소 지은 일을 선양하여, 마음과 마음이 서로 확인하고[心心相印], 마음에서 마음으로 전하는[以心傳心] 것을 법(法)을 계승하는 방식으로 삼았다. '이심전심'의 심은 불심(佛心)과 자심(自心)을 말한다. 즉 사부와 제자는 본래 불심이 동일하므로 마음속으로 깨닫고 이해하는 것이 일치함으로써 진수(傳受)가 완성된다는 의미이다. 이를 전불심인(傳佛心印)이라고노 한다. 제자가 사부로부터 직접 인가받아 얻은 심인(心印)을 '정법안장(正法眼藏)'이라고 하여 불교의 정법을 얻은 것이라고 한다. 사부에 의해 직접 인가받은 제자가 법을 계승하고 사법(嗣法)제자가 된다. 이와 같이 사부가 제자에게 전하고 제자가 손제자(孫弟子)에게 전하면서 한 대 한 대 내증을 전승하여 선종의 '법맥(法脈)'을 구성하였다. 일반적으로 선종의 특징은 '교외별전(敎外別傳)·불립문자(不立文字)·직지인심(直指人心)·견성성불(見性成佛)'[229]로 개괄된다. '불립문자(不立文字)'는 문자에 집착하지 않고 경서(經書)에 의거하지 않는다는 것이다. 삼론종의 길장도 '불립문자' 설법을 하였다. 그런데 '교외별전(敎外別傳)'은 오히려 당대 중기 이후 선종의 특색이다. '교외별전'은 '불립문자'설이 발전한 것으로서, 그것은 경전의 가르침과 절연한다는 의미가 아니라 전수(傳授)과정에서 문자나 언교(言敎)에만 의지하지 않고, 그 외에 '심인(心印)'도 있다는 것을 강조한 것이다. 그래서 선종은 별전종(別傳宗)이라고 불리기도 하였다. 그리고 '직지인심·견성성불'은 심성의 본원을 탐구하고 철저하게 살펴봄으로써 불과를 성취하는 것을 가리킨다. 선종의 연구방법은 철저하게 심성의 본원을 참구하는 것을 주요 종지로 삼고 있음을 알 수 있다.

역대 선사의 저작을 통해 볼 때, 선종은 어떻게 세계를 인식하여 밖에 존재하는 문제를 풀 수 있을 것인가 하는 것에는 결코 주목하지 않았고, 세계관이나 우주론의 문제에는 관심을 두지 않았기 때문에 이 방면에 대한 이론적 공헌은 비교적 적은 편이다. 오로지 선 수행 방법만을 지극히 중시하여, 그것을 탐구하고 변론하고 창

---

229) 『임제혜조현공대종사어록서(臨濟慧照玄公大宗師語錄序)』, 『大正藏』 47, p.495b.

조한 것이 대부분이다. 봉할(棒喝)·기봉(機鋒)·공안(公案)·고칙
(古則)·화두(話頭)·묵조(默照), 심지어 가조매불(呵祖罵佛) 등의
교학방법과 참선법문(參禪法門)은 너무 많아서 일일이 다 열거할
수 없다. 그런데 이러한 형형색색의 선법은 모두 심성사상으로부터
발휘되어 나온 여러 가지 작용이다. 선종의 여러 가지 교화 방법과
수행방법 및 수행과정들도 역시 견성성불에 도달하는 것을 목적으
로 하였다. 이 때문에 선종은 심성의 내용과 본질, 심성과 성불의
관계 등에 대해 매우 특색 있는 설명을 하였다. 따라서 우리가 선
종의 심성사상을 결합할 수 있을 때 비로소 그 선법의 진정한 의미
를 이해할 수 있을 것이다.

불교의 한 종파로서의 선종도 궁극적으로 어떻게 생사를 이해하
고, 어떻게 해탈을 할 것이며, 어떻게 성불할 것인가에 대해서 설
명하였다. 인간은 자연의 일부분이면서도 자연으로부터 분열되어
나온 독립된 주체로서, 자연과 마찬가지로 영원성과 무한성을 가지
기를 바라며, 자연과 더불어 하나가 되고자 한 것은 그 무엇보다도
간절하고 강렬한 인간의 내재적 염원의 하나였다. 그러나 이러한
염원은 현실과 대립되었다. 선종의 선법은 일종의 생명의 지혜와
예술이 되어 인간의 바로 이러한 원을 실현하기 위한 방안을 제공
하기 위하여 온갖 방법을 시도하였다. 선종은 중국 고대에 주도적
인 지위를 점유했던 유가의 강력한 영향 아래서 인간의 현세와 살
고 있는 곳[지금 여기]을 중시하는 쪽으로 전향하였고, 아울러 인
간의 심성방면에서 생명의 자각과 이상적인 인격 및 정신적인 자
유 등의 문제를 탐구(探求)하고 실현하는 쪽에 치중하였다.

선종은 심(心)이 인성(人性)의 주체이고 책임자라고 보았다. 선

사들은 심을 중시하였을 뿐만 아니라 성(性)도 중시하였고, 또 심과 성을 결합시켜 심을 존재의 범주로 간주하기도 하였다. 그들은 자아의 깨달음을 실현하고 자기의 심령세계를 개발하는 것을 인생의 주요 임무로 삼았고, 그것을 최대한 추구하였다. 스스로 본심을 인식하고, 스스로 본성을 보고, 자아초월을 실현하고, 번뇌와 고통과 생사에서 해탈하여, 성불을 성취할 것을 강조하고, 유한하고 순간적이고 상대적인 현실 속에서 무한하고 영원하고 절대적인 것을 실현할 것을 강조하고 요구하였다.

선종의 심성론은 선 수행방법의 이론적 기초이며, 선종 철학사상의 핵심내용이고 선종이론 전체의 주요 취지이기도 하다. 선종의 심성론은 부단히 변화하고 발전하는 과정에서 풍부해졌고, 이러한 정황은 다시 선법이 변천하고 여러 유파(流派)로 분화되는 것과도 직접적인 관련이 있다. 중국선학(禪學)과 선종사상의 발전사 측면에서 볼 때 대체로 세 단계로 나눌 수 있다. 첫째 단계는 인도로부터 선법이 전래된 이래, 특히 보리달마(菩提達摩)가 '이입(理入)'과 '행입(行入)'을 보급한 이래, 즉 이론과 실천이 서로 결합된 선법 이래 홍인(弘忍)시대에 이르기까지는, 줄곧 경전(經典)을 기반으로 할 것을 제창하고 불법 전반을 중시함으로써, 참선성불을 구하는 준비기(準備期)라고 할 수 있다.230) 둘째 단계는 혜능을 시작으로 자성청정(自性淸淨)을 강조하고, 문자의 해석을 초월하여 직접 마

---

230) 이러한 분기(分期)는 결코 달마(達摩)라고 불리는 선종의 초조(初祖)를 배제하는 것도, 또한 일반적으로 신수(神秀) 계열로 불리는 선종 북종을 배척하는 것도 아닌, 선종 남종 혜능 계열의 전통적 관점이다. 우리는 성정자각(性淨自覺), 돈오성불(頓悟成佛) 등의 주장에 대한 고찰을 통하여, 철저하게 중국화된 선종은 혜능에서 시작되었다고 생각한다. 선종사에 있어서 선종이라는 이 명칭도 혜능 이후 100년, 즉 9세기경에 이르러 비로소 나타났다.

유의 근원[心源]을 철저하게 깨닫는 돈오성불(頓悟成佛)을 제창하였으니, 이것이 중국화한 선종이 형성된 지표라고 할 수 있다. 뒤이어 오가칠종(五家七宗)이 분화되어 나와 문중이 무성하였고, 난초와 국화가 아름다움을 다투듯 바야흐로 선종은 흥성기(興盛期)를 구가하였다. 셋째 단계는 송대 이후 선종사상이 심성사상을 포함하여 정체기를 맞이하면서 차츰 쇠퇴해 가는 수성기(守成期)라고 할 수 있다. 선종의 심성론에 관하여 우리가 주로 논술할 부분은 준비기와 흥성기이며, 그중에서도 특히 흥성기의 사상내용에 대하여 설명할 것이다.

선종의 준비기와 흥성기의 심성론을 고찰해 보면, 가장 먼저 불성과 여래장심 혹은 진심이 이 두 시기 선사들의 심성론에 대한 공통된 사상의 내핵(內核)임을 알 수 있다. 그들은 모두 중생이 여래장심 혹은 진심을 가지고 있다는 것을 인정하였고, 그에 따라 그들은 이런저런 방식을 통하여 심성을 수행함으로써 깨달음을 증득하고 성불을 추구할 것을 제창하였다. 준비기와 흥성기의 가장 큰 차이는 다음과 같다.

준비기 선사들의 다수는 진심(眞心)과 망심(妄心)의 대립에 편중하여, 망심을 버리고 진심을 구하고, 망심을 소멸하고 진심을 보존할 것을 강조하였다. 그런데 흥성기의 선사들은 진심과 망심의 통일을 강조하고, 심지어 망심에 대해서는 말하지 않고, 직지본심(直指本心, 眞心)과 돈오성불(頓悟成佛)을 강조하였다. 이것은 혜능 특히 마조도일(馬祖道一)과 석두희천(石頭希遷) 이후 혜능 이전 선사들의 심성론 내지 선학교의(禪學敎義) 전반에 있어서 **주요한** 분기점이 되는 것이다. 준비기에 있어서 그 다음은 우두법융(牛頭法

融)의 '무심위도(無心爲道)'설과 도신(道信)과 홍인(弘忍) 등의 '즉심시불(卽心是佛)'설의 대립이 있었는데, 마조와 석두의 두 계열에서 특히 석두계의 학설은 두 가지 관점을 조화시키고 융합하여 이전의 것과는 다른 새로운 심성론을 내세웠다. 이와 같이 과거의 심성론을 계승하고 발전시킨 기초 위에서, 중생이 본래 가지고 있는 진심의 결정적 작용을 강조하였다. 이에 상응하여 혜능과 그 문하들은 쉽고 명쾌한 법문을 이용하여 선법을 전파하는 데 큰 성공을 거두었다. 혜능의 선종이 당나라 후기 이래 선종은 물론이고 불교 전반에 걸쳐서 주류가 된 것은 결코 우연한 일이 아니다.

혜능의 계열에 이르러 진심과 망심을 통일시킨 것은 선종 발전사에서 그것이 작용한 양상은 매우 복잡하다. 그것은 한편으로는 선사들이 현실적으로 활동하는 가운데서 심령의 경지를 제고하는데 도움이 되었으나, 다른 한편으로는 선 수행활동이 쉽게 세속화되게 함으로써 심성도덕 수행의 귀감이 되는 작용을 잃어버리게 하였다. 이 모든 것은 역사적 사실이 우리들에게 명시해 주고 있는 것들이다.

제2절 달마 · 혜가 · 승찬의 진성(眞性)과 자각설(自覺說)

보리달마(菩提達摩, 생년 미상, 졸년은 536년, 일설에는 528년) · 혜가(慧可, 487 - 593) · 승찬(僧璨, ? - 606) 이 세 분 선사의 사적(事迹)에 대해서는 모두 상세한 기록이 없으며, 어떤 기록은 심지어 매우 혼란스럽기까지 하다. 그러나 현존하는 기록을 보면 하나의 공통점이 있다. 삼대(三代)의 선사들은 모두 4권본『능가경(楞伽經)』[231]을 받들고 숭상하였으며, 그것을 선 수행의 지침과 인증(印證)으로 삼았다. 또한 일의일발(一衣一鉢)과 일좌일식(一坐一食) 및 인연 따라 머무는 두타행(頭陀行)의 실천을 중시하였다. 그들의 사상과 종풍(宗風)은 일맥상통하여 모두 능가사(楞伽師)로 불렸다.

4권본『능가경』이 그들에게 끼친 영향은 주로 두 가지 방면이다. 하나는 방법상 '종통(宗通)'을 중시한 것이다.『능가경』에서는 "나에게 있어서 두 가지 종류의 통은 종통(宗通)과 언통(言通)이다. 설통은 초심자를 계몽하는 것이고, 종통은 수행자를 위한 것이다."[232]라고 한다. 여기서 '통(通)'은 통달을 의미한다. 불교의 방법에 통달하는 것은 두 종류로 귀결된다. 하나는 '언통'으로서 '설통(說通)'이라고도 한다. 이는 언어와 문자를 이용하여 이름과 모양을 세워 설법교화를 진행하는 것으로서 처음 배움을 접하는 자들에게 일종의 계몽을 하는 것이다. 또 하나는 '종통(宗通)'인데, '종(宗)'은 종지 또는 종요(宗要)를 뜻한다. 종통은 언어와 문자를 떠나 불교의 심오한 도리를 직접 통달하는 것을 말하며, 수행자의 자증자오(自證自悟)를 의미하기도 한다. 선사들은 언(言, 敎)과 종(宗)의 구분을 강조하여, '경전의 가르침에 의거해 종지를 깨치는 선[籍敎悟宗]'을 제창하였고, 아울러 종지에 취입하는 것을 중시하였다. 이는 경전 가르침의 학습을 통하여 신앙이 형성된 후에는 다시 언교(言

---

231) 구나발타라(求那跋陀羅) 역, 온전한 이름은『능가아발다라보경(楞伽阿跋多羅寶經)』,『大正藏』16.

232)『大正藏』16, p.503ab, "謂我二種通, 宗通及言通. 說者授童蒙, 宗爲修行者." 또 본문의 '언통(言通)'은 원래 '언언(言言)'이었으나 고쳤음.

教)에 기댈 수 없다는 것을 말한다. 이것은 나중에 '종문(宗門)'과 '선상교하(禪上敎下)' 구분의 바탕이 된 것이기도 하다.

『능가경』이 위에서 말한 선사들에게 끼친 또 다른 영향으로는 사상적으로 여래장설을 중시했다는 것이다.[233] 『능가경』은 일체 중생의 번뇌신(煩惱身) 중에는 자성청정(自性淸淨, 本來淸淨)의 여래 법신이 감추어져 있고, 일체 중생의 자성에는 여래의 공덕이 감추어져 있다고 생각한다. 여래장사상은 줄곧 선종의 주요 사상적 기초를 이루는 선종 심성론의 핵심관념이다. 이것은 보리달마로부터 비롯된 중국 선사들이 이미 단순한 좌선과 명상의 영역을 초월하여, 본체성으로서의 심의 연구에 관심을 기울여 심성의 본원을 탐구하여 깨달음을 체득하는 것을 중시하였음을 설명하는 것이다.

위에서 설명한 세 분 능가사의 저작은 상세히 고증하기 어렵다. 후세 사람이 편찬한 『소실육문집(少室六門集)』[234]은 보리달마의 이름을 걸어 놓고 있다. 학술계에서는 일반적으로 『능가사자기(楞伽師資記)ㆍ달마전(達摩傳)』 속에 기록되어 있는 『약변대승입도사행(略辨大乘入道四行)』은 달마의 사상을 대표하는 비교적 신뢰할 만한 저술이라고 인식하고 있다. 혜가의 저술은 오늘날 전해지지 않고 있으며, 승찬의 저작이라고 하는 『심신명(信心銘)』은 완전히 믿을 수는 없어도 후세의 선사들이 즐겨 암송하였고, 그로 인해 선종의 근본전거가 된 서적이라는 데 의의가 있다.

---

233) 『능가경(楞伽經)』 권1, 권4, 『大正藏』 16, p.489, p.510.
234) 『大正藏』 48.

1. 동일진성(同一眞性)과 안심법문(安心法門)

보리달마 선사의 심성론의 기본사상은 일체중생에게는 모두 '동일한 진성(眞性)'이 있다는 것이다. 『약변대승입도사행(略辨大乘入道四行)』에서는 "깊은 믿음을 가지고 있는 중생에겐 성인과 동일한 진성이 있다. 다만 객진 망념으로 뒤덮여 있어서 나타나지 못하는 것이다."라고 하여, 반드시 '망념을 버리고 진실로 돌아갈 것[舍妄歸眞]'을 강조하고 있다.235) 여기서 말하는 진성은 불성을 의미하며, 동일진성은 바로 동일불성이다. 이것은 중생이 모두 동일한 불성을 가지고 있지만 단지 망념으로 인하여 뒤덮여 있기 때문에 드러나지 않을 따름이라는 것이다. 이러한 사상은 4권본 『능가경』에서 중생은 모두 '여래장'을 갖추고 있다는 설법에 근거한 것이며, 또한 『열반경』의 "일체 중생은 모두 불성을 지니고 있다[一切衆生皆有佛性]."는 설과 결합하여 나타난 것이다. 4권본 『능가경』은 "자성은 청정함에도 불구하고 객진으로 뒤덮여 있기 때문에 마치 청정하지 않은 것처럼 보인다."236)고 한다. 이것은 여래장의 자성청정심설에 속한다. 보리달마가 전하는 선법은 사실상 여래장법문(法門)이다.

보리달마의 관점에 의하면 진성이나 불성이라는 것도 인간의 마음[人心]이다. 사람은 누구나 본래 일심(一心), 즉 자성청정심을 지니고 있다. 4권본 『능가경』은 불성과 인간의 마음을 하나로 보고 이 양자를 합쳐 '여래장장식(如來藏藏識)'이라 하였다.237) '여래장'

---

235) 『능가사자기(楞伽師資記)』, 『大正藏』 85, p.1258a.
236) 『능가경(楞伽經)』 『大正藏』 16, p.510c, "離自性淨, 客塵所覆故, 猶見不淨."
237) 『능가경(楞伽經)』 권4, 『大正藏』 16, p.510c.

은 불성이고, '장식'은 인간의 마음이다. 인간의 마음 즉 불성의 심(心)은 자성청정심이기도 하다. 그래서 경문(經文)에서는 이렇게 말한다. "여래장의 자성청정은 삼십이상으로 전환되어 일체 중생의 몸속에 들어가 있다."238) 이 말은 일체 중생의 몸속에는 본래 삼십이상의 여래가 갖추어져 있으며, 자성청정은 마치 태아가 모태 속에 들어 있는 것과 마찬가지라는 것이다.

달마가 북으로 올라가 위(魏)나라에 들어갔을 무렵, 보리류지(菩提流支)가 번역한 10권본 『입능가경(入楞伽經)』이 이미 유포되기 시작하였으나, 달마는 오히려 남방에서 번역된 4권본 『능가경』을 받들고 있었다. 이 두 가지 번역본은 불성 및 불성과 인심의 관계에 대하여 중대한 차이점을 보이고 있다. 10권본은 불성과 인심은 성질이 다르다고 보고, "여래장식은 아려야식 속에 있지 않다."239)고 하고, 이 '아려야식(阿黎耶識)'이 곧 장식(藏識)이고, 여래장식은 장식 밖에 존재하며, 이 둘은 서로 같지 않아서, 여래장식은 청정한 마음[淨心]이고, 장식은 더러운 마음[染心]임을 강조하였다. 다시 말해 두 가지 마음이 있는데, 불심(佛心)은 청정한 마음이며 자성청정심이고, 인심(人心)은 더러운 마음이며 자성오염심이라는 것이다.

달마는 여래장설을 선택하고 결코 아뢰야식설에 찬성하지 않는다는 것을 표명하였는데, 그것은 아뢰야식설과 '종통(宗通)'설이 결코 조화를 이룰 수 없었기 때문이었다. 또 달마는 남인도 사람이었고, 당시 남인도에는 여래장설이 유행하고 있었고, 북인도는 아뢰

---

238) 『능가경(楞伽經)』 권2, 『大正藏』 16, p.489a, "如來藏自性淸淨, 轉三十二相入於一切衆生身中."

239) 『입능가경(入楞伽經)』 권7, 『大正藏』 16, p.556c, "如來藏識不在阿黎耶識中."

야식에 치중해 있었다고 전해 온다. 달마가 여래장설을 선택한 것은 인도가 남북으로 서로 다른 불교문화 배경을 가지고 있었던 것과 관련이 있을 것이다.

보리달마는 불도를 성취하는 방법을 진리를 깨닫는 것[悟理]과 수행(修行)의 두 가지 방면으로 귀결시켰다. 진리를 깨닫는 것[悟理]이란 '본성이 청정한 진리[性淨之理]'를 깨닫는 것이다. '본성이 청정한 진리[性淨之理]'는 더러움도 없고 집착도 없고 이것이 없으면 저것도 없다는 진리를 의미한다. 달마는 오로지 "깊은 믿음을 가지고 있는 중생의 진성은 동일한데, 다만 객진으로 뒤덮여 있어서 분명하게 나타나지 못하는 것"이라는 의의만이 비로소 진성을 발현시키고, 망념을 소멸시켜, '성정지리(性淨之理)'와 서로 계합할 수 있으며, 나아가 수행을 위한 지혜의 근거와 의지할 만한 보증이 제공되는 것이라고 강조하였다.[240]

그렇다면 어떻게 동일진성을 발현시키고 성정지리를 깨달을 것인가? 달마는 '안심(安心)'을 특히 중시하였다. 이른바 안심이란 마음을 한곳에 편안하게 머물게 하여, 마음이 안정된 적정(寂靜)의 경지에 도달하게 하는 것으로서, '주심(住心)' 혹은 '택심(宅心)'과 의미가 동일하다. 안심을 위해서는 사물을 이것과 저것으로 분별해서는 안 되며 선악에 집착해서도 안 된다. 안심이란 분별심을 일으

---

240) 연수(延壽)의 『종경록(宗鏡錄)』 권100에서는 "발타삼장이 이르길, 이심이라는 것은 심이 이 밖에 있지 않고, 이도 심 밖에 있는 것이 아니므로, 심이 곧 이이며 이가 곧 심이다. 심과 이가 평등하면 이라고 부르고, 이가 비추어져 능히 밝을 때 심이라고 한다. 심과 이가 평등함을 깨달은 것을 불심이라고 한다[跋陀三藏云·理心者, 心非理外, 理非心外; 心卽是理, 理卽是心. 心理平等, 名之爲理; 理照能明, 名之爲心. 覺心理平等, 名之爲佛心]."(『大正藏』 48, p.953a) "발타"는 곧 구나발다라(求那跋陀羅)이며, 4권본 『능가경(楞伽經)』을 역주하였다. 그가 말한 심과 이는 병능하고 차별이 없다는 이심론(理心論)이 달마에게 영향을 끼쳤음은 당연하다.

키지 않고, 분별하는 마음이 완전히 없어진 것이라고 말할 수 있다.

이와 관련하여 다음과 같은 전해 내려오는 고사가 있다. 혜가가 달마를 처음 만났을 때, 자신의 마음이 몹시 편안하지 못하여, '편안한 마음'을 구할 수 있도록 도와달라고 간청하였다. 달마가 즉시 대답하기를, "그대의 불안한 마음을 내놓으면, 내가 그대의 마음을 편안하도록 해 주겠다."고 하였다. 혜가가 불안한 마음을 잡을 수 없다고 말하자, 달마는 "내가 이미 그대를 안심케 하였다."고 하였다.241) 이는 마음을 구별할 수 있는 것으로 파악해서는 안 되며, 안심과 상대적인 불안한 마음이 있다고 여겨서도 안 된다는 것을 말하고 있다. 이와 같이 분별을 타파하여 모양이 없는 진리[無相之理]에 부합하는 것도 안심의 의의라고 할 수 있다. 이를 통해 볼 때 안심은 무심(無心)이라고도 할 수 있다. 또 『소실육문(少室六門)』 「제사문안심법문(第四門安心法門)」에서는 "마음이 무심한 것이 불도를 통달한 것이다."242)라는 명제를 제시하였다. '불도'의 중요한 의미는 '즉심무심'이라고 생각한 것으로서 이는 곧 마음이 분별심을 일으키지 않는 것이다. 중국 전통의 '무심하게 사물을 대하는[無心而任物]' 심리적 구조와 사유방식의 영향이 여기에서 분명하게 표현된 것이다.

---

241) 『경덕전등록(景德傳燈錄)』 권3, 『大正藏』 51, p.219b.
242) 『大正藏』 48, p.370b, "卽心無心, 是爲通達佛道"

2. 자각성지(自覺聖智)와 시심시불(是心是佛)

도선(道宣)의 『속고승전(續高僧傳)』 권16 『혜가전(慧可傳)』243)에 의하면, 혜가의 문하가 두 파로 갈라졌는데, 한 파는 현묘한 이치를 말로써 설명하여 문자 기록이 없는 선사(禪師)들이고, 한 파는 주석(註釋)과 소(疏) 등을 지음으로써 문자의 의미에 치중하여 이름과 형상을 설명하고 변별한 경사(經師)들이다. 이 책에서는 또 혜가는 "오로지 현묘한 진리에 부합할 뿐" 문자에 얽매지 않고 자유롭게 경전을 해석하는 방법의 창도자라고 하였다. 혜가가 '오로지 부합'한 현묘한 진리란 『능가경』의 학설로시, 인생의 궁극적 관심과 해탈의 경지를 이룬 선문(禪門)의 근본 의미와 이치에 관한 것, 특히 중생심성의 근본문제를 가리킨다. 현존하는 혜가의 『답향거사래서(答向居士來書)』 중의 게송 한 수를 보면, 그의 "오로지 현묘한 진리에 부합한다[專附玄理]."는 기본적인 사상 풍모가 잘 표현되어 있다.

이 진리 법은 모두 사실과 같다 하니
결국 진리와 그윽한 이치는 다름이 없네.
본래 미혹하면 마니보배를 기와와 조약돌이라 하나
활하게 깨치면 이것이 참된 보배임을 안다네.
무명과 지혜는 동등하여 차이가 없으니,
만법이 모두 진어임을 알아야 하느라.
두 가지 견해를 가진 이런 무리를 가엾이 여겨,
말을 펴고 붓을 쉬어 이 책을 지었네.

---

243) 『大正藏』 50, p.552.

몸과 불이 차별 없음을 보고도
어찌 다시 무여열반을 찾으려 하는가?244)

'마니(摩尼)'는 보배구슬을 말하고, '무여(無餘)'는 무여열반을 말하는 것으로서, 번뇌가 단절되고 소멸되어 생사의 인과를 다 없앤 일종의 해탈의 경지이다. 이 게송은 자각성지(自覺聖智)와 즉심시불(卽心是佛)의 심성론 사상을 포함하고 있다.

능가사들은 여래장설을 중시함으로써 자각성지를 얻는 것을 목표로 하였다. 자각성지는 자각적인 관찰을 통하여 망견(妄見)을 배제하고, 더 나아가 성불의 경지에 오르는 일종의 지혜이다. 자각성지와 여래장은 서로 통하는 부분이 있다. 위에 인용한 게송 중 "본미마니위와력(本迷摩尼謂瓦礫), 활연자각시진수(豁然自覺是眞殊)"의 두 구절은 마치 중생이 미혹할 때는 마니보주를 쓸모없는 기와나 조약돌로 보고 마니가 보배임을 알지 못하는 것과 같으며, 중생이 일단 깨닫게 되면 미망에서 벗어나 본성이 각성(覺性)이고 불성임이 명백해진다는 것을 말한다. 이것은 일종의 본성각오설(本性覺悟說) 즉 자각을 자성각오로 해석하는 것으로서, 주체적 자아에 본래 불성이 있다고 인식한 깨달음이다.

다섯째와 여섯째의 두 구절은 다시 무명(무지)과 지혜는 차이가 없음을 긍정하는 것으로서, '만법이 모두 진여임'을 마땅히 알아야 함을 말한다. '만법'은 선·악과 어리석음·지혜를 내포하고 있는 일체의 존재를 의미한다. '여'는 차이가 없는 본래의 진실한 상태

---

244) 『속고승전(續高僧傳)』「혜가전(慧可傳)」, 『大正藏』 50, p.552b, "説此眞法皆如實, 與眞幽理竟不殊. 本迷摩尼謂瓦礫, 豁然自覺是眞殊. 無明智慧等無異, 當知萬法卽皆如. 恐此二見之徒輩, 申詞措筆作斯書. 觀身與佛不差別, 何須更覓彼無餘?"

를 뜻한다. 그 뜻은 일체의 존재는 마땅히 차별이 없는 것이 실상임을 증명하고 있다는 뜻을 담고 있다. 이것은 진일보하여 자성본각의 의의를 설명해 주고 있는 것이다.

그러나 『능가경』에서 말하는 자각성지의 '각'은 촉각(觸覺) 즉 견문각지(見聞覺知)의 각을 가리킨다. 따라서 '자각'은 일종의 자아의 내적인 증득[內證] 또는 현실적인 증득[現證]을 말한다. 그런데 혜가는 자각을 다른 인연에 의지할 필요가 없는 자아각오(自我覺悟)·자성각오(自性覺悟)·본유각오(本有覺悟)[245]로 해석하여 자각성지를 자성각오의 절대지혜로 해석하였다. 혜가의 이러한 자유로운 경전해석 방법과 자성본각설은 후세 선종의 사상발전에 중대한 영향을 끼쳤다.

혜가는 또 중생의 자성각오에서 한 걸음 더 나아가 중생의 마음이 곧 불이라고 긍정하였다. 위의 게송에서 문장 끝의 두 구절이 바로 '즉심시불(卽心是佛)'의 의미를 말하는 것으로서, 다른 곳에서 무여열반의 경계를 구할 필요가 없다는 것을 강조한 것이다. 『경덕전등록(景德傳燈錄)』 권3에 "무엇이 불이냐?"는 제자의 질문에 대해, 혜가는 "이 마음이 불이고, 이 마음이 법이다. 법과 불은 둘이 아니며 승보도 역시 그러하다."[246]고 대답하였다. 그 뜻은 마음이 불이고 법이며 승이기도 하다는 것이다. 불·법·승의 '삼보(三寶)' 모두가 마음이며, 모두 마음을 근본으로 한다는 것이다.

삼보는 다 같이 마음이기 때문에, 불·법·승 셋은 차별이 없다

---

245) 여징(呂澂), 『선학원위(禪學源原)』, 『여징불학론저선집(呂澂佛學論著選集)』, p.400, 제남, 제노서사(齊魯書社), 1991년 참조.
246) 『大正藏』 51, p.220c, "是心是佛, 是心是法. 法佛不二, 僧寶亦然."

고 말할 수 있다. 혜가는 마음으로써 불·법·승을 관통하여, 마음을 매우 중요한 위치로 제고시켰다. 혜가가 마음을 불의 근거로 본 것은 마음의 자성을 깨달음으로 생각한 것이다. 이러한 심불(心佛) 관념은 후세의 선종은 물론이고 전체 불교사상의 발전에 심원한 영향을 끼쳤다.

3. 일심불생(一心不生)과 임성합도(任性合道)

선종의 삼조(三祖)인 승찬(僧璨)에 대한 역사자료는 지극히 부족하다. 승찬이 지은 것으로 알려진 『신심명(信心銘)』을 간략하게 소개하겠다. 이 글은 '불심(不心)'과 '인성(任性)'의 심성론 사상인데, 선종 사상사에 있어서 중요한 부분이다.

『신심명』은 달마와 혜가의 청정심(淸淨心) 사상을 계승한 기초 위에서 진일보하여, 도가 특히 『장자』의 '제물(齊物)'·'소요(逍遙)' 사상을 수용하여 이루어졌다. 문장 전반은 '진여법계불이(眞如法界不二)', 즉 우주만물의 본체는 동일하다는 사상을 종지로 삼고, 만물은 서로 상즉하여 혼란이 없이 가지런하다[相卽齊一]는 것을 강조하였다. 또 수행자는 이와 같은 '지극한 도[至道]'와 결합하는 것을 선 수행의 최고 경계로 삼아야 한다고 하였다. '지극한 도' 와 계합하는 최고의 경계는 바로 인간 심지(心地)의 본래 진실한 상태이다. 이를 위하여 『신심명』은 '식견(息見)'·'불심(不心)'· '임성(任性)' 등의 자연주의 심성론을 제시하였다.

"지극한 도는 어렵지 않다. 다만 간택하기를 싫어할 뿐이다."247) 이것은 『신심명』 전체 글의 종지를 밝히는 총론적인 말이다. 간택

(揀擇)은 선택하거나 구별하는 것을 뜻한다. 이 말이 의미하는 것은 '지극한 도'를 파악하는 가장 근본적인 것은 분별하지 않는 것임을 말하는 것이다. 말하자면 '유(有)'라고 구별하지도 않고 '공(空)'이라고 분별하지도 않는 것이다. "진실과 괴리된 것에 마음을 두고"[248] 대립된 일단(一端)을 고집하는 그 어떤 것도 모두 '불이(不二)'의 원칙에 부합되지 않는 망념(妄念)과 망견(妄見)이며, 이들은 모두 반드시 소멸해야 하는 것이다. 양극단의 대립된 망견을 소멸하는 것도 진실한 심성을 표출하는 것이다. 이것이 바로 "진실을 구태여 구할 필요는 없다. 오직 견해를 쉬기만 하면 된다."[249]는 것이다. 만약 '견해 쉬기'에 도달하려고 한다면 집착하는 마음이 생기지 않도록 해야 한다. "한 마음이 생겨나지 않으면 만법에 근심이 없고, 근심도 없고 법도 없으면 생겨나는 것도 없고 마음도 없다."[250] "마음이 마음을 이용하려고 한다면, 어찌 큰 잘못이 아니겠는가!"[251] "마음이 다르지 않다면, 만법은 하나와 같다."[252] 위 글에서 '불심(不心)'은 마음이 생겨나지 않는 것을 말한다. 만약 '마음이 생기고', '마음을 이용하고', '마음이 다르다'고 한다면 곧 분별이 형성되고, 옳고 그름이 발생하고, 취하고 버리는 것에 집착하고, 얻고 잃는 것이 있게 되어, "진여와 법계는 둘이 아니다[眞如法界不二]."라는 종지에 위배되므로, '지극한 도'의 경지와 계합할

---

247) 『신심명(信心銘)』, 『大正藏』 48, p.376b, "至道無難, 唯嫌揀擇."
248) 『신심명(信心銘)』, 『大正藏』 48, p.376c, "系念乖眞"
249) 『신심명(信心銘)』, 『大正藏』 48, p.376c, "不用求眞, 唯須息見."
250) 『신심명(信心銘)』, 『大正藏』 48, p.376c, "一心不生, 萬法無咎. 無咎無法, 不生不心."
251) 『신심명(信心銘)』, 『大正藏』 48, p.376c, "將心用心, 豈非大錯!"
252) 『신심명(信心銘)』, 『大正藏』 48, p.376c, "心若不異, 萬法一如."

길이 없어지게 된다. '견해를 쉬고[息見]', '마음이 생겨나지 않게 하는 것[不心]'에 도달하는 것이 바로 '본성에 맡기는 것(任性)'이다.

『신심명』에서는 "자연 그대로 놓아두어 몸이 가거나 머무르지 않아도 본성에 맡겨 도와 계합하면 번뇌가 끊어져 멀리 노닌다."253)고 한다. '성(性)'은 중생의 본성과 진성을 의미한다. '임성(任性)'은 바로 본성에 맡겨 자연을 따르는 것으로서, '자연으로 다시 돌아가는 것'이다.254) 이것이 분별하지 않고, 있는 것도 아니고 공한 것도 아니고[非有非空], 가지도 않고 오지도 않는[無去無來] 심성의 본연의 모습이며, 인간의 마음이 지극한 도와 깊이 계합하는 것이며, 번뇌를 단절한 이상적인 경계이다. 이렇게 마음의 원초적인 상태와 심성의 자연적인 발로를 추구하고 자유로운 자연주의적 선 수행생활에 맡기는 준칙은 세월이 흘러도 후세 대부분의 선사들이 받들어 행하였다.

제3절 도신(道信)과 홍인(弘忍)의 염불심(念佛心)과 본진심(本眞心) 사상

1. 심심염불(心心念佛)과 염불정심(念佛淨心)

달마선(達摩禪)이 도신(道信)과 홍인(弘忍)에 전해졌을 무렵, 역사는 이미 수당(隋唐) 대통일의 시대에 진입하였다. 도신(580-651)과 홍인(601-674)은 각각 기주 황매(蘄州黃梅, 지금의 湖北省 黃

---

253) 『신심명(信心銘)』, 『大正藏』 48, p.376c, "放之自然, 體無去住. 任性合道, 逍遙絶惱."
254) 『신심명(信心銘)』, 『大正藏』 48, p.376c, "歸復自然"

梅縣)의 파두산(破頭山, 雙峰山)과 풍무산(馮茂山, 東山)에서 법을 펼쳤다. 황매는 양자강의 중류에 있어서 동서남북의 왕래가 편리하였다. 역사적으로 시기도 좋았고 환경도 좋아서, 도신과 홍인은 50여 년의 노력 끝에 문도(門徒)의 수가 각각 500 내지 700여 명에 달하게 되었다. 도신과 홍인의 이러한 계열을 역사는 '동산종(東山宗)'이라고 불렀는데, 당시 선법의 중심이었고 그 이후에는 선종의 직접적인 발원지가 되었다.

도신과 홍인의 선법을 '동산법문(東山法門)'이라고 한다. 이 법문의 핵심은 '일행삼매(一行三昧)'이다. 이른바 '일행(一行)'이란 정(定) 또는 정정(正定), 즉 마음을 한 곳 혹은 하나의 대상에 고정시켜 산란하지 않게 하여 적정하고 안정된 상태를 유지한다는 의미이다. '일행삼매'는 마음을 오로지 수습(修習)이라는 한 가지 일에만 집중하는 정정(正定)을 가리키거나 일종의 수행을 빌려 마음이 안정되게 하는 것이다. 여기에는 통상적으로 두 가지의 종류가 있다. 하나는 일심으로 염불하는 염불삼매이고, 또 하나는 일심으로 만사만물은 차별상이 없음을 관조하는 삼매이다. 도신은 『인도안심요방편법문(人道安心要方便法門)』에서 그의 법요(法要)를 설명하였다. "나의 법의 요점은 『능가경』에 의거하여 모든 불심이 제일이라는 것이다. 또 『문수설반야경』에 의거하여 일행삼매, 즉 염불심이 불이고 망념은 범부라는 것이다."[255] 이것이 동산법문 선법의 요강이며, 이 속에 심성이론과 수행실천의 두 가지가 포함되어 있다. 여기에서 우리는 먼저 그의 '일행삼매'의 수행법문, 즉 일심

---

255) 『능가사자기(楞伽師資記)』, 『大正藏』 85, p.1286c, "我此法要, 依『楞伽經』諸佛心第一. 又依『文殊說般若經』一行三昧, 即念佛心是佛, 妄念是凡夫."

염불의 염불삼매에 대해서 설명할 것이다. 염불삼매에 대하여『문수설반야경』은 다음과 같이 말한다.

> 선남자 선여인이여, 일행삼매에 들고자 하면, 마땅히 고요하고 한적한 곳에 머물면서, 산란한 생각을 모두 버리고, 형상을 취하지 않고, 마음을 하나의 불에 집중하고, 오직 그 이름만 불러야 한다. 불이 계시는 방향과 처소에 따르고, 몸을 단정히 하여 바르게 향하고, 한 불을 계속해서 생각하여 한순간도 잊지 않는다면, 그 생각 속에서 과거 미래 현재의 모든 부처님을 볼 수 있을 것이다.256)

여기서 '상모(相貌)'는 형상을 말하는 것으로서, 불의 삼십이상과 팔십종호(八十種好)와 같은 것이다. '불취상모(不取相貌)'는 반야사상에 근거하여, 형상의 차별에 집착하지 않고 무차별상으로 돌아가는 것이다. 위의 경문은 일행삼매의 방법은 고요히 앉아서[靜坐], 마음을 집중하고[定心], 형상을 취하지 않고[不取相], 오직 한 불의 이름에만 전념하되, 이와 같은 태도를 굳게 유지하여 게으르지 않을 때, 마음이 안정되고 청정하게 되어, 하나의 불을 생각하는 데에서 일체의 불을 볼 수 있다는 것이다. 이러한 일행삼매는 반야의 무상학설(無相學說)과 유심염불(唯心念佛)이 결합된 수행방법이다.

홍인(弘忍)은 도신의 법문을 계승했으면서도 도신보다 더 선명하게『대승기신론』의 일행삼매의 경향을 띠었다.『대승기신론』은 염(念, 무명을 가리킴)을 떠나, 즉 무명에서 멀리 벗어나 무상(無相)으로 돌아가는 수행공부를 함으로써, 심령이 원초의 청정상태로 되

---

256) 이 경의 정식 명칭은『문수사리소설마하반야바라밀경(文殊師利所說摩訶般若波羅蜜經)』,『大正藏』8, p.731b, "善男子, 善女人, 欲入一行三昧, 應處空閑, 舍諸亂意, 不取相貌, 系心一佛, 專稱名字; 隨佛方所, 端身正向, 能於一佛念念相續, 卽是念中, 能見過去, 未來, 現在諸佛."

돌아오도록 할 것을 주장하였기 때문에, 일행삼매를 매우 중시하고 있다. 『기신론』의 일행삼매는 시시각각 생각을 떠나는 것[念念離念]이며, 여기서 '염염(念念)'은 시시각각을 의미한다. 즉 시시각각 오로지 무시와 망념을 배제하고 벗어나는 것에 집중하는 것을 뜻하고, 또 원초적인 일심(一心)의 수행과 탐구를 더욱 중시한다는 뜻이기도 하다.

『속고승전』 권20 「현상전(玄爽傳)」에서는 도신의 선법을 "오로지 생각만을 존속하고 굳게 유지하며, 오랫동안 앉아 있고 눕지 않으며, 생각을 이어서 앞에 둔다."257)고 묘사하고 있다.『능가사자기(楞伽師資記)』는 홍인의 선법에 대하여 "수연하게 고요히 앉아서 글로써 기록하지 않고, 입으로 현묘한 이치를 발하며, 말없이 사람들에게 전수한다."258)고 한다. 종합해 보면, 도신과 홍인이 문도들을 가르친 방법은 기본적으로 일치한다. 그들의 법문을 한마디로 말하면, 고요한 상태에서 점진적으로 수행하는 좌선·염불과 관심(觀心)·수심(守心)이라고 할 수 있다.

동산법문이 널리 퍼짐에 따라 도신과 홍인은 달마선의 변천사에 있어서 새로운 가풍을 수립하게 되었다. 주된 것으로는 첫째, 산림에 정착한 것이다. 달마와 혜가가 수행한 두타행(頭陀行)의 규정에는 떠나기 아쉬워서 한곳에 오래 머물면 안 되었고 떠다니는 구름이나 흐르는 물처럼 인연 따라 살아야 했다. 도신과 홍인은 바로 이러한 전통을 바꾸어 '시역을 택하여 거처를 개간하고, 집을 짓고 불상을 세워[擇地開居, 營宇立象]' 오랫동안 황매에 정착하였다.

---

257) 『大正藏』 50, p.600a. "唯有攝念, 長坐不臥, 系念在前."
258) 『大正藏』 85, p.1289b. "蕭然淨坐, 不出文記, 口說玄理, 默授與人."

그들은 도량을 열어 사원을 짓고, 법을 펼치고 도를 전하여, 모여든 제자들이 백을 헤아리는 하나의 거대한 교단을 형성하였다. 오랫동안 산림에 거주하고, 산중에서 숨어 수행하였기 때문에, 산림불교의 선풍(禪風)을 형성하였을 뿐 아니라, 선 수행과 동시에 생산노동을 전개하여 경제적으로 자급자족 방식을 채택함으로써 승려들의 생활문제도 해결하였다. 둘째, 법문(法門)의 개방이다. 홍인 이전의 선사들은 쉽사리 선법을 전수하지 않았고 선택된 개인에게만 비밀리에 전수하였다. 그러나 홍인을 시작으로 법문이 크게 열려, 근기에 상관하지 않고 학도가 지닌 조건의 우열을 따지지 않고, 일률적으로 보편적이면서 공개적으로 전수하였다. 셋째, 보살계(菩薩戒)의 전수이다. 『능가사자기』에 의하면 도신의 저술에 『보살계본』이 있다고 기록되어 있는데, 이는 그가 선법을 교도함과 동시에 대승계(大乘戒)를 전수했음을 말해 주는 것이다. 이렇게 선(禪)과 계(戒)가 결합된 방법은 홍인이 계승한 것이다. 넷째, 염불을 중시한 것이다. 이전의 방식 즉 벽을 마주 보고 앉아서 정신을 집중하던 것과는 달리 도신은 염불삼매(念佛三昧)를 인용하여 '심심염불(心心念佛)' 즉 염불에 의하여 성불할 것을 제창하였다. 홍인도 역시 '염불정심(念佛淨心)', 즉 불의 이름을 잊지 않고 기억하는 염불을 통하여 인간의 마음을 청정하게 할 수 있다고 생각하였다.

도신의 저술로 알려진 『보살계본』과 『입도안심요방편법문』은 둘 다 세상에 전해지지 않고 있다. 그러나 『능가사자기』의 절반은 도신의 선법을 설명하는 것이고, 『입도안심요방편법문』의 내용은 이미 인용되어 수록되어 있기 때문에 도신의 선법과 그 사상을 설명하는 데 근거로 삼을 수 있다. 현재 표제에 홍인의 저술로 되어 있는 『최상승론』은 돈황본 『도범취성오해탈종수심요론(導凡趣聖悟解脫宗修心要論)』1권과 같은 종류의 작품이다. 그러나 『능가사자기』는 위작이라고 단정한다. 『최상승론』에서 말하고 있는 내용은 홍인의 사상과 비교적 일치하고 있기 때문에, 홍인의 사상을 논하는 데 있어서 중요한 참고 자료로 삼을 수 있을 것 같다.

2. 명정심(明淨心)과 염불심(念佛心)

도신과 홍인의 동산법문은 심성론의 기초 위에서 건립된 것이다. 『입도안심요방편법문』은 옛 교훈을 인용하면서 다음과 같이 말했다. "옛날에 지민선사는 이렇게 가르쳤다.259) 도를 배우는 방법은 이해와 행동이 반드시 서로 부합하여야 하고, 먼저 마음의 근원과 여러 가지 체(體)와 용(用)을 알고, 이치가 분명함을 보고 의혹을 없앤 이후라야 공과 업이 이루어지는 것이니, 하나를 알면 천 가지가 따르고, 하나를 모르면 만 가지에 미혹된다. 털끝만큼이라도 놓치게 되면 그 차이는 천 리가 된다."260) 이 글은 이론과 실천이 상호 결합된 수행원칙을 강조하는 것이다. 이해하고 아는 측면에서는 특히 마음의 근원 및 그 체용(體用)의 의의를 아는 것을 중시하고 있다. 또 "과신 시에는 마땅히 식심(識心)의 처음 움직임을 깨달아

---

259) 근대의 인순법사(印順法師)는 "지민법사(智敏法師)는 아마도 지의법사(智顗法師)의 오기(誤記)"라고 생각한다. 그의 저서 『중국선종사(中國禪宗史)』 p.57, 남창(南昌), 강서인민출판사(江西人民出版社), 1990. 만약 이것이 사실이라면 도신의 선법은 천태종 지관학설(止觀學說)의 영향을 상당히 받은 것이다.

260) 『능가사자기(楞伽師資記)』, 『大正藏』 85, p.1288a, "禪師訓日. 學道之法, 必須解行相扶, 先知心定根原及諸體用, 見理分明無惑, 然後功業可成, 一解十從, 一迷萬惑. 失之毫氂, 差之千里."

야 하며, 돌고 도는 흐름에 주목하여 그 오고 가는 것을 따라 모두 알도록 해야 한다."261)고 한다. 이것은 좌선할 때 자기의 원초적 심령의 충동을 깨닫고 관찰하여 그 오고 가는 것의 변화를 알아야 한다는 것을 말하는 것이다. 말하자면 단순한 좌선명상을 초월하여, 본원적인 일심(一心)을 탐색하는 데 관심을 가지고 신경을 써야 한다는 것이다.

도신은 마음을 근원으로 삼을 것을 주장하면서 사람들이 안으로 마음을 향하여 노력하도록 가르쳤다. 이를 위하여 그는 특히 "『능가경』의 제불의 마음이 제일이다[諸佛心第一]."라는 설법에 의거하여 '마음'의 중요한 작용을 강조하였다. 여기에서 도신은 4권본 『능가경』의 "모든 부처님은 심(心)이 제일이라고 말씀한다[一切佛語心第一]."라는 품을 인용하였는데, 『능가경』의 이 품명의 '심'자는 핵심 또는 중심이라는 의미이며, 이 품명은 불교의 핵심사상이 『능가경』 속에 다 갖추어져 있음을 나타내는 것이다.

도신은 '일체불어심제일(一切佛語心第一)'이 '제불심제일(諸佛心第一)'을 나타내기 위한 것으로 파악하고, '심'을 인간 마음의 심으로 간주하여 '심'의 중요함을 강조하고, '심'의 수행을 중시할 것을 강조함으로써 안으로 향하여 힘써 노력하는 선 수행 노선을 강화하였던 것이다.

도신은 『능가경』과 『문수설반야경』 이외에도 광범위하게 다른 불교경전의 사상도 수용하였기 때문에, 심의 내용에 대한 그의 설명은 비교적 복잡하다. 『입도안심요방편법문』을 통해 볼 때, 심은 두 가

---

261) 『능가사자기(楞伽師資記)』, 『大正藏』 85, p.1287b, "坐時當覺識心初動, 運運流注, 隨其來去, 皆令知之."

지 측면의 뜻을 지니고 있다. 첫째, 중생이 원초적으로 본래 가지고 있다는 각도에서 정의한 심은 명정심(明淨心, 淸淨心)이다. 둘째, 중생이 현실적으로 수행하여 얻게 된다는 각도에서 제시한 심은 염불심이다. 명정심에 대하여 도신은 다시 『능가』와 『반야』 두 경의 융합을 통하여, 여래장성(如來藏性)과 적멸성(寂滅性)이라는 두 가지 방면의 통일적 성질을 긍정하였다. 『능가경』은 여래장을 말하고 『문수설반야경』은 공(空)을 말한다.

그러나 『문수반야경』은 또한 진공(眞空)과 묘유(妙有)는 둘이 아니며, 공적(空寂)한 가운데서 진성이 나타난다고 한다. 그래서 "여래계와 아계(我界)는 두 가지 모습이 아니다."262)라고 말하는 것이다. 여기서 '여래계'는 여래성·여래장·불성의 다른 이름이고 '아계'는 중생을 말한다. 이것은 바로 여래장과 중생은 평등하여 둘이 아니며, 중생은 모두 여래장성을 가지고 있다는 것을 말하는 것이다. 도신은 위의 두 경이 서로 융합하고 서로 보완하여 여래장성과 공적성이 다르지도 않고 차별도 없다고 보았다. 그는 만약 "내외가 텅 비어 청정함을 관찰하여 분명하다면 심성은 적멸하고, 심성의 적멸을 따라 성스러운 마음이 나타남"263)에 이를 수 있다면, 이것은 바로 청정과 공적이 본래 한꺼번에 일어나는 일임을 말하는 것이다.

또한 도신은 밝고 청정한 마음[明淨心]을 체(體)와 용(用) 두 가지 방면으로 분석하였다. 심체(心體)는 마음의 체성(體性)을 가리키며, "체성은 청정하여 체와 불은 같으며"264), 인간 마음이 본래 가

---

262) 『大正藏』 8, p.729c, "如來界及我界, 卽不二相."
263) 『입도안심요방편법문(入道安心要方便法門)』, 『능가사자기(楞伽師資記)』, 『大正藏』 85, p.1289a, "觀察分明, 內外空淨, 卽心性寂滅, 如其寂滅, 則聖心顯矣."
264) 『입도안심요방편법문』, 『능가사자기』, 『大正藏』 85, p.1288a, "體性淸淨, 體與佛同."

지고 있는 체성은 청정하고 더러움이 없어서 불과 같다고 하였다. 다시 말해 중생 심성의 본질과 불은 다르지 않다는 것이다. 이것은 일종의 '중생은 모두 불성을 지니고 있다.'는 사상이다. 도신의 입장에서 볼 때, 이는 중생이 불을 믿고 도에 들어가는 전제이기도 한데, 만약 중생에게 청정한 체성도 없고 불성도 없다면 도에 들어가 성불하는 것을 어디서부터 논할 수 있겠는가? 심의 용(用)은 밝고 청정한 마음의 작용을 의미하며, "밝고 청정한 마음의 작용으로 법보가 생기고 한결같은 고요함[恒寂]을 일으키니 만법(원래는 '惑') 이 모두 여여 하다."265) 여기서 '법보(法寶)'는 불·법·승 삼보 중의 하나인 불법을 말하고, '만법'은 일체의 존재를 의미한다. 밝고 청정한 마음의 작용은 불법과 서로 부합되는 깨달음을 발생시키고, 동시에 이러한 마음의 작용은 다시 파동(波動)이 없이 '항상 고요한[恒寂]' 상태로 표현된다. 즉 만물에 대하여 높고 낮다는 분별을 하지 않으므로, '일체의 존재가 모두 진여이고[萬法皆如]', 하나하나의 체[一體]는 평등한 것이다. 만약 만물에 대하여 각종 차별을 하게 된다면, 이는 불법(佛法)에 위배되는 것이며, 만물의 실상에도 부합되지 않는 망념인 것이다.

도신은 체용관념의 기초 위에서, 밝고 청정한 마음의 체성과 작용을 설명함으로써, 염불심에 의하여 성불할 수 있는 이론적인 근거와 수행규범을 제공하였고, 사람들이 내심세계의 밝고 청정하고 공한 영혼[明淨空靈]을 추구하도록 인도하기 위하여 방편법문(方便法門)을 제공하였다.

---

265) 『입도안심요편법문』, 『능가사자기』, 『大正藏』 85, p.1288a, "生法寶, 起作恒寂, 萬法皆如."

도신은 '염불심(念佛心)'의 개념을 제시하고 해석을 더하였으며, "염불심이 불이고 망념은 범부[念佛心是佛, 妄念是凡夫]"라는 명제를 선양하였다. 이것은 염불심과 망념, 불과 범부를 대립시킨 것일 뿐만 아니라 염불심과 불, 망념과 범부를 통일시킨 것이어서 중요한 종교이론적인 의의와 실천적인 의의가 있는 것이다.

　그렇다면 무엇이 염불심인가? 그리고 왜 염불심을 불이라고 하는가? 이른바 염불심이란 앞에서 인용하였듯이, "하나의 불에 마음을 집중하고 오로지 불의 이름만 부르는 것이다[系心一佛, 專稱佛名]." 그 뜻은 일체의 망념을 배제하고 염불에 전념하여, 마음과 마음이 서로 이어져 마음속에서 불을 보고자 하는 것이다. 이는 염불(念佛)과 염심(念心)이 실제로는 동일함을 주상하는 것이다.

　도신의 염불은 이름을 부른다든지 관상을 한다든지 하는 여러 가지 염불활동을 말하며, 염심(念心)은 바로 관심(觀心)을 말하는 것이다. 즉 염불은 한편으로는 무량무변한 공덕을 낳고, 또 다른 한편으로는 마음을 바라봄[觀心]으로써 망념을 소멸하여 마음의 바탕(心地)을 청정하게 할 수 있다. 이 두 가지 면은 보조를 같이하는 것으로서 심지어는 동일하기까지 하다. 이와 같이 염불심은 "이름을 염(念)하는 바가 없고"266) 분별하지 않으며, 집착하는 것이 없는 마음, 즉 본연의 마음이다. 염불심은 망념과 번뇌를 배제하고, 대상과 형상에 집착하지 않아서, "홀연히 맑고 고요하여 다시 인연이 되는 염(念)이 없는 것이다."267) 염불심의 불은 형상이 없고, 염불심의 마음도 역시 형상이 없다. 수행보다도 높은 의미에서 말할

---

266) 『능가사자기』, 『大正藏』 85, p.1287a, "名無所念"
267) 『능가사자기』, 『大正藏』 85, p.1287a, "忽然澄寂, 更無所緣念."

때, 염불은 사실 염하는 바도 없고, 염불심마저도 생기지 않는, 오로지 원초적으로 본래 가지고 있는 청정한 마음만 유지하는 것, 그것이 바로 진염불(眞念佛)이다. 이렇게 염하는 바가 없는 염불심이 선 수행 성불의 기초이다.

"몸과 마음이 바로 마음이며, 발을 들든 발을 내려놓든 언제나 도량에 있으며, 거동하는 모든 것이 보리이다."268) '방촌(方寸)'은 마음이고 '도량(道場)'은 성불을 의지하는 장소이며, '보리(菩提)'는 깨달음이다. 몸과 마음의 활동은 자기 마음 밖의 일이 아니다. 모든 활동이 다 성불의 도량이며, 모두 성불의 깨달음을 체현(體現)하는 것이다. 그러므로 "마음을 떠나서 따로 불이 있는 것이 아니고, 불을 떠나 따로 마음이 있는 것도 아니다."269) 바로 '염불심이 불이다.' 진정으로 염불할 때, 불과 마음의 형상이 함께 사라지고, 불과 마음이 서로 융합되어 차별이 없어져, 불이 마음이 되고 마음이 불이 되는 것이다. 이것이 바로 "염불(念佛)이 바로 염심(念心)이고, 마음을 구하는 것이 바로 불을 구하는 것"이다.270)

도신은 염불심의 공능에 대해 다각도로 설명하였다. 먼저 그는 염불을 통하여 여러 불과 차별이 없는 경지를 알 수 있다고 생각하였다. "한 불의 공덕이 한량없고 가없다고 염하면 무량한 여러 불의 공덕과 다르지 않으며, 불가사의한 불법 등과 차별이 없으며, 모든 승이 다 같이 최고의 바른 깨달음을 이루어 모두 무량한 공덕과 무량한 변재를 갖추게 된다. 이와 같이 일행삼매에 들어가는 자는 갠지스강

---

268) 『능가사자기』, 『大正藏』 85, p.1287a, "身心方寸, 擧足下足, 常在道場; 施爲擧動, 皆是菩提."
269) 『능가사자기』, 『大正藏』 85, p.1287a, "離心無別有佛, 離佛無別有心."
270) 『능가사자기』, 『大正藏』 85, p.1287a, "念佛卽是念心, 求心卽是求佛."

의 모래알처럼 많은 제불법계가 차별 없는 상임을 다 알게 된다."271)

염불을 할 때, 한 불의 무량무변한 공덕을 생각하면, 불과 불은 상통하므로, 한 불을 염함으로써 일체의 불이 면전에 나타나는 것을 볼 수 있다. 그 다음으로 염불은 마음을 청정하게 할 수 있다. 『전법보기(傳法寶記)』에 실려 있는 홍인 등 선사들의 법문을 보면, "불의 명호를 염하여 마음을 청정하게 한다[念佛名, 令淨心]."고 묘사되어 있다. 이는 도신의 선법을 계승한 것이다. 염불은 마음이 한결같게, 집중되게, 단순하게, 안정되게 하며 나아가 마음을 청정하게 한다. 그래서 마음의 청정함이 바로 불성이고 또 본각이다. 그 다음으로 염불에서 더 나아가 보게 되는 제불은 모두 자신의 심리 활동에서 비롯된 것임을 깨닫게 된다. 즉 모든 것은 다 마음이 나타난 것일 뿐이다. 불은 마음에서 생기는 것이므로 성불을 구하는 염불심은 사실 관건이 되는 작용을 하는 것이다. 여기서 한 걸음 더 나아가 "마음이 불을 만드니 마음이 바로 불이다."272)라는 법문을 개칙하였고, 그것을 구한 결과 즉심즉불(卽心卽佛)의 깨달음에 도달한 것이다.

도신은 염불과 염심을 합하여 염불심이라는 하나의 관념으로 구성하고, 중생의 현실적인 심령(心靈)과 본래의 청정한 심령을 소통시킴으로써, 염불에서 성불로 넘어가기 위한 교량을 제공하였으며, 아울러 이것으로써 망념을 지닌 범부와 구분하였다.

---

271) 『능가사자기』, 『大正藏』 85, p.1287a, "念一佛功德無量無邊, 亦與無量諸佛功德無二, 不思議佛法等無分別, 將乘一如, 成最正覺, 悉具無量功德, 無量辯才. 如是入一行三昧者, 盡知恒沙諸佛法界, 無差別相."

272) 『관무량수불경(觀無量壽佛經)』, 『大正藏』 12, p.343a, "是心作佛, 是心是佛"

3. 자심(自心)과 본진심(本眞心)

『입도안심요방편법문(入道安心要方便法門)』은 선수행의 요령을 "한 가지 방법을 고수하고 다른 방법으로 옮겨가지 않는 것"으로 귀결하였다. 『최상승론(最上乘論)』은 이러한 관점을 계승하고, 더 나아가서 '마음을 지키는 것이 제일[守心第一]'임을 강조하였다. 그리고 지키는 마음이란 '본래의 진심을 지키는 것[守本眞心]'이라고 생각하였다. 도신은 이렇게 말하였다. "한 가지 방법을 고수하고 다른 방법으로 옮겨가지 않는 것이란, 이 공하고 청정한 눈으로 주의를 기울여 한 가지 사물을 지켜보면서 밤낮을 가리지 않고 오로지 집중하여 흔들리지 않는 것이다. 마치 발에 끈을 묶어 놓은 새가 날고자 하면 도로 잡아 오는 것처럼, 그 마음이 산란으로 치달으려 하면 급히 다잡아 거두어들여야 한다. 종일 지켜보기를 그치지 않으면, 모든 것이 다 사라져 마음이 저절로 안정된다."273) 또 "한 가지 방법을 고수하고 다른 방법으로 옮겨 가지 않으면, 동정(動靜)이 상주하여 배우는 사람이 불성을 분명하게 보고 일찍 선정의 문에 들게 할 수 있다."274)고 하였다. 이른바 '수일불이(守一不移)'는 먼저 중생 자신이 단지 '사대(四大)'와 '오온(五蘊)'이 화합한 가명(假名)으로서 공하고 청정한 존재임을 관조하여, 얻을 수 있는 것은 아무것도 없다고 명료하게 아는 것이다. 그 다음에 이렇

---

273) 『입도안심요방편법문(入道安心要方便法門)』, 『능가사자기(楞伽師資記)』, 『大正藏』 85, p.1288b, "守一不移者, 以此空淨眼注意看一物, 無間晝夜時, 專精常不動. 其心欲馳散, 急手還攝來. 如繩系鳥足, 欲飛還掣取. 終日看不已, 泯然心自定."

274) 『입도안심요방편법문』, 『능가사자기』, 『大正藏』 85, 위의 책, p.1288a, "守一不移, 動靜常住, 能令學者明見佛性, 早入定門."

게 '청정하다고 보는' 관점과 방법으로써 한 가지 사물을 자세히 살펴보는데, 그렇게 한 가지를 지키고 바꾸지 않음으로써 자신의 마음이 적정(寂靜)한 경지로 들어갈 수 있게 된다.

이와 같이 선을 배우는 자는 어떤 중개를 통할 필요도 없이 '불성을 분명하게 본다.' 즉 자신에게 내재되어 있는 불성을 직접 체험으로 증득하여 선정을 얻어 지혜를 발할 수 있게 된다. 『최상승론』은 이러한 기초 위에서, "이렇게 마음을 지키는 것이 바로 열반의 근본이고, 도에 들어가는 중요한 문이고, 십이부경의 종지이며, 삼세제불의 조상이다."275)라고 하였다. '십이부경(十二部經)'은 각종 불교경전을 말한다. 이 말은 마음을 지키는 것이 불의 가르침을 배워 성불의 높은 정도까지 도달하는 데 얼마나 중요한 것인가를 제고시키는 것이며, 심지어는 불의 본사(本師)라고까지 생각하였다. 이것은 마음의 작용을 최대한 부각시킨 것이다.

『최상승론』은 마음을 지킨다고 할 때의 마음에 대하여 이렇게 설명하고 있다.

> 무릇 도를 닦는 것의 본체는 현재의 몸과 마음이 본래 청정하고, 나는 것도 아니고 사라지는 것도 아니며, 차별이 없는 것임을 반드시 아는 것이다. 자성이 원만하고 청정한 마음, 이것이 본사이며, 시방의 제불을 염하는 것보다도 더 낫다.276)

여기서 마음은 '자성이 원만하고 청정한 마음[自性圓滿淸淨心]'

---

275) 『大正藏』 48, p.377c, "此守心者, 乃是涅槃之根本, 入道之要門, 十二部經之宗, 三世諸佛之祖."
276) 『大正藏』 48, p.377a, "人修道之本體, 須識當身心本來淸淨, 不生不滅, 無有分別. 自性圓滿, 淸淨之心, 此是本師, 乃勝念十方諸佛."

이라고 생각한다. 이 마음에는 세 가지의 규정성(規定性)이 있다. 본래 청정하고, 불생불멸하며, 차별이 없는 것이다. 『십지경(十地經)』은 일찍이 중생의 몸속에는 모두 불성이 있다고 말하는 것은, 마치 태양은 원만하게 밝지만 구름과 안개가 가리고 덮어 버리면 천하가 어둡게 되는 것과 같다는 비유를 한 적이 있다.『최상승론』은 이 비유를 인용하여, 청정한 마음은 망념과 번뇌로 가려지고 덮이면 나타날 수 없지만, 집중하여 마음을 지키기만 한다면 망념이 생기지 않아 청정한 마음이 자연히 드러나게 된다고 한다. 이것은 구름과 안개가 태양을 가리는 비유를 통하여 마음의 '본래청정(本來淸淨)'을 설명함으로써, 논증이 필요한 점을 증명하지 않아도 저절로 밝혀지는 것으로 파악한 것이다. 마음의 '불생불멸'에 관하여 『최상승론』은 이렇게 설명하고 있다.

> 『유마경』에서 "여(如)는 생겨나지 않는다. 여는 사라지지도 않는다. 여라는 것은 진여불성으로서 자성이 청정하다. 청정한 것은 마음의 본원이다. 진여는 본래 있는 것이지 인연을 따라 생기는 것이 아니다."라고 하였다. 또 "일체의 중생은 모두 진여이며, 여러 성현도 역시 진여이다. 일체의 중생이라는 것은 나와 같은 이들이며, 여러 성현이라는 것은 제불을 말한다. 이름과 형상은 비록 달라도 몸속의 진여법성은 모두 같다. 불생불멸하기 때문에 모두 진여라고 하는 것이다."라고 하였다.277)

여(如)는 진여이며 일체 사물의 본래 실상을 가리킨다. 위 글의

---

277) 『大正藏』48, p.377b, "『維摩經』云: 如, 無有生; 如, 無有滅. 如者, 眞如佛性, 自性清淨. 清淨者, 心之原也. 眞如本有, 不從緣生. 又云: 一切衆生皆如也, 衆賢聖亦如也. 一切衆生者, 卽我等是也; 衆賢聖者, 卽諸佛是也. 名相雖別, 身中眞如法性幷同, 不生不滅故言皆如也."

뜻은 진여는 자성이 청정한 것으로서 인연의 화합으로 말미암아 생겨나는 것이 아니라는 것이다. 생겨나는 것이 아니라면 사라지지도 않는 것이다. 그러므로 불생불멸을 여(如) 또는 진여(眞如)라고 말할 수 있다. 진여불성은 청정한 것이며, 이는 마음의 본원이며, 또한 중생과 불이 함께 가지고 있는 것이기도 하다. 마음은 본래 청정하기 때문에 불생불멸하는 것이며, 그 때문에 '차별이 없는 것이다.' 마음의 이 세 가지 규정성은 다른 측면에서 마음의 본래성질, 상태 즉 '자성원만청정(自性圓滿淸淨)'을 설명하는 것이다. 어떤 사람은 마음이 '본래 청정하므로, 불생불멸하며, 차별이 없다.'는 이 셋은 앞뒤로 서로 유도(誘導)하는 관계에 있다고 말했다. 이것을 요약하면 마음은 청정성·영원성·절대성이라는 특성을 지니고 있으며, 중생과 제불 공동의 본원이자 본체임을 강조한 것이다.

그리고 마음을 지킨다고 할 때의 마음을 『최상승론』에서는 '자심(自心)'·'본심(本心)'·'진심(眞心)'·'본진심(本眞心)'이라고도 한다. 이 논은 『화엄경』의 "삼계는 허망한 환상으로서 한 마음이 지어낸 것일 뿐이다. ……단지 가고 머무르고 앉고 눕는 가운데서도 항상 확실하게 본진심을 지켜야 한다."는 경문을 인용하여, '본진심을 지킨다.'는 것에 대해 설명하고 있다.278)

이것은 인식론과 우주론의 각도에서, 일상생활을 하거나 수행을 하는 줌에도 세계가 허망한 환상임을 인식하는 데 있어서는, '본진심을 지키는 것'을 이해하는 것이 중요하다는 것을 강조한 것이다. 또 "삼세의 제불은 모두 심성 가운데서 생겨난다. 먼저 진심을 지키면 망념이 생기지 않고, 내 것이라는 마음이 사라지면 그 후에

---

278) 『大正藏』 48, p.378b, "三界虛幻, 唯是一心作. ……但於行住坐臥中常了然守本眞心."

성불할 수 있다."279)고 한다. '아소(我所)'란 나의 소유 관념을 말한다. 이것은 심성과 불성의 관계, 즉 심성이 불을 낳는다는 각도에서, 중생은 무엇보다 먼저 진심을 섭수함으로써 망념이 생기지 않게 하고, 외부 사물에 집착하는 나의 소유관념을 없애 버린 후에야 성불할 수 있다는 것이다.

그러므로 '본진심을 지키는 것'은 중생성불의 기점이고 근거이며 관건이다. 『최상승론』의 관점에서 보면, 중생이 성불로 변화하여 간다는 것은 곧 진심을 지켜내어 마음이 치달려 산란해지는 일이 없게 하고, 망념이 일어나지 않게 하고, 아집이 생겨나지 않도록 노력하는 것이다. 중생이 일단 마음의 근원을 분명하게 깨달으면, 진심을 잃지 않고, 망념이 일어나지 않아서, 해탈하여 성불하게 된다. 자성이나 진심에 대하여 미혹한가 깨달았는가 하는 것이 중생과 불의 분수령이다.

도신과 홍인은 공동의 선법과 선풍을 가지고 있는 동산법문을 세웠다. 서로 비교해 보면 두 사람이 각자 중시한 것이 있다. 도신은 『능가경』과 『문수설반야경』을 신봉하였으며, 특히 후자가 제창한 '염불'과 '청정함의 관찰(텅 비어 아무것도 없음)'에 치중하였다. 홍인은 『능가경』과 위역(魏譯) 『능가경』에 의거하여 만든 『대승기신론』을 중시하였고, '마음 관찰[看心]'과 '마음 지킴[守心]'을 숭상하였다. 도신과 홍인의 법문과 그 법문 내용의 변화는 그들의 심성이론의 공통점과 차이점을 반영하고 있다.

먼저, 공통점으로는 그들 모두 『능가경』을 신봉하였고, 중생이

---

279) 『大正藏』 48, p.378a, "三世諸佛皆從心性中生. 先守眞心, 妄念不生, 我所心滅, 後得成佛."

다 같이 갖추고 있는 여래장이나 불성을 이론적 기초로 삼았고, 심성을 근본으로 삼아 '즉심시불(卽心是佛)'설을 주장하였다는 것이다. 서로 다른 점은 홍인이 도신보다 더욱더 '본진심(本眞心)을 지킬 것'을 강조한 것이다. 즉 그는 '마음 지킴[守心]'의 마음을 명확하게 『대승기신론』의 심진여문(心眞如門)으로 생각함으로써, 심성론에 있어서 보다 선명하게 본원(本源)으로 돌아가는 경향을 나타내었다. 이것은 보리달마가 벽관(壁觀)을 통달하여, 도와 그윽하게 계합하는 선법에서 떠나, 마음 관찰[看心]과 마음 지킴[守心]을 통달하는 것으로 전환하여, 인류심령의 본원을 지키는 데 힘써 노력할 것을 강조한 것이다. 즉 주체의 내재적인 정신세계의 전환과 초월에 주안점을 둠으로써, 불교경전을 신봉하고 우주만물의 공성(空性)을 체득하는 일을 희석시켰다.

　도신과 홍인의 심성론이 후세에 끼친 영향은 대단히 크다. 특히 홍인은 일심설(一心說)에서 전환하여 『대승기신론』의 염정이심설(染淨二心說)을 바탕으로, 망심이 일어나지 않으면 진심을 잃지 않는다는 사상을 선양하였으며, 이것은 후세의 선사들에게 계승되어 운용되었다. 중점을 둔 부분이 달랐기 때문에 어떤 계승자는 망심을 쉬게 하여 없애는 것[息滅妄心]에 편중하였고, 어떤 계승자는 진심을 바로 가리키는 것[直指眞心]에 중점을 두게 되었는데, 그 결과 다른 유파를 형성하게 되었다. 홍인은 본심을 지키는 데 치중하였기 때문에 불립문자(不立文字)와 교외별전(敎外別傳)으로써 법통전승의 전형을 특히 중시한 남종(南宗) 계열의 길을 열었다.

제4절 우두법융(牛頭法融)의 무심(無心)과 망정설(忘情說)

　　도신보다는 약간 늦고 홍인보다는 다소 앞서는 법융(法融, 594
－657)은 장수성(江蘇城) 단양(丹陽) 사람이다. 그는 일찍이 각종
경전을 두루 섭렵하고는 "유교와 도교는 세속의 글이어서 겨나 쭉
정이와 같다고 믿어지지만, 반야와 지관은 실로 타고 건널 수 있
다."280)고 생각하였다. 그래서 그는 19세 되던 해에 구용모산(句容
茅山)으로 들어가 삼론종의 스님인 경법사에게 삭발 출가하였고,
'삼론'과 기타 경론을 연구하는 데 마음을 기울인 결과 조예가 아
주 깊었다. 나중에 그는 다시 "지혜는 어지러움을 낳고, 선정은 마
음을 연다."281)고 하면서, 전적으로 문자에 의존하여 이해하고 알
려고 한다면 결코 심령의 해탈을 얻을 수 없다고 생각하였다. 그래
서 다시 고요한 숲 속으로 들어가 묵언으로 마음을 응시하며 앉아
서 20년간 선정수습을 행하였다. 마지막으로 그는 우두산(牛頭山)
에 들어가 띠로 지붕을 이은 선방을 만들어 밤낮으로 참구하였고
다시는 그곳을 떠나지 않았다.

　　법융은 반야와 삼론으로부터 선문(禪門)·선교(禪敎)로 들어와 선
의 깨달음을 중시하고 거기에 치중한 학자 중 한 사람이다. 저서로
는 『심명(心銘)』과 『절관론(絶觀論)』282) 등이 있다. 그는 반야와 삼

---

280) 『법융전(法融傳)』, 『속고승전(續高僧傳)』 권20, 『大正藏』 50, p.603c, "儒道俗文,
　　信同糠秕; 般若止觀, 實可舟航"

281) 『법융전(法融傳)』, 『속고승전(續高僧傳)』 권20, 『大正藏』 50, p.603c, "慧發亂縱,
　　定開心府"

282) 『절관론(絶觀論)』은 『달마화상절관론(達摩和尙絶觀論)』, 『입리연문론(入理緣門論)
　　』과 『관행법(觀行法)』(無名上士集)이라고도 한다. 전체가 문답체로 되어 있는데, 모

론의 도를 이어받아 설명하고, 심성의 공적(空寂)을 주장함으로써, 적정(寂靜)과 허명(虛明)을 이상적인 정신의 고향으로 삼았다. 이에 상응하여, 그는 선법에 있어서는 무심절관(無心絶觀)을 제창하여, 지킬 수 있는 마음이 없으면 볼 수 있는 것도 아무것도 없다고 생각하였다. 이는 도신과 홍인의 세열과 뚜렷하게 다른 선풍(禪風)이다. 이 때문에 후세의 선종 학인들은 그의 선법을 '민절무기종(泯絶無寄宗)'이라고 부르고 그를 '동하(東夏)의 달마'라고 불렀다.

1. '무심(無心)'과 '도(道)'의 합류

법융 심성론의 핵심사상은 무심설(無心說)이다. 이 학설은 마음의 의미와 상태, 무심의 의의, 무심합도(無心合道)의 명제 그리고 안심설(安心說)의 부정 등에 이르는 비교적 풍부하고 독특한 심성론 철학을 내용으로 하고 있다.

연수(延壽)의 『종경록(宗鏡錄)』 권97은 "질문: '어떤 것이 마음입니까?' 답: '육근으로 보는 것 그 모두가 마음이다.'"[283]라는 『절관론(絶觀論)』의 경문을 인용하고 있다. '육근(六根)'은 다섯 가지의 감각·인식기관과 내재의식을 말한다. 법융은 인간의 심리활동과 정신작용을 종징하여 마음이라고 하였다. 또 『절관론』의 "실문: '마음은 어떤 것인가?' 답: '마음은 적멸한 것이다.'"[284]라는 경문

두 107회의 문답이 실려 있다. 임계유(任繼愈)의 『중국불교총서(中國佛教叢書)·선종편(禪宗編)』 1, pp.245～254, 남경, 강소고적출판사, 1993년.

283) 『大正藏』 48, p.941a, "問云: '何者是心?' 答: '六根所觀, 幷悉是心.'"

284) 『大正藏』 48, p.941a,, "問: 心若爲? 答: 心寂滅"

도 인용되어 있다. 마음의 본성은 공적(空寂)한 것이고, 심성이 본래 공적한 것이 바로 '무심(無心)'이다. "심성이 적멸한 것이 정(定)이고, 일상의 견해가 적멸한 것이 혜(慧)이다."285) 이 말은 심리활동이 적정(寂靜)으로 돌아가는 것을 '정(定)'이라 하고, 일상의 견해가 식멸(息滅)로 돌아가는 것을 '혜(慧)'라고 한다는 것이다. 정과 혜는 불교수행의 기본내용이다. 심성의 적멸과 일상견해의 적멸에 도달하는 것은 불교 공종(空宗)이 근본적으로 요구한 것이다. 『절관론(絕觀論)』은 지혜의 작용은 대상[境界]에 대하여 견해를 내는 것이고, 지혜의 대상은 주체적인 자신의 심성이라고 생각하였다.286) 그러므로 진정한 지혜는 심성에 대한 정확한 견해를 요구한다. 즉 심성의 공적한 도리를 파악할 필요가 있는 것이다.

법융은 마음에 두 종류의 형태가 있다고 생각하였다. 하나는 '펴는 것[舒]'으로서 비추어 작용하고 활동하는 것이며, 또 하나는 '말아 넣는 것[卷]'으로서 적멸(寂滅)과 정지(靜止)를 의미한다. "편다는 것은 법계를 두루 다니는 것이고, 말아 넣는다는 것은 선정에 들어 있어서 흔적을 찾기 어렵다."287)는 것이다. 마음이 비추어 작용하는 일을 할 때는 가없는 법계를 한없이 멀리 다닐 수 있으나, 마음이 고요하게 멈추어 있을 때는 오고 가는 것도 없고 종적도 없어진다. 마음이 적정할 때는 종적을 찾을 수 없다는 이 말은 마음과 만물이 모두 공하여 얻을 수 없다는 것을 설명하는 것이다. "눈앞에 사물이 없으면 아무것도 없다는 것이 분명하다."288) 만물이 다 없다

---

285) 『大正藏』 48, p.941a, "心性寂滅爲定, 常解寂滅爲慧."
286) 『大正藏』 48, p.941b.
287) 『大正藏』 48, p.941b, "舒則彌游法界, 卷則定迹難尋."
288) 『심명(心銘)』, 『경덕전등록(景德傳燈錄)』 권30, 『大正藏』 51, p.457c, "目前無物,

는 것이 명백해지면 마음도 공적(空寂)해지는 것이다. 이것이 소위 '마음과 대상은 본래 공적하다는 심경본적(心境本寂)' 사상이다.

『심명』은 이렇게 설명하고 있다. "눈을 뜨고 형상을 보니 마음이 대상을 따라 일어난다. 마음 밖에 대상이 없고, 대상 밖에 마음이 없다. ……마음이 적정하고 대상도 적정하면 놓을 것도 없고 잡을 것도 없다. 대상은 마음을 따라 사라지고, 마음은 대상을 따라 없어진다. 둘 다 생겨나지 않으면, 적정하고 텅 비고 밝아서 보리의 모습이 나타나니, 마음의 물은 항상 맑다."[289] 이 역시 마음과 대상의 관계에 있어서 마음이 대상을 따라 일어난다는 것을 강조하고 있다. 그런데 사실 마음에는 결코 대상이 없으니, 대상에도 역시 마음이 없다. 마음은 공적(空寂)한 것이어서 대상도 당연히 마음을 따라 사라지며, 동시에 마음도 대상을 따라 없어지는 것이다. 이와 같이 양자가 생겨나지 않아서 동시에 적멸하면, 대상이 사라지고 마음이 없어져 보리의 깨달음을 얻게 되는 것이다.

『종경록』권45에서 인용한 법융의 말은 법융의 '무심(無心)' 관념을 집중적으로 설명하고 있다.

> 법융대사가 말하였다. 거울에 비친 상은 본래 무심한데, 거울에 비친 상이 무심하다고 말한다. 이것은 무심 가운데서 무심을 말하는 것이다. 인간은 마음이 있다고 말하면서도 인간의 부심을 말한다. 이것은 유심 가운데서 무심을 말하는 것이다. 유심 가운데서 무심을 말하는 것은 말관(末觀)이며, 무심 가운데서 무심을 말하는 것이 본관(本觀)

無物宛然."

289) 『심명(心銘)』, 『경덕전등록(景德傳燈錄)』권30, 『大正藏』 51, p.941b, "開目見相, 心隨境起. 心外無境, 境外無心 ……心寂境如, 不遣不拘, 境隨心滅, 心隨境無. 兩處不生, 寂靜虛明. 菩提影現, 心水常淸."

이다. 중생은 몸과 마음이 있다고 헤아리고, 거울에 비친 상이 몸과 마음을 파손한다고 말한다. 중생은 거울에 비친 상에 집착하여, 결국 공이 거울에 비친 상을 파손한다고 말한다. 만약 거울에 비친 상이 결국 공임을 안다면, 몸과 마음도 결국 공이다. 일시적으로 붙은 이름이 결국 공이면, 무(無)도 결국 공이다. 만약에 몸과 마음이 본래 없는 것이고 불도(佛道)도 본래 없는 것이라면, 일체의 법도 본래 없고, 본래 없는 것은 역시 본래 없는 것이다. 만약 본래 없다는 것도 일시적으로 붙은 가명인 줄 안다면 불도라는 것도 가명으로 그렇게 부르는 것이다. 불도는 하늘에서 생긴 것도 아니고 땅에서 나온 것도 아니며, 다만 공한 심성으로서 태양처럼 세상을 비추는 것이다.[290]

위의 글은 가치의 판단과 수행의 경계라는 두 가지 단계에서 '무심(無心)'의 의의를 설명한 것이다. 법융은 반야학의 '무소득(無所得)'과 '본무(本無)' 관념을 거울에 비친 상[鏡像]의 비유로써 설명하였다. 거울에 비친 상은 결국 공(空)이라는 것으로부터 몸과 마음도 결국 공이고, 몸과 마음이 본래 없다면 마음도 없는 것임을 논증하였다.

여기에서 법융은 일체의 사물은 물론 나아가서 불도(佛道)도 모두 본래 없다는 것과 가명을 연계하여 몸과 마음이 본래 없음[本無]을 강조하였다. 이는 집착을 철저히 반대하는 반야공종(般若空宗)의 사상을 표현한 것으로서, 몸과 마음에 대한 부정적인 가치판단을 드러낸 것이다. 동시에 위의 인용문 중 "다만 공한 심성으로, 태양처럼 세상을 비춘다."는 마지막의 두 구절은 다시 심성의 공적함을 긍정한 것이며, 태양처럼 세간을 비춘다고 한 것은 일종의 지

---

290) 『大正藏』48, p.681b, "融大師云. 鏡像本無心, 說鏡像無心, 從無心中說無心. 人說 ('說'자는 衍文임)有心, 說人無心, 從有心中說無心. 有心中說無心, 是未觀, 無心中 說無心, 是本觀. 衆生計有身心, 說鏡像破身心. 衆生著鏡像, 說畢竟空破鏡像. 若知 鏡像畢竟空, 卽身心畢竟空. 假名畢竟空, 亦無畢竟空. 若身心本無, 佛道亦本無, 一 切法亦本無, 本無亦本無. 若知本無亦假名, 假名佛道. 佛道非天生, 亦不從地出, 直 是空心性, 照世間如日."

극히 높은 깨달음의 경지를 말한 것이다. 『심명(心銘)』은 "지혜의 태양은 고요하고 고요하며 선정의 빛은 밝고 밝아서, 상이 없는 동산을 비추고 열반의 성을 환하게 밝힌다."291)고 하였다. 이것은 중생이 수행의 과보로 심성공적을 얻게 되면, '영지(靈知)'와 '묘지(妙智)'를 다 갖추게 되고, 혜(慧)와 정(定)의 작용이 동시에 발생하여, 뚜렷하게 만물에 상이 없음[無相]을 비추어 열반의 경지를 완성하게 된다는 것이다. 이 공적(空寂)한 마음이 바로 무심(無心)한 마음이며, 선을 수행하여 성불하게 되는 근본으로 인식되었다.

『절관론(絶觀論)』은 "마음이 주체이고[心爲體]", "마음이 종지이며[心爲宗]", "마음이 근본[心爲本]"292)이라고 하였다. 여기서 체(體)·종(宗)·본(本) 셋은 각각 수행성불의 체성(體性)·종지(宗旨)·근본(根本)을 가리키는 것으로서, 셋은 모두 적멸(寂滅)의 마음으로 귀결된다. 말하자면 무심이 성불의 관건이라는 것이다. 이 속에는 무심의 또 다른 의미가 하나 포함되어 있는데, 그것은 수행 공부와 방법, 아울러 마음을 떠나서 불이 없고[離心無佛] 마음 그대로가 곧 불[卽心是佛]이라는 사상적 경향을 표현하고 있는 것이다.

법융은 '무심'으로써 성불을 설명하고, 성불은 곧 '도와 계합하는 것[合道]'이라고 하였다. '무심으로써 도와 계합한다[無心合道]는 것'은 법융 선학의 기본명제이다. '도(道)'는 무엇인가? 돈황본 『절관론(絶觀論)』은 "큰 도는 공허하고 그윽하고 미묘하여 적막하다."293),

---

291) 『경덕전등록(景德傳燈錄)』 권30, 『大正藏』 51, p.458a, "慧日寂寂, 定光明明, 照無相苑, 朗涅槃城."

292) 『종경록(宗鏡錄)』, 『大正藏』 48, p.941a.

293) 임계유(任繼愈) 주편의 『중국불교총서(中國佛敎叢書)·선종편(禪宗編)』(1), p.245, "大道沖虛, 幽微寂寞"

"허공이 도의 근본이다[虛空爲道本]."294)라고 하였다. 『종경록(宗鏡錄)』 권9도 법융의 말을 인용하여 이렇게 말하였다. "우두산 초조가 말하기를, 도라는 것은 한 사람이 얻는 것이라면 보편적이지 못하고, 여러 사람이 얻는 것이라면 끝이 있는 것이다. 만약 각각 도를 가지게 된다면, 도에는 헤아림이 있게 된다. 만약 모두가 도를 공유하게 된다면, 방편은 곧 공이다. 만약 수행하여 도를 얻게 된다면, 조작된 것으로서 참된 것이 아니다. 만약 본래 저절로 도를 가지는 것이라면, 온갖 행은 공연히 세운 것이다. 무엇 때문인가? 모든 제한과 분별을 떠났기 때문이다."295) 이것은 '도(道)'가 허공성(虛空性) · 무분별성(無分別性) · 무한성(無限性) · 무소부재성(無所不在性)이라는 특징을 가지고 있음을 말한 것이다. 그런데 이 중에서도 가장 근본적인 특징은 허공성이다.

법융은 불교수행의 각도에서 출발하여 반야공관(般若空觀)에 의거하고, 선진(先秦)시대의 도가와 위진(魏晉)시대 현학의 '도(道)'의 범주를 수용하고 개조하여, 도를 깨달음과 계합하는 근본내용 또는 깨달음을 증명하는 정신적 경지, 즉 성불의 최고 목표로 삼았다. 이 '도'는 사실상 우주의 본질과 만물의 본성을 총괄하는 최고의 존재요 세계의 본체이다. '도'는 일종의 절대 관념이 되어 '이(理)'라고도 부른다. 법융은 '무심합도'를 말하면서도 "그윽한 마음이 진리로 들어간다[冥心入理]."296)고 말하였다. 무심이 명심(冥心)

---

294) 임계유(任繼愈) 주편의 『중국불교총서(中國佛敎叢書) · 선종편(禪宗編)』(1), p.247.

295) 『大正藏』 48, p.463b, "牛頭初祖云: 夫道者, 若一人得之, 道卽不遍. 若衆人得之, 道卽有窮. 若各各有之, 道卽有數. 若總共有之, 方便卽空. 若修行得之, 造作非眞. 若本自有之, 萬行虛設. 何以故? 離一切限量分別故."

296) 『심명(心銘)』, 『경덕전등록(景德傳燈錄)』 권30, 『大正藏』 51, p.457c.

이고, 합도가 곧 입리(入理)이다. 도(道) 혹은 이(理)의 기본적 의미는 허공(虛空)이요, 본무(本無)이다. '무심합도'는 주체적인 무심이 우주만물의 허공과 본무를 깨치고 통달하는 것이다. 『절관론』은 "무심은 무물이며, 무물은 천진이고, 천진은 바로 대도이다."297)라고 하였다. '천진(天眞)'은 『장자(莊子)』 「어부(漁夫)」에서 나온 말로서 자연은 바꿀 수 없다는 의미이다. 이 말은 주체적인 마음은 공하여 없는 것이며, 외부의 사물도 또한 공하여 없으며, 외부의 사물이 공하여 없다면 자연은 순수한 진리일진대, 이 자연의 순수한 진리가 바로 대도(大道)라는 것이다. 그러므로 무심이 바로 대도라고 주론하여 말할 수 있는 것이나.

어떤 사람은 무심(無心)에서 무물(無物)로 무물에서 대도(大道)로 대도에서 성불로 이어진다고 말했다. 이 사이의 무물(無物)은 중요한 의미를 가지고 있다. 그래서 법융은 "무엇을 불이라고 하는가?"라는 질문에 대해 답할 때, "무물을 분명하게 깨달은 것을 일러 불이라고 한다."298)라고 하였다. 있다고 할 만한 사물은 아무것도 없다는 것[無物]과 있다고 할 만한 마음도 없고 사물도 없다[無心無物]는 것을 직접 몸으로 깨달아 모든 것['道']을 통달한 것을 불이라고 생각한 것이다.

범유은 동산법문의 '안심방편(安心方便)'에 찬성하지 않고, "모름지기 마음을 세우지도 말고, 애써 마음을 두지도 말라."299)고 강조

---

297) 임계유(任繼愈) 『중국불교총서(中國佛敎叢書)·선종편(禪宗編)』(1), p.245, "無心卽無物, 無物卽天眞, 天眞卽大道."

298) 임계유(任繼愈), 『중국불교총서(中國佛敎叢書)·선종편(禪宗編)』(1), p.251, "覺了無物, 謂之佛."

299) 임계유(任繼愈), 『중국불교총서(中國佛敎叢書)·선종편(禪宗編)』(1), p.245, "不須立心, 亦不須強安心."

하였다. "아무것도 찾지 말라. 마음을 둘 곳은 아무 데도 없다. 아무 곳도 마음을 둘 곳이 없으면, 텅 빈 지혜가 저절로 드러난다."300) 이것은 마음을 두는 것에도 뜻을 둘 필요가 없고, 마음을 둘 수 있는 곳도 없으니, 이와 같이 수행하면 자연히 '텅 빈 지혜[虛明]'가 드러나 해탈할 수 있다는 것이다. 법융은 또 "심성은 생기는 것이 아닌데 어찌 지견을 구하랴! 본래 한 법도 없는데, 누가 훈습과 수련을 논하는가?"301)라고 하였다. 또 "보리는 본래 있는 것이어서 지킬 필요가 없다. 번뇌는 본래 없는 것이어서 제거할 필요가 없다"302)고도 하였다. 그 뜻은 지견을 구하는 심성은 생겨나지 않으며, 훈습과 수련으로 구하는 것들은 본래 공(空)이며, 추구하는 보리는 본래 있는 것이며, 없애려고 하는 번뇌는 본래 없는 것이므로, 안심(安心)을 구할 필요도 없으며, 섭심(攝心)을 구할 필요도 없으니, 오로지 '보는 것을 단절하고 지킬 것을 잊고[絶觀忘守]', '무심에 힘쓰면[無心用功]' 된다는 것이다. 이러한 사상은 실제로 혜능 남종(南宗)의 돈오설(頓悟說)과 이후 선종의 오가칠종(五家七宗) 사상과 상통하는 것이다.

---

300) 『심명(心銘)』, 『경덕전등록(景德傳燈錄)』 권30, 『大正藏』 51, p.458a, "一切莫顧, 安心無處. 無處安心, 虛明自露."

301) 『심명(心銘)』, 『경덕전등록(景德傳燈錄)』 권30, 『大正藏』 51, p.457b, "心性不生, 何須知見; 本無一法, 誰論熏煉?"

302) 『심명(心銘)』, 『경덕전등록(景德傳燈錄)』 권30, 『大正藏』 51, p.457c, "菩提本有, 不須用守; 煩惱本無, 不須用除."

2. 자기를 버리고 정을 잊다[喪己忘情]

법융은 '무심합도(無心合道)', 즉 마음의 경계는 본래 공이라는
깨달음의 경지에 도달하려면, 반드시 중생의 미망을 제거해야 하
고, 특히 중생 애오(愛惡)의 한 종류인 정감(情感)과 욕망(慾望)을
반드시 없애야 한다고 생각하였다. 종밀(宗密)은 『중화전심지선문
사자승습도(中華傳心地禪門師資承襲圖)』에서 법융 우두종(牛頭
宗)의 "본래 일이 없어서 정을 잊는다[本無事而忘情]."는 선법을
언급할 때 다음과 같은 말을 하였다.

> 우두종의 뜻은 제법은 꿈과 같아서 본래 일이 없는 것이며, 마음의
> 경계는 본래 고요한 것이지 지금 비로소 공한 것이 아님을 체득해야
> 한다는 것이었다. 있다는 것에 미혹하면 영고성쇠와 빈부귀천 등의
> 일을 보게 된다. 어떤 인의 흔적이 이미 있었다면, 서로 어긋나거나
> 서로 따르는 것이기 때문에 좋아하거나 싫어하는 등의 감정이 생기
> 고, 감정이 생기면 여러 가지 괴로움이 이어지는데, 모든 것은 다 꿈
> 속에서 짓고 꿈속에서 받는 것이니, 무엇을 버리고 무엇을 더하겠는
> 가? 이와 같은 것을 분명하게 알 수 있다면, 지혜도 꿈과 같은 마음
> 이고, 나아가 설령 한 법이 있어 열반을 초월한다 하더라도, 그것도
> 역시 꿈과 같고 환상과 같은 것이다. 본래 아무 일도 없는 것임을 이
> 미 통달하였다면, 이치상 마땅히 자기를 버리고 정을 잊게 된다. 정
> 을 잊으면 괴로움과 어려움도 다 없어져 일체의 고액을 건널 것도
> 없다. 그래서 정을 잊는 것을 수행으로 삼는 것이다.[303]

---

303) 『속장경(續藏經)』 제1집 · 제2편 · 제15조 · 제5책, p.436, "牛頭宗意者, 體諸法如夢,
本來無事, 心境本寂, 非今始空. 迷之爲有, 卽見榮枯貴賤等事. 事迹旣有, 相違相順
故, 生愛惡等情, 情生則諸苦所系, 夢作夢受, 何損何益? 有此能了之智亦如夢心,
乃至設有一法過於涅槃, 亦如夢如幻. 旣達本來無事, 理宜喪己忘情. 情忘卽絶苦困,
無度一切苦厄, 此以忘情爲修也."

이것은 법융의 우두종(牛頭宗)이 좋아하고 싫어하는 등의 정욕(情欲)이 발생하는 것은 주관(主觀)의 미망(迷妄)을 표현한 것으로서, 본래 공적(空寂)한 사물, 즉 본래 공적한 마음의 경계[心境本寂, '本來無事']를 실재하는 존재로 집착하고, 영고성쇠와 빈부귀천을 구분하여 집착함으로써 서로 어긋나거나 서로 따르는 다른 태도를 보이게 된다고 생각했음을 설명하는 것이다. 이것이 인생의 고통의 근원이다. 마땅히 '본래무사(本來無事)', 즉 인생의 영고와 귀천은 모두가 환상일 뿐이라는 것을 분명히 통달하여야 한다. 그리고 '상기망정(喪己忘情)', 즉 자기 자신도 공하고 무아(無我)인 존재라는 것을 인식하여야 한다. 그러므로 정욕을 모두 없애고 정감(情感)에 흔들리는 일이 없어야 한다. 이러한 것을 성취하기 위해서는 인생의 고통을 만드는 근원적인 이유를 모두 끊어 없애야 하고, 그 근원적인 이유가 완전히 소멸되면 고통도 존재하지 못하게 된다. 이것이 바로 '정을 잊는[忘情]' 수행방법이다.

법융 우두종의 심성론사상은 '무심(無心)'에서 '망정(忘情)'으로 이어지는 것이다. '무심'은 결국 '망정'상에서 실현되는 것으로서, 이것은 선 수행의 방법이 궁극적으로 '무심'의 기초 위에서 정욕(情欲)을 소멸하고 애오(愛惡)를 초월하여 심령(心靈)이 공적(空寂)으로 돌아가게 하는 것에 있다고 설명하는 것이기도 하다. 종밀(宗密)이 평론한 우두종(牛頭宗)의 주장은 "마음을 쉬게 하여 일어나지 않게 하는 것"304)이다. 이것은 확실히 금욕주의와 허무주의적 색채를 띠고 있기도 하고 자연주의의 경향을 띠고 있는 심성론이기도 하다.

---

304) 『원각경대소초(圓覺經大疏鈔)』 권3 하, 『속장경(續藏經)』 제1집·제14조·제3책, p.279, "休心不起"

3. 무정물에도 불성이 있다[無情有性]

법융은 '도(道)'의 보편성 관념에서 출발하여 무정한 초목(草木)도 불성을 가지고 있어서 성불할 수 있다고 생각하였다. 『절관론(絶觀論)』에는 "이에 연문이 다시 질문을 제기하기를, '도는 오직 형체를 가진 영혼 속에만 있습니까? 초목 속에도 있습니까?' 입리가 답하길, '도는 두루 하지 않는 곳이 없다.'"305)고 하였다. 또 "'만약 초목이 오래되어 도와 합한다면, 무슨 까닭으로 경전 속에는 초목이 성불을 한다는 기록은 없고, 사람의 성불에 대해서만 치우쳐 기록하고 있습니까?'라고 묻자, '유독 사람만 기록한 것은 아니고 초목도 기록하고 있다.'고 답하였다."306)고 나와 있다. 법융의 관점에 의하면, 일종의 허공성(虛空性)이나 이성(理性)으로서의 도는 만물이 성불하는 근거이며, 이러한 의미에서 말할 때 곧 불성이며, 그것은 보편적이고 광범위하게 모든 사물 속에 존재한다는 것이다. 어떤 사람은 유정(有情)이든 무정(無情)이든 일체의 사물은 모두 도와 부합할 수 있어서 성불할 수 있다고 말한다. 그래서 법융의 우두종(牛頭宗) 사람들은 "푸르디푸른 참대는 법신을 다하고, 향기롭고 찬란한 황화는 반야 아님이 없다."307)라고 하여, 푸른 대나무와 노란 국화가 법신반야와 같다는 견해를 가지고 있었다. 이

---

305) 임계유(任繼愈), 『중국불교총서(中國佛教叢書)·선종편(禪宗編)』(1), p.247, "於是緣門復起問曰: '道者獨在於形器(一本에는 '靈'이라 함)之中耶? 亦在草木之中耶?' 入理曰: '道無所不遍也.'"

306) 임계유(任繼愈), 『중국불교총서(中國佛教叢書)·선종편(禪宗編)』(1), p.248, "問曰: '若草木久來合道, 經中何故不記草木成佛, 偏記人也?' 答曰: '非獨記人, 亦記草木.'"

307) 『하택신회선사어록(荷澤神會禪師語錄)』, 석준(石俊) 能 편찬 『중국불교사상자료선편(中國佛教思想資料選編)』 제2권·제4책, p.91, 북경, 중화서국, 1983년, "青青翠竹, 盡是法身; 郁郁黃化, 無非般若."

종파의 무정유성설은 다시 '무정설법(無情說法)'을 유도하여, 정식 (情識)이 없는 산천초목 등도 각자의 본분에 머무르면서 설법을 한 다고 생각하였다.

남양(南陽) 혜충선사(慧忠禪師)는 우두 법융과 마찬가지로 무정 유성설을 주장하였다. 그는 담장과 벽과 기와와 조약돌에도 불심이 있고 불성이 있다고 생각하였다. 무정물도 항상 설법을 하고 있다 는 것을, "치열하게 항상 설법을 하고 있어서 쉴 틈이 없다."308)고 표현하였다. 후에 소식(蘇軾)은 다시 게송을 지어 "계곡의 물소리 는 장광설이요, 산 빛은 어찌 청정신이 아니랴! 어젯밤에 다가온 무량한 이 소식을 훗날 사람들에게 어떻게 전하랴!"309)라고 하였 다. 이것은 무정이 설법하는 정경을 형상적으로 설명한 것이다.

법융은 무정한 초목이 심식을 가지고 있는지, 그리고 어떻게 수 행하여 성불하는가 하는 문제에 대하여 설명을 한 적이 없고, 도라 고 하는 우주의 본질과 본성의 존재적 측면에서 '무정유성(無情有 性)'이라는 명제를 유추한 것이다. 이것은 도가의 본체론 사유방식 과 완전히 부합되는 것이다. 법융은 우주본체론의 시각에서 불성을 논증하였다. 그는 심성론과 우주론을 결합시켜 불성론에 우주본체 론의 근거를 부여하였다. 법융은 유정(有情)과 무정(無情)의 구별 을 없애고, 한편으로는 유정 중생들의 심성이 본래 공함을 강조하 고, 다른 한편으로는 무정의 초목에도 불성이 있어서 성불할 수 있 다고 하였다. 이것은 성불내용의 규정에 중대한 변화를 촉구하였고

---

308) 『경덕전등록(景德傳燈錄)』 권28, 『大正藏』 51, p.438a, "熾然常說, 無有間歇"

309) 『증동림총장규(贈東林總長圭)』, 『소동파전집(蘇東坡全集)』 상책, 권13, p.193, 북경, 중국서점, 1986, "溪聲便是廣長舌, 山色豈非淸淨身! 夜來八萬四千偈, 他日如何舉 似人?"

범신론적인 경향이 유행하도록 하는 촉진제 역할을 하였다.

우리는 법융 우두종의 심성론에 매우 풍부한 특색이 있음을 알 수 있다. 당시의 도신(道信)·홍인(弘忍)의 동산법문과 비교해 본다면 이 특색은 더욱 선명해진다. 두 가지 면에서 나타난 표현을 보면 다음과 같다. 이론상 도신·홍인의 심성론은 본심의 바탕 위에서 본심자성의 작용을 중시하였다. 법융은 무심(無心)·심적(心寂)·심공(心空), 즉 심성의 본래 공적함[心性本空]을 말하였다. 또 '공이 도의 근본[空爲道本]'이라는 것을 우주 본래의 체성인 '도(道)'로 여겨, 마음과 사물을 초월한 최고의 위치에 두었고, 심성론과 본체론을 결합시켜 심성론을 본체론에 종속시켰다. 이것은 달마(達摩) 이후 자성(自性)의 묘용(妙用)을 중시한 선법(禪法)과는 매우 다른 것이다. 실천에 있어서도 도신은 관심(觀心)·섭심(攝心)·안심(安心)·수일(守一)을 말했고, 법융은 무심(無心)·절관(絶觀)·망정(忘情)에 중점을 두어 양자는 서로 같지 않았다.

법융의 심성본공(心性本空)과 무정유성(無情有性)의 심성사상은 비록 후세 일부 선사들로부터 비난을 받긴 했지만, 그의 풍부한 도학(道學), 즉 현학(玄學)적 색채가 농후한 '공위도본(空爲道本)', '부심합도(無心合道)' 사상은 오히려 혜능(慧能)의 문하인 홍주(洪州)와 석두(石頭)의 양 계열을 깊숙이 파고들었다. 특히 석두(石頭) 희천(希遷)이 이를 융합하고 수용함으로써[310] 자연주의 경향을 띤 선풍(禪風)이 대단히 풍부해지게 되었다.

---

310) 우두종 역시 이즈음 소실되었다.

제5절 신수(神秀)의 염정이심설(染淨二心說)

신수(神秀, 606 - 706)는 어릴 적에는 경사(經史)를 두루 섭렵하였고 후일에 출가하여 불학을 배웠다. 50세 무렵 홍인을 따라 선(禪)을 배워 홍인선사 문하의 최고 수제자가 되었다. 역사에 의하면 홍인선사는 "동산의 법은 모두 신수에게 있도다!"[311]라고 경탄한 적이 있다고 한다. 신수는 『능가경(楞伽經)』의 사상과 전통을 존중하며 받들었고, 『대승기신론』을 무엇보다도 우선시하였으며, "마음은 청정한데 번뇌로 염오된다[心淨塵染], 망념에서 벗어나면 청정한 마음이 된다[離念淨心]."는 관심(觀心)선법을 크게 선양하였다. 신수와 혜능 · 신회의 선법이 서로 달라 홍인 문하에 분열(分裂)이 발생하여 남북의 논쟁이 형성됨으로써, '남능북수(南能北秀)' · '남돈북점(南頓北漸)'설이 생겨났다. 신수는 실질적으로 당시 북방선학의 수좌(首座)였으며 중국선학사상사에서도 중요한 인물이다. 신수의 저작에 대한 역사상의 기록은 일치하지 않는다. 『능가사자기(楞伽師資記)』에서 신수가 "문자의 기록을 내지 않았다[不出文記]."고 하는 걸 보면 거의 저서가 없는 것 같다. 전해 오는 것으로는 『북종오방편문(北宗五方便門)』과 근세 말 돈황에서 발굴된 『관심론(觀心論)』 사본(寫本)이 있는데, 이런 것들은 아마도 신수의 문하생들이 신수의 설법을 정리하여 만든 것으로 보인다. 현존하는 사료(史料)를 살펴보면 신수 심성론의 중심사상은 염정이심

---

311) 장설(張說), 『당옥천사대통선사비명병서(唐玉泉寺大通禪師碑銘幷序)』, 『전당문(全唐文)』권231, pp.2334 - 2335, 북경, 중화서국영인본(中華書局影印本), 1982, "東山之法, 盡在秀矣!"

설(染淨二心說)이다.

신수 선수행의 궁극적 목표는 불과를 성취하는 것이고, 신수는 성불의 관건은 '마음'이라고 보았다. 그는 "마음은 모든 선의 근원이며 모든 악의 주인이다. ……즐거움도 항상 자기 마음에서 생기고 삼계의 윤회도 마음에서 일어난다."312)고 하였다. 이것은 마음이 선법(善法)과 악법(惡法) 등 일체 제법의 근본이고, 불법(佛法)과 중생의 선악행위 및 그 결과도 모두 마음에서 결정되고 마음에서 발생한다는 것을 뜻한다. 또 "불(佛)이라는 것은 깨달음이다. 이른바 마음의 근원을 관찰하여 깨닫는다는 것은 악이 생기지 않도록 하는 것이다."313)라고도 하였다. 소위 깨달아 성불한다는 것은 자기 마음의 본원을 관찰하여 깨닫는 것이며, 나쁜 망념이 생기니지 않도록 한다는 것이다. 기록에 의하면, 신수는 "모든 불법은 자기 마음에 본래 있는 것이다. 마음 밖에서 구하려고 하면 아버지를 버리고 도망가는 것이다."314)라고 하였다. 이 말은 자기의 마음이 본래 불법을 지니고 있으므로 밖에서 불을 구하는 것은 마땅하지 않다는 것이다. 이것은 도신 이래의 동산법문을 계승하고 자기 마음의 깨달음을 추구하는 것에 뜻을 둔 것으로서, 단순한 쇄선(坐禪)과 명상(冥想)을 초월하여 형이상성(形而上性)과 절대성(絕對性)을 띠고 있는 자기의 마음으로 깊이 들어가 탐색하여, 자기 마음의 본체와 작용 및 그 상호관계와 전화(轉化)를 탐색함으로써 불

---

312) 『관심론(觀心論)』, 『大正藏』 85, p.1273a, "心是衆生之源, 是萬惡之主. ……常樂由自心生, 三界輪回亦從心起."
313) 『관심론(觀心論)』, 『大正藏』 85, p.1273a, "佛者, 覺也, 所謂覺察心源, 勿令起惡."
314) 『경덕전등록(景德傳燈錄)』 권4, 『大正藏』 51, p.231b, "一切佛法, 自心本有; 將心外求, 舍父逃走."

과를 성취한다는 것이다. 『관심론(觀心論)』에 다음과 같은 매우 중요한 글이 있다.

보살마하살이 깊은 반야바라밀다를 행할 때, 사대오온을 깨닫고 공과 무아 가운데서 자기의 마음에 두 종류의 차별이 있음을 분명하게 알았다. 둘이란 무엇인가? 하나는 청정한 마음이요, 둘은 염오된 마음이다. 그 청정한 마음이란 무루 진여의 마음이며, 그 염오된 마음이란 유루 무명의 마음이다. 두 종류의 마음은 그대로 자연히 본래 갖추어져 있는 것이다. 비록 일시적인 인연으로 화합할지라도 본래 상생하지는 않는다. 청정한 마음은 항상 즐거운 선인(善因)이 되고, 염오된 주체는 언제나 악업을 생각한다. 만약 진여를 자각하여 염오되지 않는다면 그는 성인으로 불리고, 모든 괴로움에서 멀리 벗어나 열반의 즐거움을 증득할 수 있다. 만약 염오를 따라서 업을 지으면, 번뇌에 얽매이고 뒤덮인 그는 범부라고 불리고, 삼계에 빠져서 온갖 고통을 받게 된다. 무엇 때문인가? 그의 염오된 마음이 진여의 체를 장애하기 때문이다. 『십지경』에서 "중생의 몸속에는 금강과 같이 단단한 불성이 있는데, 태양의 바퀴처럼 본체가 밝고 원만하고 광대하여 끝이 없다. 마음이 오음의 검은 구름으로 덮이면 병 속의 등불처럼 분명하게 드러날 수 없다."고 하였다. 또 『열반경』에서는 "일체 중생은 모두 불성을 가지고 있으나 무명이 덮고 있기 때문에 해탈을 얻을 수 없다."고 하였다. 불성이란 곧 성품을 깨닫는 것이다. 자신도 깨닫고 남도 깨치게 하고, 지혜가 명료해지고, 자신을 덮고 있는 번뇌에서 멀리 벗어나는 것을 일러 해탈이라고 한다. 그러므로 일체의 선은 깨달음을 근본으로 하는 것임을 알아야 한다. 그러한 깨달음을 근본으로 하기 때문에 모든 공덕수가 나타나는 것이며, 열반의 과보도 이로 인하여 이루어지는 것이다.[315]

---

315) 여기서 인용한 『관심론(觀心論)』이 근거로 삼은 판본(板本)은(佰4646) 『돈황보장(敦煌寶藏)』 제134책, pp.217−218, 대만, 심문풍출판공사(新文豊出版公司), 1986년, "菩薩摩訶薩行深般若波羅蜜多時, 了於四大五蘊, 於空無我中, 了見自心有二種差別, 云何爲二? 一者淨心, 二者染心. 其淨心者, 卽是無漏眞如之心; 其染心者, 卽是有漏無明之心. 二種之心, 法爾自然, 本來俱有. 雖假緣和合, 本不相生. 淨心恒樂善因, 染體常思惡業. 若眞如自覺, 不受所染, 則稱之爲聖, 遂能遠離諸苦, 證涅槃樂. 若隨染造業, 受其纏覆, 則名之爲凡, 於是沈淪三界, 受種種苦. 何以故? 由彼染心

'보살마하살(菩薩摩訶薩)'은 무상보리를 추구하는 대승수행자를 가리킨다. '심반야(深般若)'는 깊고 오묘한 진여의 이치를 말한다. '바라밀다(波羅蜜多)'는 생사(生死)의 이 언덕[此岸]에서 해탈의 저 언덕[彼岸]으로 건너가는 것을 말한다. '사대오온(四大五蘊)'이 가리키는 것은 사람의 몸이다. '삼계(三界)'는 중생이 거주하는 욕계(欲界)·색계(色界)·무색계(無色界)를 말한다. 이 글은 신수(神秀) 심성론사상의 바탕을 설명하는 것으로서 그 사상의 요점은 두 가지로 정리할 수 있다.

첫째는 자기 마음의 체용(體用)관계이다. 신수는 자기 마음이 체(體)이고, 자기 마음의 체의 작용[用]에는 청정한 마음[淨心]과 염오된 마음[染心]의 두 가지 마음이 있다고 생각하였다. 또 작용은 체에서 일어나지만 체와 작용을 혼동해서는 안 된다고 생각하였다. 마치 밝은 거울이 그 체는 본래의 청정성을 가지고 있어도, 그것의 작용은 청정한 것이나 오염된 것을 똑같이 비추어 나타내는 것과 같다. 밝은 거울이 오염된 물질을 비춘다고 해서 거울의 체가 결코 오염되는 것이 아니어서, 양자는 구별되는 것이다. 이것은 신수의 입장에서 보면 청정한 마음은 자기 마음의 주체적 작용이고, 청정한 마음과 자기의 마음 이 둘은 통일된 것이다. 오염된 마음은 마음의 체를 덮고 장애하는 작용을 한다. 만약 마음의 체가 오염된 마음으로 덮여 있으면 밖으로 나타날 수 없어 해탈을 얻을 수도 없다. 마음의 체가 비록 염심으로 덮여 장애를 받더라도 그 청정한 본성은

障眞如體故.『十地經』云: '衆生身中有金剛佛性, 猶如日輪, 體明圓滿, 廣大無邊. 心爲五陰黑雲所覆, 如甁內燈光, 不能顯了.' 又『涅槃經』云: '一切衆生皆有佛性, 無明覆故, 故不得解脫.' 佛性者, 即覺性也. 但自覺覺他, 智慧明了, 離其所覆, 則名解脫. 故知一切諸善, 以覺爲根. 因其覺根, 遂顯現諸功德樹, 涅槃之果, 因此而成.''

결코 빠져들거나 오염되지 않으며 변화되지 않는다. 마음의 체가 만약 염심의 장애로부터 벗어나 공덕을 드러낼 수 있다면 해탈을 얻을 수 있다. 앞에서 언급한 도신의 『입도안심요방편법문』에서도 마음의 체와 마음의 작용을 말하였는데, 그 마음의 작용은 마음의 항상 고요한 작용을 가리키는 것으로서 청정한 체성과 완전히 일치되는 것이다. 신수는 『대승기신론』과 홍인의 염정이심론(染淨二心論)을 계승하여, 염오와 청정의 대립된 작용은 일심(一心)에서 전개되어 이심(二心)이 된 것이라고 주장하였다. 이러한 마음의 이원론(二元論) 경향은 선학(禪學) 심성론 사상의 중요한 관념이다.

둘째는 염(染)과 정(淨) 두 가지 마음의 상호관계이다. 신수는 염과 정은 그 성질이 달라서 서로 상생(相生)할 수 없고, 이 둘은 독자적으로 공존하는 것으로서 서로 파생된 관계가 아니라고 생각하였다. 또한 염정의 두 가지 마음은 둘 다 자기 마음의 작용이기 때문에 본래 모두 갖추어져 있는 것이다. 오염된 마음은 악업을 짓는다. 만약 오염된 마음을 따라 악업을 지으면 이는 곧 범부로서 생사윤회의 많은 고난 속으로 빠져들게 된다. 청정한 마음은 선업 짓기를 좋아한다. 청정한 마음을 따라 선업을 지으면, 이는 곧 성인(聖人)으로서 고난에서 벗어나서 열반의 경지로 들어가게 된다. "마음은 세간을 벗어나는 문호이고, 마음은 해탈의 나루터이다."316) 신수는 오염된 마음에 의하여 고통과 고난을 받고, 청정한 마음에 의하여 해탈을 얻으며, 오염된 마음과 청정한 마음의 성질이 다르기 때문에 가져오는 결과도 다르다고 생각하였다.

신수는 『대승기신론』의 염정이심설(染淨二心說)을 중용하여 그

---

316) 『관심론(觀心論)』, 『大正藏』 85, p.1273a, "心爲出世之門戶, 心是解脫之開津."

의 심성론사상의 체계를 구축하였다. 위의 인용문이 표명한 바와 같이, 신수는 정심(淨心)·진여심(眞如心)·진여체(眞如體)·금강불성(金剛佛性)·불성(佛性)·각(覺)을 동일한 단계로 보았고, 심지어는 동일한 의미의 개념으로 보았다. 또한 도덕청정(道德淸淨)과 지혜각오(智慧覺悟)를 인류의 가장 심층적인 본질로 파악함으로써 중생의 성불을 위한 형이상학적인 주체성의 근거를 제공하였다. 동시에 신수는 염심의 내용·표현·체성과 위해(危害)에 대한 설명도 매우 중시하였다. 『관심론(觀心論)』은 오염된 마음에서 팔만 사천의 번뇌와 갠지스강의 모래알처럼 한량없이 많은 정욕과 악념이 생겨난다고 설명하고 있다. 이러한 번뇌·정욕·악념을 귀결시킨 것이 바로 탐(貪)·진(瞋)·치(癡) '삼독(三毒)'이다. 그리고 이러한 삼독(三毒)은 다시 '육적(六賊)'과 서로 연계되고 통한다. 삼독이 "만약 육근에 응하여 나타나면 육적이라고도 한다. 그 육적은 바로 육식을 말한다. 여러 근을 들락거리면서 온갖 경계에 탐착하고, 능히 악업을 이루며, 진여의 체를 손상하므로 육적이라고 하는 것이다."317)

'육근(六根)'은 안(眼)·이(耳) 등의 감각기관과 사유기관 및 그 인식능력을 말한다. '육식(六識)'은 육근의 인식작용과 내용을 말한다. '육적(六賊)'은 본래 번뇌 발생의 근원인 색(色)·성(聲)·향(香)·미(味)·촉(觸)·법(法)의 '육진(六塵)'을 말한다. 육진(六塵)은 안(眼) 등의 육근(六根)을 매개로 하여 선법을 빼앗고 악법을 발생시킬 수 있기 때문에 도적에 비유된다. 이로 말미암아 더 나아가서는

---

317) 『관심론(觀心論)』, 『大正藏』 85, p.1270c, "若應現六根, 亦名六賊. 其六賊者, 則名六識. 出入諸根, 貪著萬境, 能成惡業, 損眞如體, 故名六賊."

'육식'을 '육적'이라고 하는 것이다. 신수는 인간의 견문각지(見聞覺知)가 마치 도적처럼 바깥 경계[外境]에 탐착하여 그 해로움이 지극히 크다고 보았다. "일체의 중생은 이 삼독과 육적으로 말미암아 몸과 마음이 미혹으로 혼란스러워지고, 생사와 육도 윤회에 깊이 빠져 온갖 고뇌를 받는다. ……해탈을 구하는 것은 그 삼독과 육적을 제거하여 스스로 모든 괴로움을 없애는 것이다."318) 이것에 의하면 삼독(三毒)을 소멸하고 육근(六根)을 청정하게 하는 것이 신수가 말하는 선 수행의 근본내용을 이루는 것이다. 또 염심은 작용이며, 이것은 자신의 마음을 체(體)로 삼는 것이다. 이것은 삼독과 육식이 모두 중생이 본래 지니고 있는 심령이 우연히 허망하게 움직여 야기된 결과이고, 그 근원은 자기의 마음(自心)에 있다는 것이다. 염심은 일종의 작용이고 일종의 현상이지, 결코 자신의 체는 아니다. 『대승기신론』과 『관심론』은 모두 삼독과 육식은 바다 표면에 수없이 많은 파도를 일으키는 광풍과 같다고 하였다. 삼독과 육식은 바닷물을 자신의 체로 하고 있는 파도와 같고, 파도는 본래 바닷물임을 관조할 수 있다면, 광풍은 공하여 자성이 없는 것임을 인식하게 된다. 마찬가지로 만약 삼독과 육식이 단지 자기 마음의 작용임을 통찰할 수 있다면, 삼독과 육식은 본래 자성(自性)이 없어서 독립적으로 스스로 존재할 수 없다는 것이 명백해진다. 그러므로 삼독과 육식을 배제하고 본래 가지고 있는 자기 마음을 깨달을 것을 추구하는 것이 신수가 말하는 선 수행의 기본방법을 이루는 것이다.

---

318) 『관심론(觀心論)』, 『大正藏』 85, p.1270c, "一切衆生由此三毒及以六賊, 惑亂身心, 沈沒生死, 輪回六道, 受諸苦惱. ……求解脫者, 除其三毒及以六賊, 自能除一切諸苦."

제16장 혜능 『단경』의
성정자오설(性淨自悟說)

    혜능은 문화의 정도가 높지 않은 선사로서 보리달마 이래의 대부분의 지식인 선사와는 다르다. 그는 이미 백여 년 이상 내려오던 선법에 아주 분명한 변화를 초래하였다. 보리달마는 본래 『능가경(楞伽經)』으로써 인증(印證)하였고, 도신(道信)에 이르러서는 『금강(金剛)』 등의 여러 종의 경전을 채용하여 근거로 삼았다. 그런데 혜능은 문구가 간단하면서도 무상(無相)·무주(無住) 사상을 투철하게 나타내고 있는 『금강경(金剛經)』을 중시하여 번거로운 명상(名相)의 구속에서 탈피하고 단도직입(單刀直入)적인 돈교(頓教)를 제창하였다.

    오늘날 혜능의 사상을 연구하는 데 주요 근거가 되는 것은 『단경(壇經)』인데, 이 경은 후세 사람들의 손을 거치면서 부단히 첨삭되었기 때문에 결코 혜능의 사상을 완전하게 대표하는 것은 아니다. 그러나 대체로 문자의 의미와 해석을 떠나 곧장 마음의 근원을 철저히 깨달음으로써 인생의 미혹(迷惑)을 일거에 끊어 없애기를 바라는 혜능의 근본 주장을 잘 드러내고 있다. 훗날『단경』은 남종 전법(傳法)의 근거가 되었을 뿐만 아니라 그 후 선종 각 파의 사상과도 일맥상통하면서 지대한 영향을 미쳤다. 현존하는 대표적인『단경』에는 모두 네 종의 판본이 있다.319) 그중 돈황본이 가장 일찍 만들어졌으며, 상대적으로 볼 때 돈황본『단경』을 근거로 혜능의 사상을 분석하는 것이 비교적 신뢰할 만하다.『단경』 전체의 내용은 주로 심성론을 설명하는 것으로서 성정자오(性淨自悟) 사상을 중점적으로 선양하고 있다.『단경』은 인간 외적인 불의 흔적에 견주어 불을 인간 자신의 본성을 현현하는 것으로 전환시켰으며, 의리와 사변에 의해 매몰된 감성적 깨달음의 전통에 대해서는, 스스로 깨달아 증명하는 것을 취함으로써 그것을 대신하였으며, 불교의 번잡한 수행방식에 대해서는 쉽고 간단한 돈오법문(頓悟法門)을 제창하였다.

당(唐) 중엽 이래로 "대개 선이라고 말하는 것은 모두 조계를 근본으로 삼고 있다."320)고 하였다. 여기서 '조계(曹溪)'는 바로 혜능(慧能)을 말한다. 혜능은 광동성의 소주(韶州)부 곡강(曲江)현 쌍봉산(雙峰山) 조계의 보림사(寶林寺)를 중심으로 교화활동을 전개하였기 때문에 세간에서는 그를 '조계고불(曹溪古佛)'이라고 하고, 그의 선법을 '조계법문(曹溪法門)'이라고 불렀다.

---

319)『단경』의 판본: 첫째는『남종돈교최상대승마하반야바라밀경육조혜능대사어소주대범사시법단경(南宗頓教最上大乘摩訶般若波羅蜜經六祖慧能大師於韶州大梵寺施法壇經)』즉 돈황사본(敦煌寫本)의『단경』이고, 둘째는 당나라 승려 혜흔(惠昕)이 편찬한『육조단경(六祖壇經)』으로 두 번째 고본(古本)이며, 셋째는 송나라 초기 계승(契嵩)이 편찬한『육조대사법보단경조계원본(六祖大師法寶壇經曹溪原本)』이며, 넷째는 원대의 종보(宗寶)가 편찬한『육조대사법보단경(六祖大師法寶壇經)』인데, 이 판본이 가장 널리 유행되었다.

320) 유종원(柳宗元)『조계제육조사익대감선사비병서(曹溪第六祖賜諡大鑑禪師碑并序)』,『전당문(全唐文)』권587, p.5933, 북경, 중화서국 영인본, 1982, "凡言禪皆本曹溪"

혜능의 『단경(壇經)』이 중국불교사와 선종사에서 가지는 의의는 아무리 호평을 하여도 지나치지 않는다. 이제 주로 돈황본 『단경』321) 에 의거하여, 혜능 심성론 사상의 범주와 내용 및 구조와 특징을 중점적으로 제시하고 분석함으로써 그의 심성론 체계의 전모와 실질에 대해서 살펴보고자 한다.322)

제1절 심(心), 자심(自心), 본심(本心)과 자본심(自本心)

『단경』이 심(心)과 관련 있는 학설을 논술할 때 사용한 개념으로 는 심(心) · 자심(自心) · 본심(本心) · 자본심(自本心) · 망심(妄心, 邪心, 毒心, 迷心)과 직심(直心)이 있다.

'심'은 『단경』에서 상당히 빈번하게 사용되고 있는데, 주로 인간의 심리활동 · 정신현상 · 개인의 내재적인 생명주체를 의미한다. '자심(自心)'과 '심(心)'에 내재되어 있는 의미는 서로 같은 두 개이 개념이다. 그러나 사용상 자심은 자아의 정신적 주체를 더욱 중시하는 언어적인 색채를 나타내고 있다. 『단경』은 인간 마음 본래

---

321) 일본의 1934년 삼강서점(森江書店)의 영목진태랑(鈴木眞太郎), 공전연태랑(公田連太郎)의 교정본에 근거한 것이다. 석준(石峻) 등이 편찬한 『중국불교사상자료선편 (中國佛敎思想資料選編)』 제2권 · 제4책, pp.4 31 참조.

322) 선종은 불립문자(不立文字), 교외별전(敎外別傳)을 주장한다. 언어와 문자, 술어와 개념 따위는 단지 교화에 있어 편의를 위한 공구에 지나지 않는다고 생각하였다. 뜻을 얻으면 말을 잊어라[得意忘言]하며, 언어와 문자 속에서 정신적 실질을 깨달아야 함을 강조한다. 우리가 선종의 사상에 대해 연구할 때, 필연적으로 선종의 전적(典籍)에 서술된 문자를 통하여 그 진의를 파악하게 된다. 이 방면에서, 선종이 중요한 술어, 개념, 범주, 명제 등에 대한 연구와 분석은 갈수록 깊이지고, 갈수록 그것의 정신적 실질을 이해하는 데 도움이 되는 것이다.

의 원시상태는 청정한 것이라고 본다. 그런데 인간 마음의 그때그때 현상은 때로는 청정하지만 미혹하여 허망할 때가 많다고 생각한다. 어떤 의미에 있어서 '심'의 범주는 '본심(本心)'과 '망심(妄心)'의 대립을 포함하고 있으며, 내재적으로는 본심과 망심의 양층 구조를 지니고 있다고 말할 수도 있다. 이와 같은 모양과 관련하여 '심'은 내용적으로 체(體)와 용(用)의 양층 구조도 갖추고 있다.

'본심'의 '본'은 본래 갖추고 있는, 본래 상태의, 본래 이러한, 본래 청정한 것이라는 뜻이다. 본심은 중생 자신의 본래의 심성, 원초적인 심리상태, 즉 눈앞 현실의 사람들의 마음과는 다른 본래의 심령을 가리킨다. '본심'은 '정심(淨心)'이라고도 한다. 정(淨)이라고 하는 것은 청정을 의미하고, 청정이라고 하는 것은 불교의 보리반야의 지혜를 말한다. "보리반야의 지혜는 세상 사람들이 본래 스스로 갖추고 있는 것이지만, 마음이 미혹하여 스스로 깨달을 수 없으니, 모름지기 대선지식의 가르침을 구하여 자신의 본성을 보아야 한다."323) 이 말은 불교의 보리·지혜·각오(覺悟)는 중생의 본심이며 중생 마음의 본질이라는 것을 뜻한다. 혜능은 '본심'의 중요성을 매우 강조하여, "본심을 알지 못하면 법을 배워도 이로움이 없다. 마음을 알고 본성을 보면 큰 뜻을 깨친다."324)라고 하였다.

본심은 불교의 지혜이고, 각오(覺悟)의 본체이며, 중생성불의 가능성이고 근거이다. '식심(識心)'은 바로 본심을 깨닫는 것이다. 그는 반복하여, '돌아가 본심을 얻고[還得本心]', '본심과 계합[契本

---

323) 『단경(壇經)』[12], "菩提般若之知, 世人本自有之, 卽緣心迷, 不能自悟, 須求大善知識示道見性."

324) 『단경(壇經)』[8], "不識本心, 學法無益.; 識心見性, 卽悟大意."

心]'325)할 것을 강조하였다. 이는 인간 마음의 자아회귀, 본심으로의 환원, 본심과의 계합을 제창한 것이다. 혜능은 본심과의 계합은 정심(淨心)의 완전하고 원만한 발현이며, 만약 중생이 이것을 이룰수 있다면 해탈을 얻어 불을 성취할 수 있다고 생각하였다.

이를 통해 볼 때, 『단경』에서 말하는 본심은 심(心, 自心)의 심층적인 내용이자 심의 내재적 본질이며, 자본심(自本心)은 본심의 기초 위에서 자심(自心)과 통일된 자심의 본질적인 청정성을 강조하는 것이다. 본질적인 의미에서 말하자면, 심과 자심에서 중요한 것은 모두 본심을 말하는 것이다. 그런데 본심은 다시 인간을 포함한 모든 유정식(有情識)의 중생 내지 보살과 불이 보편적으로 갖추고 있는 우주의 마음이라고 할 수 있다. 혜능은 중생의 보편적인 마음, 즉 우주의 마음과 중생 개개인의 마음을 서로 합하여 하나로 보았다. 이것이 혜능이 제창한 식심견성(識心見性), 돈오성불(頓悟成佛)의 이론적 전제라고 할 수 있다.

『단경』은 중생의 심리활동이나 정신작용에는 두 가지의 다른 성질 및 방향과 결과가 있다고 생각한다. "세상 사람들의 본성은 본래 스스로 청정하나. ……일체의 악한 일을 생각하면 악을 행하세되고, 일체의 선한 일을 생각하면 곧 선행을 닦게 된다."326) 이는 중생의 마음에 선과 악, 정(淨)과 망(妄), 지혜와 어리석음, 깨달음과 미혹의 구별이 있다는 것을 말하는 것이다. 『단경』은 중생이 마땅히 "스스로 그 마음을 청정하게 해야 한다."327)는 것을 강조하고,

---

325) 『단경(壇經)』[19], [40]
326) 『단경(壇經)』[20], "世人性本自淨, ……思量一切惡事, 卽行於惡; 思量一切善事, 便修於善行."
327) 『단경(壇經)』[35], "自淨其心."

아울러 중생의 미혹은 '망심(妄心)'·'미심(迷心)'·'사심(邪心)'·
'독심(毒心)'이 있는 데서 연유한다고 지적하였다. 혜능은 이러한
마음은 허망한 환상이고, 외부의 대상[外境]에 집착한 결과로서
"본원이 공적함을 생각하지 못한 것"328)을 표현한 것으로 보았다.

또한 그것은 인간이 본심을 깨닫기 이전의 현상이지 인간 마음의
내재적 본질을 반영한 것은 아니라고 생각하였다. 바로 이러한 이유
때문에 중생은 지극히 짧은 시간 내에 심리적인 전변을 실현하여
망심을 떨쳐 버릴 수 있다는 것이다. 『단경』에서는 여러 차례에 걸
쳐 '직심(直心)'이라는 개념을 제기하고 있다.329) 직심은 진실하고
올곧고 거짓이 없는 마음으로서 불교 수행의 근본이며 도량(道場)
에 진입하는 길로 생각되었다. 혜능은 직심을 행함으로써 스스로 그
마음을 청정케 하여 본심으로 돌아갈 것을 제창하였다. "오직 직심
을 행하여야 일체의 법에 대하여 집착하지 않게 된다."330)는 혜능의
설법은, 후세 선사들이 선법을 일상생활 가운데서 회통(會通)하여
융합하게 하고, 나아가서는 저절로 되는대로 놓아두는 일종의 자연
적인 선풍을 형성시켰다.

이상의 서술에서 『단경』은 체용(體用)관계의 시각에서 마음의
내재적인 구조를 설명하고 있음을 알 수 있다. 『단경』에서 본심은
마음의 체(體)이고, 현실에서 활동하고 있는 마음은 마음의 용(用)
이다. 용은 다시 선심(善心)과 악심(惡心)의 두 종류로 표현되며,
선심과 본심은 일치하지만 악심과 본심은 서로 위배된다. 이는 곧

---

328) 『단경(壇經)』[42], "不思本源空寂"
329) 『단경(壇經)』[14], [34], [35].
330) 『단경(壇經)』[14], "但行直心, 於一切法, 無有執著."

마음의 체와 용은 일치하는 성질을 가지고 있으면서도 또한 일치하지 않는 성질도 있다는 것이다. 엄격히 말하자면 악심과 그 행위는 중생 본심의 진실한 작용이 아니라는 것이다. 단 혜능은 과거 어떤 선사들보다도 더욱 강력하게 본심은 중생 목전(目前)의 현실적인 마음속, 즉 자심 속에 있다는 것을 강조하였다.

이것은 정심(淨心)이 망심(妄心) 가운데 있음을 강조한 것이기도 하다. 『단경』은 "어찌 자심에서 문득 진여본성이 나타나지 않겠는가."331) "자기 색신 속의 사견과 번뇌, 어리석음과 미망도 스스로 본각성을 가지고 있다."332)고 하였다. 심지어 보다 명확하게 "청정성은 망념 속에 있고",333) "음성(淫性)은 본래 청정의 원인이다."334)라고까지 하였다. 혜능은 본심과 현실심, 진심과 망심이 비록 그 단계와 성질은 다르더라도 그들은 체용이 일여한 관계이며, 중생은 망념을 떠나 다른 곳에서 진실을 구하지 말아야 하고, 바로 그 망념에서 진실을 구하여야 하며, 바로 그 망념에서 진실이 드러난다고 생각하였다. 이것이 바로 "자기의 본심을 드러낸다."335)는 선법이다. '자기의 본심[自本心]'은 중생 자가(自家)의 마음이며, 자가의 본심은 중생의 자심과 본심의 통일체이다. 혜능은 자기의 본심을 드러내면 불법을 깨닫고 증득하여 성불을 할 수 있게 된다고 생각하였다.

---

331) 『단경(壇經)』[30], "何不從於自心頓現眞如本性."
332) 『단경(壇經)』[21], "自色身中、邪見煩惱, 愚痴迷妄, 自有本覺性."
333) 『단경(壇經)』[36], "淨性在妄中"
334) 『단경(壇經)』[53], "淫性本是淸淨因"
335) 『단경(壇經)』[8], "묘自本心"

제2절 성(性), 자성(自性), 본성(本性)과 자본성(自本性)

마음(心)과 밀접한 관련이 있는 '성(性)'은 『단경』에서 그 출현
빈도가 가장 높고 책 전체의 중심 개념이 되어 있다. '성'은 법과
중생의 두 가지 측면을 포함하고 있는데, 그 성질 중의 하나는 '법
성(法性)'·'자연성(自然性)'을 말하고, 또 하나는 '본성(本性)'·
'자본성(自本性)'·'진여본성(眞如本性)'·'본각성(本覺性)'·'보리
성(菩提性)'·'불성(佛性)'·'정성(淨性)'을 말한다. '법성(法性)'과
'본성(本性)'은 다시 중생 성불의 근원 위에서 통일된다.

'성(性)'은 일체 사물의 불변하는 성질이나 본질을 말한다. 중생
으로 말하면 성은 생명의 본질 즉 주재(主宰)함을 가리킨다. 성은
'자성(自性)'이라고도 하며, "만법을 품고 있는 성은 크며, 만법은
모두 자성이 드러난 것이다."336)라고 한다. 성은 일체의 사물을 품
고 있는데, 어떤 사람은 일체의 사물은 모두 자성이 나타난 것이라
고 한다. 여기서 말하는 성은 자성이다. 자성은 『단경』이 자주 사
용한 개념으로서 전체 책의 주제어가 되어 있다.

자성과 밀접한 관련이 있는 '본성(本性)' 역시 『단경』에서 자주
사용된 중요한 개념이다. 글자의 의미로 보면 본성은 고유의 덕성을
말한다. 『단경』에서 설명된 것으로 보면 본성이라고 하는 말의 주
요 의미는 본래 갖추고 있는 반야지혜를 가리킨다. "지혜가 있는 자
는 스스로 본성반야의 지혜를 취하고",337) "본성은 스스로 반야의

---

336) 『단경(壇經)』[25], "性含萬法是大, 萬法盡是自性見."
337) 『단경(壇經)』[4], "有智惠(慧)者, 自取本性般若之知."

지혜를 지니고 있고",338) "보리반야의 지혜는 세상 사람이 본래 스스로 갖추고 있는 것이다."339)라고 한 것과 같다. 또 『단경』에서는 "머물지 않는다는 것이 인간의 본성이다."340)라고 하였는데, 여기서 '주(住)'는 속박을 의미한다. '무주(無住)'는 마음이 일정한 대상에 집착하지 않고, 사상이 어떠한 속박도 받지 않고, 자유로이 걸림 없는 것을 가리키는데, 실질적으로 이것은 반야지혜가 드러난 것이다.

『단경』은 이른바 선(禪)이라는 것은 외계 사물의 형상에 집착하지 않음으로써, 내재되어 있는 본성이 순일(純一)하고 산란하지 않는 것을 말한다고 강조한다. "본성을 보고 산란하지 않는 것이 선이다. ……바깥 형상에서 떠난 것을 일러 선이라고 한다. ……만약 바깥 형상에 집착하면 내심이 산란해지고, 만약 바깥 형상에서 떠나면 안으로 본성이 산란하지 않게 된다."341) 혜능은 "스스로 본성을 볼 것"342)을 제창하고, "자신의 본성을 보면 세간에서 벗어날 수 있다."343)고 하였다. 이것은 중생이 만약 자아의 본성을 보는 것을 증득한다면, 해탈을 획득하여 불과를 성취하게 된다는 것을 강조한 것이다. 『단경』의 [17], [30], [31]은 '진여본성(眞如本性)'에 대해 말하고 있으며, [53]에서는 '진여정성(眞如淨性)'을 언급하고 있다. 이른바 진여본성(眞如本性) 혹은 진여정성(眞如淨性)은 진실하고 변하지 않는 본성을 말하는데, 본성이 진실하고 불변한다

---

338) 『단경(壇經)』[28], "本性自有般若之智"
339) 『단경(壇經)』[12], "菩提般若之知, 世人本自有之."
340) 『단경(壇經)』[17], "無住者, 爲人本性."
341) 『단경(壇經)』[19], "見本性不亂爲禪……外離相曰禪, ……外若著相, 內心卽亂, 外若離相, 內性不亂."
342) 『단경(壇經)』[18], "自見本性"
343) 『단경(壇經)』[12], "見自本性, 卽得出世."

는 것은 사실상 본성과 동일한 개념임을 강조한 것이다.

본성이나 진여본성과 상응하는 개념으로는 '본각성(本覺性)'[344]도 있다. 본각은 중생이 선천적으로 타고나 갖추고 있는 반야지혜를 말한다. 왕유(王維)는 『육조혜능선사비명(六祖慧能禪師碑銘)』에서 혜능의 정혜(定慧) 사상을 서술할 때, "본각은 삼세를 초월한다."[345]고 하였다. "삼세를 초월한다."는 것은 돈오(頓悟)를 말하며, 중생이 갖추고 있는 반야의 지혜는 단지 일념(一念)만 상응하여도 돈오를 실현할 수 있다는 것을 의미한다. 또 '보리성(菩提性)'[346]이 있는데, 보리(菩提)는 각오(覺悟)·지혜(智慧)·각지(覺智)이고, 보리성은 각성(覺性)·본각성(本覺性)이며, 이는 바로 진여본성(眞如本性)을 말하는 것이다.

위에서 인용한 『단경』의 "자신의 본성을 보면 세간에서 벗어날 수 있다."는 말과 관계있는 또 다른 언급이 있다. 그것은 "단지 자기의 마음에 대하여 자신의 본성이 항상 정견을 일으키게만 한다면, 번뇌에 시달리는 중생도 모두 당장 깨닫는다."[347]는 진술인데, 이 두 문장의 의미는 일치한다. 문장 속의 '자신의 본성[自本性]'은 중생 자아의 청정한 본성을 말한다. 문장이 강조하는 것은 본성이며, 동시에 자성과 본성을 다시 통일시켜 자성 고유의 청정한 본성을 강조한 것이다. 자본성과 상관있는 것으로는 '자법성(自法性)'이라는 개념도 있다. 자법성은 법의 자성을 말하며 법성이라고도 한다. 혜능은 "자법성에는 공덕이 있고",[348] 중생신상의 자법성에

---

344) 『단경(壇經)』[21].

345) 『단경(壇經)』[21], "本覺超於三世"

346) 『단경(壇經)』[31], [36].

347) 『단경(壇經)』[29], "但於自心, 令自本性常起正見, 煩惱塵勞衆生, 當時盡悟."

는 삼불신(法身佛, 化身佛, 報身佛)이 있고, "앞의 삼신은 자법성에 있는 것으로서 세상사람 모두가 가지고 있다."349)고 하였다. 여기서 말하는 중생의 자법성은 '자본성(自本性)'이며, 중생이 본래 가지고 있는 청정한 자성이다.

『단경』에는 여러 차례에 걸쳐 '불성(佛性)'이라는 말이 나타나는데 이것은 중요한 개념이다. 이른바 불성은 '불종성(佛種性)'을 말하며, 중생성불의 가능성·인성(因性)·종자(種子)를 가리킨다. 혜능은 불성의 본질이 영원히 청정하다는 것을 강조하여, "불성은 항상 청정하다."350)고 하였다. 또 불성은 보편적 존재라는 것도 강조하였다. 『단경』에는 유명한 이야기가 하나 실려 있다. "혜능이 처음 홍인대사를 만났을 때 대사가 말했다. '너는 영남 사람이면서 또한 오랑캐이니 어찌 감히 부처가 될 수 있겠는가?' 혜능이 대답하였다. '사람에게는 남북이 있으나 불성에는 남북이 없습니다. 오랑캐의 몸은 스님과 다르지만, 불성에 무슨 차별이 있겠습니까?'"351) '갈요(獦獠)'란 당시 영남에 살던 사람들을 멸시하여 부르던 말이다. 혜능은 인간에게는 남북의 구분이 있어도 불성에는 결코 차별이 없다고 생각하였다. 그리고 혜능은 "자법성에는 공덕이 있다. 평등과 정직이 덕이요, 안으로는 불성을 보고 밖으로는 공경을 행하라."352)고 강조하였다. 여기서 '자법성'은 불성이며, 인간의 내재

---

348) 『단경(壇經)』[34], "自法性有功德"
349) 『단경(壇經)』[20], "向者三身在自法性, 世人盡有."
350) 『단경(壇經)』[8], "佛性常淸淨"
351) 『단경(壇經)』[3], "汝是嶺南人, 又是獦獠, 若爲堪作佛?", 慧能回答說"人卽有南北, 佛性卽無南北, 獦獠身與相尚不同, 佛性有何差別?"
352) 『단경(壇經)』[34], "自法性有功德, 平直是德, 內見佛性, 外行恭敬."

적인 본질이기도 하다. 혜능은 중생들의 내재적 본성이 초월적 불성을 드러내게 하여야 공덕을 성취한다고 주장하였다. 혜능이 말한 불성은 중생의 본성이자 생명의 본연임을 분명하게 알 수 있다. 이로써『단경』역시 중국 고유의 자연주의적 사상과 전통에 입각하여, 창조적으로 '불성'을 해석하면서, 불성을 인간의 본성 · 인간 생명 본연의 상태 · 본래의 면목으로 파악하고 있음을 알 수 있다. 이것은 불교의 종교적 정신을 약화시키고, 인본적 정신을 증진시킴으로써, 불교의 면모는 물론이고 실질적으로 심각한 변화를 야기하였다.

이상으로 개념에 대한 간략한 평론을 마치고, 우리들은『단경』에서 제시한 '자성(自性)' 개념의 의미와 성질과 기능에 대해 비교적 집중적이고 전면적인 논술을 하고, 더 나아가 혜능 심성론의 실질과 특색을 파악하고자 한다.

1. 『단경』에 나타난 '자성' 개념의 성질

『단경』에서 제시한 '자성' 개념의 성질은 아래의 다섯 가지로 귀결된다.

(1) 자성은 청정성을 가지고 있다. 『단경』은 "자성은 본래 청정하고",353) "자성은 항상 청정하다."354)고 한다. 청정은 오염 · 번뇌 · 망념 · 미혹에 대하여 상대적으로 말하는 것이며, 청정한 성질은 청정하고 정결(淨潔)한 성질로서 오염되지 않고 번뇌가 없는 성질이다.

---

353) 『단경(壇經)』[18], "自性本淨"
354) 『단경(壇經)』[20], "自性常淸淨"

(2) 자성은 진여성(眞如性)을 가지고 있다. 『단경』은 자성을 일컬어 "자성은 곧 진여성"355)이라고 한다. 소위 진여성이란 진실 그대로의 본성이다. 이는 중생이 본래 갖추고 있는 진실 그대로의 청정한 본성을 강조한 것이다.

(3) 자성은 지혜성(智慧性)을 가지고 있다. 『단경』에서는 "본성은 스스로 반야의 지혜를 가지고 있다."356)고 한다. 이것은 중생의 자성 혹은 본성은 일종의 고도의 지혜이며, 이로 말미암아 '마음이 깨달음을 열어 해탈할 수 있고[心開悟解]' 깨달아서 성불한다고 생각하는 것이다.

(4) 자성은 공적성(空寂性)을 가지고 있다. 『단경』에서는 중생은 응당 "본원이 공적하므로 그릇된 견해를 물리칠 수 있다."357)고 생각한다. 여기서 말하는 본원(本源)은 바로 자성이다. 자성은 공적한 것이어서 생멸이나 거래(去來) 등과 같은 여러 가지 사견(邪見)에서 벗어날 수 있다. "자성은 본래 생기는 것도 없고 사라지는 것도 없고, 오는 것도 없고 가는 것도 없다.",358) '성'은 생멸하지도 않고 오고 가지도 않는 시공을 초월한 절대본성이다.

혜능은 신수의 "몸은 보리수요 마음은 밝은 거울과 같으니, 때때로 부지런히 털고 닦아서 티끌과 먼지가 앉지 않게 하라."는 게송(偈頌)에 대하여 "보리는 본래 나무가 아니며, 밝은 거울 또한 대가 아니다. 불성은 항상 청정한데 어디에 티끌과 먼지가 있으랴."359)라

---

355) 『단경(壇經)』[27], "卽自是眞如性"
356) 『단경(壇經)』[28], "本性自有般若智"
357) 『단경(壇經)』[42], "本源空寂, 離却邪見."
358) 『단경(壇經)』[18], "性本無生無滅, 無去無來."
359) 『단경(壇經)』[6], "身是菩提樹, 心如明鏡臺, 時時勤拂拭, 莫使有塵埃", [8], "菩提

는 게송을 지었다. 이 게송의 의미는 불성(자성)을 보리수와 명경대에 비유하여, 본래부터 아무것도 없는 것이고, 공한 것이며, 불성의 공하고 아무것도 없는 이것이 바로 청정성이라는 것이다. 말하자면 청정성과 공적성(空寂性)은 전적으로 동일하다는 것이다. 그래서 『단경』은 다시 "청정은 형상이 없는데, 오히려 청정의 형상을 세워 이를 공부하라고 한다면, 이러한 견해를 만든 자는 자기의 본성을 장애하여 도리어 청정에 속박되고 만다."360)고 하였다. 청정은 형상이 없는 것인데, 청정을 형상으로 삼으면, 그 결과 자성을 형상을 갖춘 추구할 수 있는 하나의 대상으로 만들어 버리게 되고, 그러면 일종의 집착이 되어 청정성을 잃어버리게 된다. 이로 말미암아 이른바 공적성은 자성이 나지도 않고 멸하지도 않고[無生無滅], 가는 것도 없고 오는 것도 없고[無去無來], 형체도 없고 모양도 없는[無形無相], 비물질적인 심령의 체성임을 확인한 것이기도 하고 주체적인 일종의 가치판단이기도 하다는 것을 알 수 있다. 중생이 만약 자성은 생하고 멸하는 것이 있고, 오고 가는 것이 있고, 형상이 있는 실물이라고 여긴다면, 그것은 일종의 집착이고 그릇된 생각이라는 것이다.

(5) 자성은 함장성(含藏性)을 가지고 있다. 『단경』은 "자성은 만법을 함유하고 있어서 함장식이라고 한다."361)고 하였다. 자성에는 만사만물의 성질과 공능이 감추어져 있다. 이러한 측면에서 말하면 자성은 함장식이며 만사만물의 심식의 실체를 포용하고 있다.

本無樹, 明鏡亦無臺, 佛性常淸淨, 何處有塵埃."
360) 『단경(壇經)』[18], "淨無形相, 却立淨相, 言是功夫, 作此見者, 章自本性, 却被淨縛."
361) 『단경(壇經)』[45], "自性含萬法, 名爲含藏識."

2. 『단경』에 나타난 '자성' 개념의 공능

『단경』에 나타난 '자성'의 개념을 공능의 측면에서 보면 다음과 같이 네 가지로 귀결된다.

(1) 만법을 포용한다

『단경』은 이렇게 설명하고 있다.

> 마음은 한량없이 광대하여 허공과 같다. ……허공은 일월성신, 산하 대지, 온갖 초목, 악인과 선인, 악법과 선법, 천당과 지옥을 품을 수 있으니, 모든 것이 허공 속에 다 존재한다. 세상 사람들의 본성이 공한 것도 이와 같다.362)
> 만법을 품고 있는 성은 크며, 만법은 모두 자성이 드러난 것이다.363)

이것은 마음이나 본성이 허공과 마찬가지로 광대무변하여 만사 만물을 충분히 함장할 수 있다는 것을 말한다. 위의 인용문을 통하여 볼 때, 혜능이 말하는 '만법(萬法)'은 네 가지의 내용을 포용하고 있다. 첫째는 불법(佛法)이고, 둘째는 인간의 선악행위이며, 셋째는 인간이 전생(轉生)한 후의 같지 않은 경계이며, 넷째는 자연계이다. 즉 인간과 지옥과 불의 경계[佛境]와 자연계 등을 포괄하는 전 우주를 말하는 것이다. '만법진시자성견(萬法盡是自性見)'에서 '견(見)'은 '현(現)'과 동일하며, 우주 전체는 모두 자성이 현현

---

362) 『단경(壇經)』[24], "心量廣大, 猶如虛空. ……虛空能含日月星辰, 大地山河, 一切草木, 惡人善人, 惡法善法, 天堂地獄, 盡在空中. 世人性空, 亦復如是."

363) 『단경(壇經)』[25], "性含萬法是大, 萬法盡是自性見."

(顯現)한 것임을 말한 것이다. 또한 이는 중생의 심성이 무한하고 광대하여 전 우주를 능히 포용할 수 있음을 표명한 것이다.

이러한 마음은 우주 일체의 마음을 원만하게 구족하고 있어서 또 다른 의미의 우주심이라고 할 수 있다. 혜능은 중생의 자성이 우주의 만사만물을 함장할 수 있을 뿐만 아니라 우주의 만사만물을 현현하게 할 수도 있다고 보았다. 여기서 함장(含藏)하고 있다는 것은 주로 중생이 만사만물에 대하여 인지(認知)할 수 있다는 의미에서 말한 것이며, 현현(顯現)이라고 하는 것은 중생이 깨쳤을 때 그 경지에서의 의미를 말하는 것이다. 이 두 가지 의미를 제고하는 것은 자성을 우주 만사만물의 본체로 삼는 세계관의 의미로 귀결되는 것임은 의심의 여지가 없다.

(2) 만법을 관조(觀照)한다

『단경』에서 "자성의 심지는 지혜로써 관조하니 안팎이 맑고 깨끗하다."[364]고 하였다. 이것은 자성이 지니고 있는 지혜는 일체를 관조할 수 있어서 안팎으로 투명할 정도로 맑고 깨끗하게 한다는 뜻이다. 중생의 "자성이 밝지 않은 것은" "망념이 떠도는 구름처럼 뒤덮고 있기 때문이다."[365] 따라서 망념을 소멸시켜 제거하기 위해서는 마땅히 자성(自性)의 지혜를 일으켜 관조(觀照)를 진행하여야 한다. "그대가 만약 스스로 깨치지 못한다면, 응당 반야를 일으켜 관조해야 한다. 그러면 순식간에 망념이 모두 소멸될 것이다."[366]

---

364) 『단경(壇經)』[31], "自性心地, 以智惠(慧)觀照, 內外明徹."
365) 『단경(壇經)』[20], "自性不能明 妄念浮雲盖覆."
366) 『단경(壇經)』[31], "汝若不得自悟, 當起般若觀照, 刹那間妄念俱滅."

자성이 반야의 지혜로 관조하면 그 결과 위에서 말한 자성 가운데서 만법이 드러나게 되는 것이다. 이것은 다시 한 번 자성의 엄청난 인지기능을 설명한 것이다.

(3) 깊이 생각하여 스스로 변화한다

『단경』에서는 이렇게 말한다.

> 자성은 깊이 생각하지 않으면 공적하지만 깊이 생각하면 스스로 변화한다. 따라서 악법을 깊이 생각하면 변화하여 지옥이 되고, 선법을 깊이 생각하면 변화하여 천당이 되며, 독과 해(害)는 변화하여 축생이 되고, 자비는 변화하여 보살이 되며, 지혜는 변화하여 상계가 되고, 우치는 변화하여 하방이 된다. 자성의 변화는 매우 많은데, 미혹한 사람은 스스로 알지 못한다.[367]

'사량(思量)'은 여러모로 헤아리고 생각하는 의식활동이다. 혜능은 중생의 사량활동을 자성의 변화로 보았다. 이러한 변화는 두 개의 상반된 방향으로 진행되는데, 악법을 생각하면 축생이 되거나 심시어는 지옥으로 떨어진다. 선법을 생각하면 천당으로 오르게 되고, 심지어 성불할 수도 있다. 이런 여러 가지 변화와 결과는 모두 자성의 작용이다.

---

367) 『단경(壇經)』[20], "不思量性卽空寂, 思量卽是自化. 思量惡法化爲地獄, 思量善法化爲天堂, 毒害化爲畜生, 慈悲化爲菩薩, 智惠(慧)化爲上界, 愚癡化爲下方, 自性變化甚多, 迷人自不知見."

(4) 삼신불을 생한다

『단경』에서는 "삼신으로 향하는 것은 스스로의 법성에 있는 것으로서 모두가 지니고 있다. ……스스로의 법성이 삼신불을 가지고 있음을 안다. 이 삼신불은 본성에서 생겨나는 것이다."[368] '삼신(三身)'은 법신(法身)·화신(化身)·보신(報身)의 삼신불을 가리킨다. 혜능은 삼신불은 중생의 자성 속에 있다고 생각하였으며, 어떤 사람은 삼신불은 자성으로부터 생기는 것이라고 말하였다. 그는 또 "삼세의 여러 부처님과 십이부경도 사람의 본성 중에 본래 저절로 갖추어져 있다."[369]고 하였다. '삼세(三世)'는 과거·현재·미래를 가리키며, '삼세제불(三世諸佛)'이란 모든 부처님을 말한다. '십이부경(十二部經)'은 모든 불교경전을 의미한다. 이는 한 걸음 더 나아가 모든 불과 모든 불법은 인간의 자성이 본래 갖추고 있다는 것을 말하는 것이다. 그래서 혜능은 결론적으로, "불은 자성이 만든 것이니 자신의 밖에서 구하지 말라. 자성에 미혹한 불은 중생이요, 자성을 깨친 중생은 곧 불이다."[370]라고 하였다. 이 말의 뜻은 자성이 중생 성불의 근거이며, 자성이 불을 생겨나게 하는 공능을 갖추고 있다는 것이다. 관건은 자성에 대하여 미혹하여 모르고 있느냐, 깨달아 알고 있느냐 하는 것으로서, 중생이 본래 존재하는 자성에 대하여 미혹하여 모르느냐 깨쳐 알고 있느냐가 중생과 불을 구분하는 경계가 되는 것이다.

---

368) 『단경(壇經)』[20], "向者三身在自法性, 世人盡有. ……見自法性有三身佛, 此三身佛從性上生."

369) 『단경(壇經)』[31], "三世諸佛, 十二部經, 亦在人性中, 本自具有."

370) 『단경(壇經)』[35], "佛是自性作, 莫向身外求, 自性迷佛卽衆生, 自性悟衆生卽是佛."

이상의 두 가지 면을 분석해 볼 때,『단경』에서 말하는 '자성'은 일종의 청정한 지혜와 공덕을 갖추고, 각종의 구체적인 규정을 초월해 있으면서도, 종교적인 지혜를 원만하게 갖추고 있는 도덕적인 실체이며, 내재되어 있는 생명의 주체이면서, 만사만물을 드러내 보여주는 본체이다. 다시 말해서, 자성은 중생의 의식과 행위와 운명의 지배자일 뿐만 아니라 중생이 성불할 수 있는 내재적 근거이기도 하고, 일체의 현상을 드러내는 본체적인 의의도 가지고 있다. 자성을 핵심으로 하는『단경』의 심성론 사상은 심리 · 도덕 · 종교 · 철학 등의 다중적인 의의를 가지고 있다고 말할 수 있다.

　위와 같은『단경』의 자성에 대한 본질적인 규정을 통해서 볼 때, 혜능은 이상적인 인격과 인류의 원시 그대로의 본성을 파악하고, 응연(應然)과 당연(當然)을 파악하고, 미래와 현실을 통일시켜, 자성을 인간의 마음속에 내재되어 있는 완전한 심성의 실체와 도덕의 실체로 파악하고 있다. 이것은 일종의 추상적인 본체론의 형태를 띠면서도 그 실질은 일종의 선험적인 성선론이라고 할 수 있다.

　혜능은 중생의 악행은 자성에 대한 미망(迷妄) 때문이지 결코 자성의 본질이 표현된 것은 아니라고 생각하였다. 그는 과거 선학(禪學)들의 인성(人性)에 대한 선악이원론(善惡二元論)을 타파하고, 인성은 본래 청정하다는 주장, 즉 지극히 선하다는 성질을 부각시킴으로써 자성과 불을 같은 의미의 개념으로 보고, 자성을 깨치면 불이고 불은 자성이 인격적으로 체현된 것이라고 파악하였다. 바로 당(唐)나라 시대의 유종원이 지적한 것처럼, 혜능의 선법(禪法)은 "사람을 가르칠 때 성선(性善)으로써 시작하여 성선으로써 끝을 맺는다. 김을 맬 때 초미의 도움을 빌지 않듯이 인간의 청정함을 근

본으로 삼는 것이다."371), 즉 혜능의 선법은 시작부터 끝까지 성선
(性善)으로써 사람을 가르치며, 인간 본래의 적정함은 별도로 만들
어진 것이 아니라는 것이다. 이는 인류와 인성에 대하여 가장 충분
히 가장 열정적으로 가장 완전하게 긍정한 것이다.

『단경』에서는 "일체의 만법은 본래 없는 것이다. 그러므로 만법
은 본래 사람으로 말미암아 일어나는 것임을 알아야 한다.", "따라
서 일체 만법은 모두 자신 속에 있음을 알아야 한다. 어찌 자신의
마음에서 진여본성이 문득 나타나지 않겠는가."372)라고 한다. 이것
은 인간과 그 자신의 마음과 만법의 관계에서, 인간과 그 자신의
마음이 만법의 본체론이라는 각도에서 자아가 자성을 현현한다는
의의를 강조한 것이다. 다시 말해서 우주 본체론을 기초로 하여 중
생을 위한 심성각오(心性覺悟)와 해탈성불의 실체적인 근거를 제
공한 것이다. 자성은 우주의 본체이면서 인류의 본체이다. 우주와
인류 공동체의 자성은 중생성불의 유일한 근거이고, 자성의 미오
(迷悟)가 범부냐 불이냐의 경계여서, 자성을 깨치는 것이 중생이
이상으로 삼는 목표이다. 그래서 혜능은 성불을 중생에게 내재되어
있는 주체세계를 개발하는 것으로 자리매김하였고, 인성과 분리되
어 있는 그 어떤 다른 역량의 작용도 배척하였다. 이것은 분명히
인간 자신이 종교를 실천하는 주체이고, 의지하는 근거이고 준칙이
며 이상임을 명확하게 한 것이다. 아울러 인간의 주체성을 고양한
것이고, 인간의 주관적인 능동성을 긍정한 것이며, 인간의 심층의

---

371) 유종원(柳宗元), 『조계제육조사익대감선사비병서(曹溪第六祖賜謚大鑑禪師碑并序)』,
『전당문(全唐文)』 권587, p.5933, "其教人始以性善, 終以性善, 不假耘鋤, 本其淨矣."
372) 『단경(壇經)』[30], "一切萬法, 本11元不有, 故知萬法本因人興.", "故知一切萬法,
盡在自身中, 何不從於自心頓現眞如本性."

식을 발굴한 것이다. 요약하면 『단경』의 자성설은 인간을 고도로
찬미한 것이다.

제3절 심지성왕(心地性王)과 심성동일(心性同一)

혜능 『단경』의 중요한 사상적 범주로서의 심(心)과 성(性), 이
양자의 관계는 여러 방면에 걸쳐 있는데, 대립과 통섭(統攝), 의존
과 동일(同一)의 다중관계로 귀결된다. 이러한 관계를 『단경』은 '심
지성왕(心地性王)'에 비유하고 있다.

> 세상 사람들 자신의 색신은 성(城)이요, 안·이·비·설·신은 성문
> 이다. 밖에 다섯 개의 문이 있고 안에 뜻[意]의 문이 있다. 마음은 땅
> 이고, 성(性)이 곧 왕이니, 성이 있으면 왕이 있고, 성이 가면 왕도
> 간다. 성이 존재하면 몸과 마음이 보존되고, 성이 없어지면 몸과 마
> 음도 무너진다.[373]

이 글은 성(城)을 인간의 신체에, 성지(城地)를 마음에, 성의 왕
을 성(性)에 비유하고 있다. 이것은 왕은 성 전체를 주재(主宰)하고
주도하며, 성(性)은 몸과 마음이라는 생명의 절대적인 정신주체라
는 것을 뜻한다. 마음은 땅[地]과 같다고 '심지(心地)'라고 한 것이
다. 혜능은 성(性)이 왕으로서 마음을 주재하고 주도하며, 마음은
성에 의해 통섭된다고 생각하였다. 성(性)은 신(身)과 심(心), 즉 신

---

373) 『단경(壇經)』[35], "世人自色身是城, 眼耳鼻舌身即是城門, 外有五門, 內有意門. 心
即是地, 性即是王. 性在王在, 性去王去. 性在身心存, 性去身心壞."

체와 심령의 두 방면을 유지하는 것이어서, 성이 만약 떠나게 되면 신과 심도 괴멸되는 것이다.

　말하자면 중생의 신(身)과 심(心)과 성(性)은 삼중의 관계를 가지고 있다. 첫째, 신과 심과 성의 삼자는 대립적인 관계에 있다. 둘째, 성은 심에 대하여 통섭적인 관계를 가지고 있다. 셋째, 신과 심은 성에 대하여 의존적 관계에 있다. '성이 존재할 때 몸과 마음이 존재하며[性在身心存], 성이 가 버리면 몸과 마음도 무너진다[性去身心壞].' 성은 몸과 마음을 떠나가 버릴 수 있고, 몸과 마음이 무너지고 소멸된 정황 하에서도 독립적으로 영원히 존재할 수 있다. 여기에서 형신(形神)의 관계에 대한 문제가 제기된다. "법신은 색신을 떠난 것이다."374)라는 등의 설법과 연계해서 보면, 이는 사실상 형상은 소멸되어도 정신은 소멸되지 않는다[形滅神不滅]는 사상의 변형된 모습이다. 마음은 땅이고 성(性)이 왕[心地性王]이라는 비유를 볼 때, 성(性)도 지(地)가 없으면 왕이 될 수가 없다. 따라서 성과 심 또한 상호 의존적인 관계가 되는 것이다.

　혜능은 심의 성에 대한 의존 관계를 강조함과 동시에 심지(心地)에서 본성이 개발되는 것도 매우 중시하였다. 그는 "자신의 심지 위에서 성을 깨달은 것이 여래이며"375) "심지에 그릇됨이 없는 것이 자성의 계(戒)이고, 심지에 산란함이 없는 것이 자성의 정(定)이며, 심지에 어리석음이 없는 것이 자성의 혜(慧)"376)라고 하였다. 또 "나는 항상 모든 세상 사람들이 심지에서 언제나 스스로 불의

---

374) 『단경(壇經)』[17], "法身卽是離色身"
375) 『단경(壇經)』[35], "自心地上, 覺性如來."
376) 『단경(壇經)』[41], "心地無非自性戒, 心地無亂自性定, 心地無痴自性惠(慧)."

지견을 얻고 중생의 지견을 열지 않기를 바란다."377)고 하였다. '지견(知見)'은 견해를 말한다. '불지견(佛知見)'이란 불의 지혜이다. '중생지견(衆生知見)'은 중생의 세속적인 견해를 말한다. 이 말의 의미는 이렇다. 성은 각성·자성이며 그것은 마음속에 있다. 중생은 자신의 마음속에서 그릇됨이 없고, 산란함이 없고, 어리석음이 없는 곳에 도달하여, 본성을 깨쳐 증득하고, 불의 지혜를 열어 보일 필요가 있다. 혜능의 이러한 심성론 사상과 여래장설은 상당히 일치한다. 여래장설은 일체 중생의 신심 중에 영원불변의 자성 청정한 여래 법신이 숨겨져 있다고 생각한다. 혜능도 중생의 신심 중에 각성여래(覺性如來)가 있다고 생각하였다. 여래법신과 각성여래, 여래장과 성(性), 자성(自性)은 사실상 서로 동일한 것이며, 두 설법의 구상방법 또한 동일하다.

성의 심에 대한 통섭, 심의 성에 대한 의존관계로 말미암아 심과 성은 동일관계로 이행될 수 있다. 『단경』의 사상 내용에서 보면, 심과 성의 개념은 매우 빈번하게 동등한 것으로 사용되었다. 이러한 심성(心性) 동일 사상은 두 가지 의미에서 설명되고 있다. 첫째, 중생의 해탈에 대한 깨달음을 말할 때, 심과 성은 동일하다. 『단경』은 "마음을 알고 성을 보면 바로 큰 뜻을 깨닫는다."378) 또 "마음을 알고 성을 보면 스스로 불도를 이룬다."379)고 하였다. 이른바 '식심(識心)'이란 바깥에서 찾는 것이 아니라 자신의 마음을 직관(直觀)하는 것이다. 소위 '견성(見性)'은 사고를 분석할 필요가 없이 자신

---

377) 『단경(壇經)』[42], "吾常願 一切世人, 心地常自開佛知見, 莫開衆生知見."
378) 『단경(壇經)』[8], "識心見性, 卽悟大意."
379) 『단경(壇經)』[30], "識心見性, 自成佛道"

의 마음이 가지고 있는 자성(불성)을 깨달아 아는 것이다. 여기서 자신의 마음을 직관하는 것[直觀自心]과 자성을 깨달아 아는 것[覺知自性]은 사실상 동일한 수행공부로서 똑같이 성불의 경지에 들어갈 수 있는 것이다.

왕유(王維)의 『육조혜능선사비명(六祖慧能禪師碑銘)』에는 혜능의 선법사상을 "발을 들든 발을 놓든 오래 도량에 머물면, 이 마음과 이 정은 똑같이 성의 바다로 돌아가는 것"[380]으로 귀결된다고 파악하였다. '성의 바다[性海]'는 본성이 깊고 넓어 마치 바다와 같은 성불의 경지를 가리킨다. 뒤의 두 구절은 마음을 알든지 견성(見性)을 하든지 관계없이 모두 본성의 바다로 돌아간다는 것을 말하고 있다. 이것과 위에서 인용한 『단경』의 말은 일치한다. 그러므로 중생이 불도를 성취하는 것으로 말하면, 심이 곧 성이고 성이 바로 심이므로, 심과 성은 동일한 의미임을 알 수 있다. 둘째, 만물을 포용하는 공능으로 말하더라도 심과 성은 역시 동일하다. 위에서 인용한 만법을 포용하는 것과 관련한 『단경』의 두 단락은 어떤 의미에서 볼 때, 만사만물은 모두 심이나 성이 변하여 나타난 것임을 강조한 것이다. 여기서 심과 성 양자와 만사만물의 관계는 서로 같으며, 양자는 사실 동일한 정신의 실체인 것이다. 심과 성이 동일한 것은 바로 자심과 자성이 동일한 것이고, 본심과 본성이 동일한 것이다. 이 때문에 『단경』 제[53]절에는 "자심과 자성이 진불이다[自心自性眞佛]."라는 말이 있다. 또 [16]절에는 "스스로 본심을 알고, 스스로 본성을 본다[自識本心, 自見本性]."는 말도 있다.

---

380) 석준 등이 편찬한 『중국불교사상자료선편(中國佛敎思想資料選編)』 제2권·제4책, p.75, "擧足下足, 長在道場; 是心是情, 同歸性海."

제4절 자심이 불이고 본성을 돈오하는 것이다

『단경』심성론의 사상적 취지는 성불의 근거와 과정과 방법을 논하는 것이다. 중요한 것은 자심이 불이라는 것과 본성을 돈오하는 이념을 선양하는 것이다. 단도직입적으로 말하면 돈교(頓教)를 고양하는 것이다.

자심이 불이라는 것에 관해서는 위에서 이미 언급하였기 때문에 여기서는 간략하게 설명하겠다.『단경』제[52]절에 "나의 마음에는 스스로 불이 있다. 자신의 불이 진불이다. 만약 자신에게 불심이 없다면 어느 곳을 향하여 불을 구할 것인가?"381)라고 하였다. [42] 절에서는 "자신의 본성을 보면 곧 출세를 얻게 된다."382)고 하였다. 이는 곧 중생의 자심과 본성이 성불의 내재적인 근거이며 불의 본체라는 말이다. 성불이란 결코 별도로 일종의 불신(佛身)이 있는 것이 아니고 중생의 자심과 본성이 바로 불이라는 것이다. 중생은 단지 자아를 인식하고 본성으로 돌아가기만 하면 당연히 성불하게 된다는 것이다. 혜능의 관점에서 보면, 불은 중생의 원시적인 심령이고, 내재되어 있는 본성이 인격적으로 체현된 것이며, 본심과 본성을 깨친 자이지, 결코 중생의 밖에 존재하면서 한없는 법력(法力)을 소유한 인격신이 아니다.

『단경』은 "자신의 마음에서 진여본성이 문득 나타난다는 것"383)과 "말을 듣고 문득 깨달아 본심과 계합할 것"384)을 선양하기도 하였다.

---

381)『단경(壇經)』[52], "我心自有佛, 自佛是眞佛; 自若無佛心, 向何處求佛?"
382)『단경(壇經)』[42], "見自本性, 卽得出世."
383)『단경(壇經)』[30], "自心頓現眞如本性."

"반야를 일으켜 관조하면 찰나 사이에 망념이 모두 소멸되니, 이것이 자기의 진정한 선지식이다. 하나를 깨치면 불을 알게 된다."385) 이것을 '본성돈오(本性頓悟)'라고 한다. '본성돈오'에는 두 가지 중요한 뜻이 있다.

첫째는 "단지 자신의 마음에서 자신의 본성이 언제나 정견을 일으키게 하기만 하면, 번뇌로 수고로운 중생도 때가 되면 모두 깨닫게 된다. 마치 큰 바다가 큰물이든 작은 물이든 온갖 흐름을 받아들여 합쳐 하나가 되듯이 견성하는 것이다."386)라는 것이다. 이것은 견성의 내용과 의의에 대해서 말하는 것으로서, 견성이란 본성이 정확한 견해를 일으켜 개체와 우주를 합해 하나가 되게 하는 것을 강조한 것이다. 이는 마치 큰물과 작은 물이 함께 바다로 돌아가 모양도 같은 일체가 되는 것과 같다.

둘째는 견성의 시간에 관해 말하는 것이다. 중생이 반야의 직관을 운용하여, 한순간에 망념을 소멸하고, 진여의 본성이 드러나게 하여, 본심과 계합하는 것이 바로 돈오하여 성불하는 것이라고 생각하는 것이다. 마치 먹구름이 걷히면 일월(日月)이 저절로 드러나 밝은 지혜가 비추지 않는 곳이 없게 되어 안팎과 피차의 구분이 없어지는 것과 같다. 이것은 중생이 본심과 본성에 대해 파악하면 바로 망념이 모두 소멸되어 한순간에 완성된다는 소위 돈오(頓悟)를 설명한 것이다. 중생은 선천적으로 '본각(本覺)'의 지혜를 지니고

---

384) 『단경(壇經)』[40], "言下便悟, 卽契本心"

385) 『단경(壇經)』[31], "當起般若觀照, 刹那間妄念俱滅, 卽是自眞正善知識, 一悟卽知佛也."

386) 『단경(壇經)』[29], "但於自心, 令自本性常起正見, 煩惱塵勞衆生, 當時盡悟. 猶如大海, 納於衆流, 小水大水, 合爲一體, 卽是見性."

있기 때문이다. 본각은 중생고유의 본성으로서, 일종의 절대적이고 완전한 본성이다. 이는 축적할 필요도 없고, 제한도 받지 않으며, 오로지 일념(一念)에 상응하기만 하면 드러나게 되어, 단박에 깨치는 것이다. 이 모두는 눈앞의 일념을 바로 파악함으로써 내재되어 있는 초월이 문득 나타나게 하고, 현재와 원초(原初), 순간과 영원, 개체와 전체의 통일된 정신의 경지로 들어가는 것을 혜능이 특별히 중시하였음을 설명한 것이다.

중국 선종의 심성사상 발전사에 있어서 『단경』의 심성론 사상은 가장 중요한 위치를 차지하고 있다. 『단경』은 선정과 지혜는 서로 평등하고[定慧相等], 선정에 상주하면 지혜가 생긴다[卽定卽慧]는 사상을 제시하였고, 사성정성은 바깥에서 빌어 구하는 것이 아니라는 사실을 선양하였다. 중생은 다만 반야지혜를 일으켜 일단 망념을 모두 소멸하기만 하면, 문득 청정한 자성을 보게 되어 스스로 불도를 이룰 수 있게 된다.

『단경』은 성불의 근거·방법·과정·경지 모두를 현실의 인간 마음속에 두고, 성불은 자신의 마음 가운데서 실현되며, 현실생활 속에서 조월적인 의의를 발현(發現, 창조가 아님)하는 것이라고 하여, 현실성이 곧 초월성이라는 것에 중점을 두었다. 이것은 사후(死後) 생명에 대하여 추구하는 것을 내심으로 회귀하도록 전환하고, 피안(彼岸)의 세계를 현실의 세계로 바꾸어 놓도록 하였다. 이것은 인간 생명의 주체적 지위를 극도로 제고한 것이다. 이로써 소극적이고 폐쇄적인 '수일(守一)'과 '수심(守心)'을 초월하여, 거리낌 없이 '무념(無念)'과 '무주(無住)'를 제창하였으며, 높고 먼 이상과 주관적인 능동성을 발휘하기 위하여 광활한 길을 열었고, 나이가 선종이 중국에서 큰 발전을 이루기 위한 견실한 사상적 기초를 다졌다.

『단경』의 심성합일(心性合一), 심경합일(心境合一), 체용합일(體用合一), 형상(形上)·형하(形下)를 한 데 뭉친 이론과 실천은 사실상 일종의 종교적 도덕적 형이상학을 고양하는 길이다. 이것은 송대 이학(理學)의 형성을 위해 앞에서 사상의 소재를 제공한 것이다. 이학(理學)은 도덕적 형이상학의 길을 열어, 인심의 인의(仁義)는 태어나면서부터 갖추고 있는 생명의 자연적인 것임을 강조한다. 이러한 생명본연의 인의(仁義)의 마음은 의리(義理)의 성(性)이고, 도덕적 이성이고, 내재적인 것이다. 동시에 그것은 또한 가치의 원천이며, 초월적인 것이다. 인간 생명의 본연(本然) 가운데서 내재성은 곧 초월성이다. 따라서 심성 본체에 대한 추구는 일상생활과 도덕적인 수행을 하는 가운데서 바로 실현될 수 있다. 이와 같이 혜능은 과거선법을 계승하면서도 그것을 초월하였고, 중국의 이학(理學) 역시 선학을 계승하면서도 그것을 초월하였던 것이다.

■ 저자 방립천(方立天)

북경대학 졸업, 인민대학 종신교수
인민대학 철학계와 종교학계 박사 지도교수

■ 주요 저서

위진남북조불교논총
불교철학(1986년 도서영예상)
중국불교와 전통문화
중국 고대철학문제발전사상 · 하권
중국불교사상사료선편 4권10책
중국불교철학요의상 · 하권 등

■ 역자 이봉순

경북대학교 사범대학 영어교육과
동국대학교 대학원 불교학과(철학박사)
서울불교대학원대학교 불교학과 교수

■ 역자 황정규

중국 인민대학 철학과(철학박사)
한남대학교 강사
대전 보문고등학교 교사

■ 역자 김영진

동국대학교 대학원 불교학과(철학박사)
경북외국어대학교 총장
서울불교대학원대학교 불교학과 교수
현) 한국교육신신화연구원 원장

중국불교철학 심성론(상) ┃ 02

초판인쇄 ┃ 2010년 5월 20일
초판발행 ┃ 2010년 5월 20일

저   자 ┃ 팡리티엔(方立天)
역   자 ┃ 이봉순, 황성규, 김봉회
펴 낸 이 ┃ 채종준
펴 낸 곳 ┃ 한국학술정보㈜
주   소 ┃ 경기도 파주시 교하읍 문발리 파주출판문화정보산업단지 513-5
전   화 ┃ 031) 908-3181(대표)
팩   스 ┃ 031) 908-3189
홈페이지 ┃ http://www.kstudy.com
E-mail ┃ 출판사업부 publish@kstudy.com
등   록 ┃ 제일산-115호(2000. 6. 19)

ISBN   978-89-268-0988-4 93220 (Paper Book)
        978-89-268-0989-1 98220 (e-Book)
        978-89-268-0984-6 93220 (Paper Book set)
        978-89-268-0985-3 98220 (e-Book set)